HISTOIRE

DE

LA LOUISIANE.

HISTOIRE

DE

LA LOUISIANE

ET

DE LA CESSION DE CETTE COLONIE PAR LA FRANCE AUX
ÉTATS-UNIS DE L'AMÉRIQUE SEPTENTRIONALE;

PRÉCÉDÉE

D'UN DISCOURS SUR LA CONSTITUTION ET LE GOUVERNEMENT DES ÉTATS-UNIS.

Par M. BARBÉ-MARBOIS,

AVEC UNE CARTE RELATIVE A L'ÉTENDUE DES PAYS CÉDÉS.

PARIS,

IMPRIMERIE DE FIRMIN DIDOT,
IMPRIMEUR DU ROI, RUE JACOB, N° 24.

—

1829.

NOTE PRÉLIMINAIRE.

Beaucoup de faits dignes d'être conservés tombent dans l'oubli faute d'être racontés par ceux qui ont pu le mieux les connaître. Témoin dans ma longue carrière de divers événements publics et importans, j'y ai pris quelquefois une part immédiate, et dès lors je m'étais proposé de les écrire aussitôt que j'en aurais le loisir. D'année en année j'ai dû croire que le moment de ce loisir approchait; et cependant, soit que je me fasse illusion, soit qu'en effet je puisse encore vaquer aux affaires et porter le poids des ans, je ne me suis pas résigné à la retraite. En même temps je n'ai pas cru devoir l'attendre pour rédiger l'Histoire que je publie, et cette occupation m'a délassé.

Le traité par lequel la Louisiane fut cédée aux États-Unis, il y a vingt-six ans, a depuis peu donné lieu à des regrets qui m'ont paru mériter d'autant plus d'attention, qu'ils sont de bonne foi. J'ai cru que l'Histoire de cette négociation dissiperait quelques erreurs et pourrait éclaircir les doutes qui se sont élevés.

La France, en 1802, venait de recouvrer la Louisiane par un traité. Mais elle ne l'occupait pas encore lorsque la guerre éclata entre elle et l'Angleterre. Pouvions-nous espérer de conserver cette colonie? En admettant qu'elle pût être conservée et devenir un jour utile à la Métropole, offrait-elle des avantages assez grands pour nous indemniser des dépenses d'établissement et de défense? Ne fera-t-elle pas, devenue indépendante, de plus grands progrès que soumise au monopole? Ces progrès, toujours croissants, ne seront-ils pas plus profitables à notre commerce que n'aurait été la possession avec le régime exclusif? Déjà les doutes sont en partie dissipés.

J'ai mis en ordre des matériaux que j'avais

préparés depuis long-temps pour ces récits. Les circonstances n'en furent point connues en France où les traités n'ont pas même été publiés authentiquement, et c'est dans la grande collection des actes diplomatiques des États-Unis que se trouvent les principaux documents. On remarquera peut-être que la négociation n'a pas eu pour objet de mettre fin à une guerre; qu'elle n'a été accompagnée d'aucun incident remarquable, et qu'elle a été terminée promptement. On pourra donc être surpris qu'elle ait fourni la matière d'un assez gros volume, tandis que tant d'autres traités conclus après des communications et des conférences longues et difficiles, n'occupent qu'un petit nombre de pages dans l'Histoire. Mais plusieurs de ces traités ont été si mal observés, et leur influence a été si passagère, qu'on les peut oublier sans trop compromettre l'instruction et les intérêts de la société. Au contraire, la cession de la Louisiane aura des suites qui s'étendront à l'avenir le plus reculé. Elle intéresse de vastes contrées, que leur civilisation et leur puissance rendront émules de l'Europe, avant qu'un autre siècle ait commencé. Elle a couronné l'important ouvrage auquel Louis XVI, ses armées et les hommes d'état qui composaient son conseil ont concouru si glorieusement. Les grands avantages que le monde entier en a retirés, ont même fait perdre de vue que lors de l'alliance de 1778, la politique ne se conforma point aux lois de la morale.

Cette Histoire va paraître au milieu d'une multitude d'ouvrages bons et mauvais qu'enfante chaque saison. Mais est-il quelqu'un qui, entrant aujourd'hui dans une bibliothèque ose y chercher une place? Elles sont toutes prises. J'ignore quel sera le sort de mon livre. Si les grands historiens y rencontrent quelques détails dignes qu'on s'en souvienne, je les prie de croire qu'ils sont vrais. Deux pages leur suffiront pour les récits dont j'ai fait un volume. Si quelques maximes ont l'heureux effet de répandre un nouveau lustre sur des vertus publiques, je me féliciterai d'avoir eu l'occasion de les écrire.

J'ai eu ma part des malheurs de notre

temps. Les lettres et l'étude, qui, dans les circonstances tranquilles, avaient fait mon bonheur, ont été ma principale consolation dans l'adversité. Elles m'avaient inspiré l'amour d'une liberté réglée par de sages lois. Elles m'aidèrent à supporter avec courage une captivité injuste et rigoureuse. M'est-il permis d'ajouter que, dans toutes les situations orageuses ou paisibles de ma vie, j'ai toujours cru que j'étais obligé de rendre mon travail utile à mon pays? Puissent ceux qui liront le récit que je vais faire, reconnaître dans le tableau même que j'ai tracé des institutions des Etats-Unis, mon attachement pour celles de la France, et la ferme persuasion où je suis que la félicité publique est attachée à la fidèle observation de nos lois nouvelles.

DISCOURS

SUR

LES ÉTATS-UNIS

DE

L'AMÉRIQUE SEPTENTRIONALE.

L'ORIGINE de la plupart des anciens peuples est accompagnée de prodiges. Leurs législateurs se proclamaient les organes et les confidents des dieux et des déesses. Ils leur parlaient, ils les entendaient, et les lois qu'ils promulguaient leur avaient été dictées par une puissance mystérieuse.

Aucune fable ne se mêle à la législation primitive des colonies modernes. Une bonté vraiment divine a été l'Égerie de Guillaume Penn. Si, de l'histoire du premier temps des établissements anglais, on efface divers actes de fanatisme, et d'une intolérance toujours barbare, souvent hypocrite, on reconnaîtra que la sagesse qui présida à leur enfance ne les abandonna jamais, même dans les plus violents orages de leur révolution.

Ces colonies, sans contrevenir à leurs chartes, insérèrent dans leurs institutions naissantes un principe de liberté qui, dès le berceau, prépara leur émancipation future. Mieux constituées, plus libres et peuplées plus promptement que les colonies des autres nations, si elles eurent moins de sujets de se séparer de leur métropole, elles se trouvèrent aussi mieux préparées pour l'indépendance. Leur fondation ne date que d'un siècle et demi; mais leurs progrès ont été rapides, et nous partirons de cette première époque pour en rappeler quelques circonstances et pour en présenter les principaux résultats.

La découverte de l'Amérique a eu, pendant trois cents ans, une grande influence sur les destinées de l'Ancien-Monde. L'indépendance des États-Unis aura des suites encore plus importantes : c'est comme une seconde découverte. Un mouvement irrésistible est imprimé à tous les pays civilisés. La liberté des royaumes d'Espagne en Amérique en a peut-être été avancée d'un siècle. Ce grand événement, que Colomb était loin de prévoir, est le plus glorieux effet de son audace et de ses travaux. L'Europe participe déjà à ces heureux changements. Quelques siècles s'écouleront avant que le despotisme et l'esclavage aient pris fin en Asie et en Afrique mais nos arrière-neveux verront cet autre prodige.

Ce n'est point la sagesse et la politique des gouvernements de l'Europe qui ont peuplé et cultivé l'Amérique ; c'est la persécution religieuse, ce sont les désordres des grandes villes. Ces établissements lointains offraient le moyen de se délivrer des dissidents, et en même temps des vagabonds, des libertins, des condamnés. Ceux-ci furent d'abord en très-petit nombre ; ce ne fut que vers le milieu du dernier siècle que la déportation prit de grands accroissements. Il y a soixante ans que Franklin, faisant l'énumération des griefs des colonies, disait aux Anglais : « Un acte du Parlement vous a autorisés à nous « faire la plus cruelle injure par laquelle un « peuple puisse être offensé ; c'est de vider vos « prisons dans nos villes. » Et ce système fut celui de toutes les puissances maritimes. C'est sans préméditation des hommes d'état d'alors que les colonies agricoles sont devenues l'honneur et le bonheur de l'espèce humaine. Ce sont les catholiques, ce sont ceux qu'on appelait puritains, huguenots, religionnaires, quakers, qui contribuèrent le plus efficacement à empêcher le mal qui aurait pu résulter de la présence des criminels condamnés au bannissement. Les sectaires apportaient en Amérique des mœurs frugales et austères, et tous étaient doués de quelque genre d'industrie, ou avaient fait de bonnes études.

Mais ces infortunés furent, dans plusieurs provinces, en butte à de nouvelles persécutions. Quelques-uns éprouvèrent des traitements atroces, et les sectes dominantes forcèrent les plus faibles à chercher ailleurs un nouvel asile. Nous remarquerons que la colonie de Maryland, qui avait été le refuge des catholiques, fut la plus tolérante; elle a été successivement peuplée par des dissidents professant différentes croyances, et fuyant le premier lieu d'un autre exil volontaire.

Dès l'année 1672, le Connecticut reçut de Charles II une constitution qui ne le retenait que faiblement attaché à la métropole, et si sagement rédigée, qu'à la révolution tout le changement se réduisit à mettre le nom d'État à la place de celui de Roi.

En 1818, cet état s'est donné une nouvelle constitution dont les articles diffèrent très-peu de ceux de sa charte. Celle que Rhode-Island reçut du même prince date de la même époque que celle du Connecticut. Le peuple y a trouvé des garanties suffisantes, et il n'a point voulu y faire de changement.

Locke, chargé de rédiger une charte pour la Caroline, ne réussit pas aussi bien: il y faisait figurer des seigneurs, des barons, des landgraves, des caciques et des palatins. Cette charte et toutes celles qui ne furent rédigées que par des conseillers de la Couronne, subirent de grands changements par la volonté des colons. Les gouverneurs ne purent nulle part empêcher la formation de ces assemblées par délégation qui sont le frein des abus le plus efficace et le plus difficile à rompre.

Ces peuples eurent, dès le principe, de fréquentes querelles avec leur métropole, et des projets de se séparer avaient percé long-temps avant la déclaration d'indépendance. Cette disposition doit d'autant moins surprendre, que les plus nombreux habitants de quelques provinces n'avaient pas une origine anglaise, et tous, de quelque nation qu'ils fussent, fuyaient la persécution, et eussent préféré la liberté parmi les sauvages, à l'oppression dans un pays civilisé. Les émigrants hollandais avaient apporté dans la colonie de New-York la sobriété, l'industrie, les utiles règles de l'économie et les inclinations pour le commerce. Des Suédois, hommes simples, religieux et moraux, se répandirent dans le nouveau Jersey et dans la plantation de la Delaware. Une grande partie de la Pensylvanie fut défrichée par des Allemands et des Irlandais. La révocation de l'édit de Nantes peupla la Caroline du Sud de plusieurs familles françaises industrieuses et riches : ces infortunés auraient voulu s'établir à la Louisiane; ils en furent exclus par l'intolérance et la bigoterie qui dominaient alors les conseils de France. Les historiens de l'Amérique rendent sincèrement grâce de cette persécution aux ministres de Louis XIV.

Les planteurs et habitants des colonies anglaises, aussi libres que les Anglais, et jouissant des mêmes droits civils, étaient soumis à des restrictions fort sévères dans leur commerce, dans leur navigation, et pour la fabrication de tout ce qui pouvait leur être fourni par la métropole. Le gouvernement britannique avait aussi pour maxime de ne pas souffrir qu'ils formassent des établissements dans l'intérieur du pays et loin des côtes. Les motifs de cette politique sont exprimés dans un rapport qui ne vit le jour que fort tard. « Les contrées de l'Ouest sont fertiles, « y disait-on, le climat en est tempéré, les planteurs « s'y établissent sans obstacles ; avec peu de tra- « vail ils pourraient satisfaire à leurs besoins ; « ils n'auraient rien à demander à l'Angleterre, « et point de retours à lui offrir. » Quand la correspondance de quelques gouverneurs et autres officiers de la Couronne fut rendue publique, on y vit la même intention de ne point favoriser les progrès de l'industrie des colons, et la crainte que leur indépendance ne fût la suite d'un régime moins exclusif.

On ne peut dire cependant que les colonies

anglaises fussent gouvernées tyranniquement ; nulles colonies au monde n'ont joui d'autant de priviléges, et, si le gouvernement général des États-Unis peut exercer sur eux une autorité plus grande et moins contestée que ne fut jamais celle des rois d'Angleterre, c'est parce qu'aujourd'hui elle tend à se restreindre. Les gouverneurs anglais ne cherchaient qu'à étendre leurs pouvoirs ; le congrès est attentif à se renfermer dans les siens.

Tout était mûr pour une révolution : les droits sur le thé et le timbre n'en furent que le prétexte. Les violences de la métropole apprirent aux Américains que leur liberté était compromise. Ce danger éveilla tous ceux à qui elle était chère ; et quand on se rappelle avec quelle ardeur ils sacrifièrent leur repos, leurs vies, leurs fortunes, il faut reconnaître que la crainte de perdre un bien inestimable pouvait seule inspirer autant de courage et de dévouement.

Ils s'adressèrent d'abord à leur souverain, non le genou en terre et des cahiers de doléances à la main, mais en exprimant leurs griefs avec une fermeté calme et respectueuse. Pour toute réponse on voulut les châtier comme des mutins et des rebelles. Ils publièrent alors cette déclaration d'indépendance qu'on relit après cinquante ans, sans y trouver un seul mot à reprendre. L'anniversaire du jour où elle fut publiée se célèbre avec une allégresse toujours nouvelle, que tous, sans exception, éprouvent au fond du cœur.

Leur entreprise, dès qu'elle éclata, fut secondée par les vœux de l'Europe entière, et un parti nombreux appuya leurs efforts jusque dans les conseils de la Grande-Bretagne.

Le Cabinet de Versailles reconnut leur indépendance, et il fut peut-être entraîné par le mouvement de l'opinion publique, autant que déterminé par les délibérations qui précédèrent l'alliance. Cette importante résolution a trouvé depuis des censeurs parmi ceux mêmes qui l'avaient hautement conseillée et demandée. Il est bien vrai qu'elle a hâté en Europe le développement des principes de franchise qui, dès lors, germaient de toutes parts, et qui étaient favorisés même par des princes. Mais l'assentiment ne fut pas long-temps unanime; en France même où il s'était manifesté avec le plus d'éclat, peu d'années suffirent pour produire avec violence une explosion contraire.

L'insurrection américaine n'avait eu à combattre que les armées envoyées par l'Angleterre. Des forces encore plus à redouter menacèrent tout-à-coup en France la liberté naissante. Si les réformes étaient devenues nécessaires, des abus consacrés par les siècles étaient comme inhérents à l'ordre établi. Les réformateurs firent de vains

efforts pour procéder avec sagesse et maturité :
entraînés par la violence des partis, leurs actes
eurent bientôt les caractères de l'injustice. Des
fureurs et des excès justifièrent la résistance du
clergé et de la noblesse. Cette lutte terrible fut
suivie des plus déplorables catastrophes. Aujourd'hui, au lieu de reconnaître quelles en furent
les véritables causes, quelques-uns attribuent à la
révolution américaine les malheurs et les crimes
de la nôtre. On élève des doutes sur la sagesse
des ministres de Louis XVI. On va jusqu'à prétendre que ce prince, au lieu de secourir les
Américains par ses armes et par les trésors de
la France, aurait dû joindre les troupes françaises à celles du Hanovre et de la Hesse pour
ramener des sujets rebelles à l'obéissance. Peut-être l'intervention de la France dans cette grande
querelle, ne fut-elle assez justifiée, ni par des
périls imminents, ni par ces règles de justice
qu'il importe aux états de ne jamais blesser : j'ose
même à peine chercher une justification du parti
qui fut pris, dans ces maximes d'une politique
de prévoyance qu'il est si facile de plier à toutes
les situations. Il est hors de doute que Louis XVI,
en s'alliant aux États-Unis, a en effet avancé
l'affranchissement des colonies anglaises. Mais
la France fût-elle restée neutre, l'indépendance
n'eût été retardée que de quelques années. On
peut appliquer aux colonies modernes ce qui est

arrivé à toutes les anciennes. Quelle que soit la puissance de la métropole, ses colonies sont libres quand elles ont le sentiment de leur force. En vain, pour prolonger leur soumission, on tenterait d'arrêter leurs progrès en tout genre, d'introduire la division entre les classes, de décourager certaines cultures, de substituer la contrainte à l'affection, les préjugés à la raison. Tant d'efforts ne serviraient qu'à rendre ces établissements à charge plutôt que profitables; qu'à engendrer de plus profondes haines, qu'à disposer plus sûrement les peuples à la révolte, et qu'à rendre plus terrible et plus funeste une insurrection plus long-temps contenue.

On trouve une justification éclatante de la révolution et des secours par lesquels la France y a contribué dans les avantages qui en ont résulté pour la société en général et pour l'Angleterre elle-même. C'est aux Américains à la justifier encore mieux par la sagesse de leur conduite.

Parmi les chefs civils que se donnèrent ces peuples nouveaux après avoir déclaré leur indépendance, parmi ceux à qui ils confièrent le commandement de leurs armées, un seul, Arnold, fut égaré par l'ambition et l'avarice; nul autre ne profita des malheurs publics pour s'élever ou pour accroître sa fortune. On vit se déployer, sans appareil et sans faste, les vertus nécessaires à la fondation et à la conservation des États, le courage dans les entreprises, la modération dans les succès, la constance dans les revers. Ils eurent dès lors une belle part à cette renommée qui s'acquiert par les armes, qui est accompagnée de plus de dangers, et que la multitude, par cette raison, met au-dessus de toutes les autres.

Washington est, aux yeux de ses concitoyens, plus digne d'admiration, plus grand que ne furent jamais pour les Grecs et les Romains Alexandre ou César. Sa modération naturelle fut telle, qu'après avoir vaincu les ennemis de son pays, il n'eut pas, comme tant d'autres hommes illustres par les armes, à combattre sa propre ambition. Il lui sembla doux de quitter l'épée pour se livrer aux soins du gouvernement de la république pacifiée. La désolation et les ruines sont les monuments de la vie des conquérants et marquent leur passage sur la terre. Le bonheur des hommes est le monument impérissable qui doit rappeler à l'avenir le nom de Washington, et sa gloire, plus pure que la leur, surpasse en réalité celle de ces prétendus fils des Dieux. La guerre une fois terminée, c'est surtout à ses vertus civiles que les Américains se sont plu à rendre hommage.

Ils prirent aujourd'hui une seule gloire au-dessus de toutes les autres gloires ; c'est celle qui, dans la paix, est attachée au sincère amour du pays, celle qui se développe avec un désir modeste d'obtenir l'estime des citoyens, mais sans passions ambitieuses et avec une sorte d'indifférence pour la célébrité.

Plusieurs de leurs premiers magistrats, tels que les deux Adams et Jefferson (1), ont vu fleurir la république, et ne sont plus : ils ont donné l'exemple des vertus privées après avoir donné si long-temps celui des vertus politiques. Madison et Monroe, à leur tour, rentrés sans autorité, sans pouvoir, dans l'ordre des citoyens, y sont suivis d'autant de vénération et d'affection qu'en pourrait obtenir le roi le plus chéri après son abdication. Les magistrats qui marchent sur leurs traces n'ont d'autre but dans leur conduite que l'utilité de la république, et cette utilité se manifeste à eux par des signes qui ne les trompent jamais : c'est par les vœux publics ; c'est par l'opinion de tous les citoyens clairement et spontanément exprimée. L'expérience a fait connaître que, laissés à eux-mêmes, ceux-ci sont les plus capables de juger quels sont leurs véritables intérêts, et c'est, en suivant cette direc-

---

(1) J. Adams et Jefferson sont morts le 4 juillet 1826, jour anniversaire de la déclaration d'indépendance, qu'ils avaient signée 50 ans auparavant.

tion, que les magistrats sont sûrs d'obtenir l'approbation et la confiance générales.

J'ai tracé (1), il y a quelques années, un tableau des prospérités de ces peuples; mais elles font des progrès si rapides, que la scène change tandis même qu'on les observe, et dans quelques années il faudra ajouter de nouvelles observations à celles qu'on peut faire aujourd'hui.

Déja ils ont pris un rang parmi les vieilles nations; mais ils n'ont point eu comme elles à remplir cette tâche immense à laquelle les siècles ne suffisent pas toujours : le retour de l'erreur à la vérité.

Plus de restes des usurpations du pouvoir, plus de vieux abus cherchant à se régénérer, point d'anciennes lois oppressives, point de chefs de secte ambitieux abusant de leur autorité sur les consciences, pas la moindre trace de ce gouvernement féodal dont les institutions des républiques mêmes portent encore l'empreinte en Europe, plus de classes rivales se disputant des droits qui appartiennent aux unes autant qu'aux autres. L'accord des intérêts du grand nombre a aplani les obstacles; il a garanti la république naissante de ces actes haineux, de ces mouve-

---

(1) Premier Disc. Sur les États-Unis, ou préface du complot d'Arnold. 1816.

ments vindicatifs qui, dans les révolutions des autres États, ont flétri tour-à-tour les triomphes des partis.

Le gouvernement des États-Unis n'a de modèle ni dans ceux des temps anciens, ni dans ceux des temps modernes. Ces sociétés nouvelles n'ont point eu, comme toutes celles dont l'histoire nous a transmis le souvenir, l'embarras de procéder d'épreuves en épreuves, de révolution en révolution, pour découvrir le régime et les constitutions les plus propres à assurer leur bonheur. Elles ont consulté l'expérience, elles ont cherché des lumières dans les écrits de tant de sages qui ont médité sur les moyens de rendre les hommes heureux. Elles n'ont pas méprisé les théories que le préjugé et l'intérêt ont si long-temps rangées parmi les chimères. Elles ont conformé leurs lois à ces sages inspirations, et depuis lors aucune classe de citoyens, pas un citoyen peut-être, n'a désiré de changement dans les lois fondamentales, quoique les formes aient été améliorées lorsque le temps y a fait reconnaître des défauts.

C'était au milieu des armes qu'on rédigeait ces constitutions, et la présence même de l'ennemi ne permettait pas d'ajourner cet important ouvrage. On y trouve cependant tous les caractères de la maturité et de la méditation. On examina d'abord s'il ne serait pas plus convenable que les États fussent divisés en treize sociétés, libres de tout lien fédéral, unies seulement par une alliance perpétuelle qui n'altérerait en rien dans chacune les droits d'une souveraineté indépendante. Ceux qui eussent préféré cet isolement étaient en fort petit nombre; ils se fondaient sur la certitude d'un grand accroissement de population, sur la difficulté de retenir dans un lien commun des États séparés par de si grandes distances et de les assujétir à des lois communes. Mais cette forme de gouvernement eût rendu la révolution impossible, parce qu'il n'y aurait pas eu d'ensemble dans les efforts pour résister à l'Angleterre, et quand même le succès aurait encouragé des efforts séparés, la division eût ensuite éclaté entre ces nombreuses républiques. Cette proposition fut facilement écartée. La nécessité d'une union étroite, indissoluble, le besoin d'un centre unique de gouvernement, furent généralement reconnus. On laissa pour lors au temps et à d'autres circonstances à régler ce qui serait utile lorsque l'extension du territoire exigerait que d'autres États fussent formés.

On mit en avant une proposition sur laquelle on ne délibéra même pas, mais que nous mentionnerons parce qu'on en trouve des traces dans quelques écrits du temps. Il s'agissait de n'avoir qu'une seule république et un seul gouvernement suprême, dirigeant du Nord au Midi, de l'Est à l'Ouest, toutes les affaires de cette vaste société au dedans et au dehors. En adoptant cette forme de gouvernement, il eût été indispensable, non-seulement de renoncer à plusieurs articles des chartes diverses, devenues chères aux peuples par une longue habitude, mais aussi de remettre l'autorité à une aristocratie ou aux mains d'un monarque. Mais une aristocratie nobiliaire, soit héréditaire, soit élective, détruisait l'égalité, principe fondamental de la révolution. Les Américains auraient eu moins d'éloignement pour la royauté, si le temps n'eût effacé dans les cœurs jusqu'aux moindres traces de cette affection qui rend tout facile à l'autorité royale, et d'ailleurs, ils n'étaient pas disposés à admettre cette fiction qui réserve au prince le mérite de tout le bien qui se fait, et rend les ministres responsables de tout le mal qui arrive.

Loin d'en conclure que le roi est un être de raison incapable de faire le bien ou le mal, ils auraient craint qu'un mauvais prince ne finît par croire lui-même à cette maxime.

Le gouvernement républicain fut adopté d'un consentement presque général. Toute l'autorité des États confédérés fut concentrée, pendant la guerre, dans une assemblée unique, et cette forme était la seule qui pût convenir à un État en révolution.

Le péril de tous commandait alors une obéissance générale, et la puissance de l'ennemi fit taire toutes les jalousies qu'inspirait celle du congrès. Il n'en fut pas de même après la paix de 1783; les ambitions se montrèrent à face ouverte dans plusieurs États. Quelques-uns eussent désiré d'avoir leur armée de terre, leur petite force navale et leurs ambassadeurs. Des hommes sages reconnurent que le nœud fédéral ainsi relâché, l'union allait se dissoudre et que la république serait à la merci des cabales intérieures et des intrigues européennes; que l'autorité du gouvernement général serait en péril et toujours incertaine si elle continuait à émaner de celle de chaque État, et qu'elle serait, au contraire, pleine et entière si elle avait sa source dans le vote individuel de chaque citoyen de la confédération. Ce grand changement fut accompli, non sans difficulté; mais enfin chaque État s'est habitué à ne porter un grand intérêt qu'aux affaires de son gouvernement intérieur, et, pour ainsi dire, municipal. Ils s'en remettent, pour le reste, à la sagesse du congrès, où chacun d'eux compte des concitoyens.

La cession de la Louisiane a donné lieu à divers actes de ce grand corps, et l'intelligence des faits que nous rapporterons exige une connaissance préalable des principales dispositions de la constitution des États-Unis.

Une convention tenue à Philadelphie en 1787, proposa aux États confédérés des articles pour « former une union plus parfaite, pour établir « la justice, assurer la tranquillité domestique, « pourvoir à la défense commune et aux progrès « du bien général, assurer à la génération pré- « sente et à la postérité le bonheur de la liberté. »

Le 17 septembre 1787 cette constitution fut adoptée. Un congrès, composé d'un sénat et d'une chambre des représentants, exerce le pouvoir législatif tel qu'il lui est délégué par la constitution.

Les représentants doivent avoir atteint l'âge de vingt-cinq ans et être depuis sept ans citoyens des États-Unis, domiciliés dans l'État où se fait l'élection. Leurs fonctions durent deux ans. Il ne peut y avoir plus d'un représentant pour quarante mille personnes libres, en comptant pour trois cinquièmes de l'unité 40,000 de non libres, ou 66,666 noirs comme 40,000 blancs.

Chaque État envoie deux sénateurs. Ils sont élus pour six ans; ils doivent avoir atteint l'âge de trente ans, être citoyens des États-Unis depuis neuf ans, et habitants de l'état qui les élit. Ils sont remplacés par tiers tous les deux ans.

La chambre des représentants poursuit les crimes d'État. Le sénat les juge. Les condamnations n'ont lieu qu'aux deux tiers des voix et ne s'étendent qu'à la privation des emplois conférés par les États-Unis. Le coupable peut ensuite être poursuivi devant les tribunaux ordinaires, jugé et puni suivant la loi.

Le congrès s'assemble au moins une fois par an.

Chaque chambre est constituée, quand il y a présence de plus de la moitié des membres. Elles font chacune leurs réglements, punissent les membres en faute, et peuvent, aux deux tiers des votes, prononcer leur exclusion.

Les sénateurs et les représentants reçoivent un traitement qui est payé par le trésor des États-Unis (1). On ne peut les arrêter pendant la session, ni pendant le voyage d'aller et de retour.

Les discours, dans les débats, ne peuvent donner lieu à des poursuites ailleurs que dans la chambre.

Nul sénateur ou représentant ne peut exercer un office civil sous l'autorité des États-Unis.

Les bills passés dans les deux chambres sont présentés au président et deviennent lois après qu'il y a donné son approbation. Il peut la refuser; mais le bill acquiert force de loi si les deux chambres y persistent, à une majorité des

---

(1) Huit dollars par jour ou 42 francs à chaque sénateur et à chaque représentant. Le tarif des frais de voyage est réglé suivant les distances.

deux tiers dans l'une et dans l'autre. Il en est de même si le président a gardé le silence pendant dix jours.

Le congrès impose les taxes; il peut faire des emprunts; il règle les intérêts commerciaux avec les étrangers, entre les États et avec les tribus indiennes. Il fait frapper monnaie, établit les bureaux de poste. Il institue les tribunaux qui sont subordonnés à la cour suprême, poursuit la piraterie et les offenses faites au droit des gens. Il déclare la guerre, accorde des lettres de marque et de représailles. Il lève et entretient l'armée de terre et de mer; mais les fonds ne peuvent en être votés que pour deux ans. Il convoque les milices pour l'exécution des lois de l'union et pour repousser les invasions.

Aucun fonds ne doit sortir du trésor qu'en vertu d'une loi, et les comptes des recettes et dépenses doivent être rendus publics.

Les présidents des États-Unis ne manquent jamais, lorsqu'ils entrent en fonctions, de proclamer les maximes qu'ils se proposent de suivre. Les formes et l'expression peuvent être différentes; mais le fond consiste toujours dans l'engagement d'être également justes envers tous, sans distinction de principes religieux ou politiques. La paix, le commerce et une bonne amitié avec toutes les nations, leur semblent rendre inutiles les traités d'alliance, et ils les jugent contraires à une véritable indépendance. Ils s'engagent à maintenir le gouvernement général. La force constitutionnelle de la fédération garantit la tranquillité au dedans et la paix avec le dehors, et elle doit surtout être employée au soutien des droits des États particuliers.

Ils recommandent aux peuples d'être attentifs à leurs droits d'élection, d'être soumis aux décisions de la majorité, de maintenir la suprématie de l'autorité civile sur les pouvoirs militaires. Ils promettent d'administrer avec économie, de conserver la foi publique intacte, d'encourager l'agriculture et le commerce, qui en est le principal agent; et enfin de veiller attentivement à l'instruction des citoyens, au libre exercice des cultes, à la liberté des personnes et à l'indépendance de la presse.

Les espérances que donnent ces proclamations deviennent un contrat, et il est fidèlement observé. Y contrevenir, ou l'éluder, serait ruiner le gouvernement par sa base, qui est la bonne foi. Le 4 mars 1801, Jefferson, élevé à la présidence des États-Unis, fit entendre ces paroles: « C'est « maintenant qu'il faut que je m'occupe unique- « ment de la chose publique et de faire le bien de « mon pays, pour léguer à ma famille une mé- « moire honorée. » Sa présidence a duré huit ans, et l'histoire nous apprend déja avec quelle sagesse et quel bonheur il a répondu à l'appel qu'il s'était fait à lui-même.

Le président et le vice-président des États-Unis sont nommés pour quatre ans. Ils sont élus dans chaque État par des électeurs spéciaux qui ne sont ni sénateurs, ni représentants, et qui n'exercent point de fonctions déléguées ou lucratives sous l'autorité du congrès. Nul, s'il n'est citoyen natif, ou s'il n'a été citoyen au 17 septembre 1787, et n'est âgé de 35 ans au moins, ne peut être nommé président. Ce magistrat commande les armées de terre et de mer et les milices des États, quand elles sont appelées au service de la confédération. Il accorde des répits ou pardons pour les crimes et délits contre les États-Unis, à l'exception seulement des cas d'accusation pour crimes d'État. Il a pouvoir de faire des traités, de l'avis et du consentement du sénat, pourvu que les deux tiers des membres présents y concourent. Il nomme les ambassadeurs, les ministres publics, les consuls, les juges de la cour suprême, de l'avis et du consentement du sénat. Il dispose des places qui viennent à vaquer pendant le recez, mais par commissions qui expirent à la fin de la prochaine session.

Du moment où le président entre en fonctions, on lui donne le titre d'excellence. Ce protocole emphatique est tout ce qui existe à Washington des formules d'adulation empruntées à l'Orient et à l'Asie par des courtisans Européens et que les maîtres s'empressèrent d'adopter.

Le président, le vice-président et tous les officiers civils des États-Unis, peuvent être révoqués de leurs emplois, si, à la suite d'une accusation, ils sont convaincus de trahison et autres grands crimes et délits.

Tout ce qui est dans les attributions du congrès est interdit aux États. Ils ne peuvent même, sans son consentement, établir aucun droit à l'importation, ni avoir, en temps de paix, des troupes ou des bâtiments de guerre, ni faire des conventions, ou traités, entre eux ou avec des puissances étrangères, ni faire la guerre, si ce n'est dans le cas d'une invasion actuelle ou d'un danger imminent.

Le droit de *habeas corpus* ne peut être suspendu qu'autant que le salut public l'exige, en cas de rébellion ou d'invasion.

Il existe à Washington une puissance qui n'a ni gardes, ni palais, ni trésors : elle n'est ni entourée de commis, ni surchargée de registres. Elle n'a pour armes que la vérité et la sagesse. Sa magnificence consiste dans la justice et la publicité de ses actes. Cette puissance est appelée la cour suprême des États-Unis. Elle exerce le pouvoir judiciaire en ce qui concerne les intérêts généraux des États-Unis entre eux et avec les puissances étrangères. Les membres de ce tribunal ne peuvent être privés de leur office que pour cause d'inconduite et par jugement. Leur inamovibilité est une garantie de plus de vertu et d'une instruction qui croît d'année en année.

Leur juridiction est immédiate lorsque les ambassadeurs, ministres et consuls, ou les États, sont parties. Dans les autres cas, ils sont juges d'appel. Ces cas sont particulièrement ceux où des étrangers sont parties contre des États ou des citoyens. Cette cour a d'autres attributions, qui déja alarment quelques amis de la liberté. Mais qu'a-t-on à redouter d'un pouvoir dont la justice fait toute la force, qui peut, il est vrai, réduire les autres pouvoirs à l'inaction, en déclarant qu'ils agissent contre les lois constitutionnelles; mais qui soulèverait toute la république contre lui-même, si sa déclaration n'était pas conforme à l'évidente vérité.

Croyant profiter des avertissements de l'histoire, les Américains ont multiplié les barrières contre les usurpations et les abus de pouvoir. Leurs constitutions contiennent autant d'interdictions que de commandements. Mais l'expérience a démontré que ces craintes sont mal fondées. Les magistrats sont plus attentifs à restreindre leur autorité qu'à l'étendre.

La confédération peut admettre de nouveaux États, et garantit à tous la forme du gouvernement républicain.

Le cas où des changements dans la constitution pourraient devenir indispensables, a été prévu. En même temps on a pourvu par des formes sages à ce qu'elle n'en éprouve qu'après les plus mûres délibérations. Les amendements ne peuvent se faire que sur la demande des deux tiers des États-Unis, ou sur la proposition des deux tiers des deux chambres, et dans l'un et l'autre cas, il ne peuvent devenir articles de la constitutions qu'après avoir été ratifiés par les législatures des trois-quarts des différents États.

Des amendements furent en effet proposés par le congrès. Les plus importants se rapportaient à des points que la convention avait si généralement reconnus et pratiqués, qu'elle avait trouvé inutile de les mentionner. Le congrès n'en jugea pas ainsi; et limitant lui-même ses propres attributions, il proposa d'insérer dans la constitution : que le congrès ne pourrait faire des lois, soit pour établir, soit pour interdire aucune religion ou en gêner l'exercice, pour restreindre la liberté des discours ou de la presse, le droit du peuple de s'assembler ou de présenter des pétitions, l'inviolabilité des personnes, de leurs demeures, papiers et effets. Ces dispositions furent adoptées comme constitutionnelles; mais déjà avant l'adoption elles étaient en vigueur.

Il faut considérer dans leur ensemble les rapports de l'union avec les gouvernements particuliers des divers États, pour connaître comment ces peuples sont parvenus à réunir à la liberté civile et politique de chaque citoyen, la force et l'énergie nécessaires dans les crises que les gouvernements, même les plus sages, ne peuvent pas toujours éviter. On connaîtra aussi comment il a été possible d'adapter les formes du gouvernement républicain et démocratique à un pays d'une grande étendue, et d'agréger successivement à la même autorité centrale de nouveaux territoires et de nouvelles populations qui, sans rien perdre de leur liberté et de leur indépendance, viennent successivement fortifier l'union. Elles s'étendront de plus en plus. Mais il n'est pas probable qu'alors ces avantages se conservent sans séparation d'États. Quoi qu'il arrive, on n'a point à craindre que les principes de la liberté s'altèrent dans aucune des sections qui pourront se former. Ces gouvernements sont institués pour le bonheur du peuple: le peuple même les observe : ils ne peuvent plus oublier leur glorieuse destination.

Tel est aussi le premier devoir du Congrès des États-Unis. L'élément démocratique n'y domine pas ainsi que dans les états pris séparément, son autorité n'est guère différente de celle qui, dans les monarchies tempérées, appartient au trône. Il n'a cependant qu'une très-petite armée ; mais ses pouvoirs suffisent parce qu'il n'en abuse pas, et qu'il ne les exerce que pour l'utilité publique. De là vient qu'il n'a jamais éprouvé ces résistances auxquelles sont exposés les gouvernements absolus, et, quoiqu'on ait quelquefois tenté d'introduire la division dans ce grand corps, quoiqu'on s'obstine à prédire que les états ne tarderont pas à se séparer et à se faire la guerre, l'esprit d'union a été plus puissant que tous les efforts, et cette union n'a peut-être été menacée sérieusement qu'une seule fois, ce fut en 1815, lorsque la convention de Hartford envoya au Congrès des députés chargés de dénoncer le président. Ils prirent même depuis l'engagement réciproque de ne jamais divulguer les causes secrètes de cette démarche. On ne peut approuver la marche suivie par cette assemblée, et cependant nous reconnaîtrons qu'elle fut composée d'hommes estimés, que le peuple les avait choisis, et que leur erreur n'eut point les conséquences funestes qu'on avait redoutées.

Montesquieu a prétendu que les états libres étaient les plus exposés aux agitations et aux révolutions ; mais ce grand homme ne connaissait que ces Républiques de nom, où les citoyens étaient divisés en classes ayant des droits inégaux. La tranquillité qui règne dans les États-

Unis a pour base l'égalité parfaite entre les citoyens. La République est-elle en paix, toutes les parties qui la composent en profitent également, parce qu'il n'y a point de classes que cette paix afflige, et pour lesquelles les calamités publiques deviennent un moyen de puissance et de domination. Est-elle en guerre, on la fait avec une commune ardeur, parce que tous ressentent également l'injure et le dommage. Il y a vingt-quatre états différents, mais l'Américain les aime tous comme sa patrie, et, dans quelque état qu'il vienne à résider, il se retrouve dans son pays.

Le Congrès, dépositaire de la force fédérale, a vu quelquefois s'élever des conflits entre son autorité et celles des états : mais plus souvent ils ont été empressés à lui transférer une partie de celle qui leur était réservée. La constitution fédérale émane de chaque République prise séparément aussi immédiatement que leurs constitutions particulières. C'est cette origine commune des pouvoirs de la confédération qui constitue sa force. Je dirai plus loin la cause qui pourrait troubler le bon accord entre les états et le Congrès. Hormis ce seul point, tout se meut à sa volonté, et cette docilité au joug des lois en atteste la sagesse; elle nous garantit que les hommes réunis en société, ont fait de véritables progrès dans la route du bonheur.

On a eu depuis peu une preuve remarquable

des effets de cette bonne intelligence, dans la lutte de prohibition qui s'était engagée entre les États-unis et l'Angleterre. Dans ces querelles, la victoire est à celui qui peut supporter plus longtemps ses dommages et son propre malaise; et c'est la persévérance des Américains qui a triomphé du régime prohibitif. Ils obéissaient à des lois qui contrariaient toutes leurs habitudes; mais ces lois leur étaient données par le Congrès. Ce sont les États-Unis qui ont inspiré à l'Angleterre la renonciation à son fameux acte de navigation et au système exclusif qu'elle avait maintenu si long-temps. Le commerce libre fait la loi au commerce esclave.

De toutes les grandes puissances, aucune n'est dans une situation plus indépendante qu'eux des événements et des vicissitudes qui troublent le repos des nations. Une négociation est-elle entamée, leur maxime fondamentale est l'égalité des stipulations. Ont-ils déclaré qu'ils ne traitent qu'à cette condition? Il faut s'y conformer ou rompre les conférences.

Habiles dans la science de la navigation et dans toutes celles qui font l'orgueil de l'Europe, initiés depuis long-temps à toutes les opérations du commerce anglais, plus libres maintenant que leurs anciens maîtres eux-mêmes, ils les auront bientôt égalés, et l'Angleterre voit en eux des rivaux qui seront incessamment plus à redouter que les puissances maritimes de l'Europe ne l'ont jamais été. Ce fut l'Angleterre même qui, par sa conduite envers les États-Unis, révéla la première à l'Europe à quel degré de puissance ces peuples nouveaux étaient parvenus en si peu de temps. Elle n'aurait pas trop voulu laisser paraître combien elle a besoin de leur amitié; mais le partage forcé des profits du fret et du commerce lui semblait le présage de pertes encore plus grandes. Elle crut, il y a quelques années, qu'il était encore temps d'arrêter leurs progrès. La hauteur, les menaces, les séductions furent tour à tour employées, et ne furent, pour les États-Unis, qu'un avertissement de pourvoir à leur sûreté. La guerre fut déclarée presque en même temps des deux côtés. Mais les Anglais y reçurent une rude leçon, et ils se hâtèrent d'entamer des négociations pour la paix. Celle qui fut signée à Gand, en décembre 1814, mit fin aux hostilités sans étouffer tous les germes de jalousie et d'inimitié. Des négociations ont été prolongées jusqu'à ce jour. Si on met en avant une proposition absolue, les Américains en opposent aussitôt une autre. Leur principe en matière de commerce est aussi simple que fécond : la réciprocité. Ils ont leurs tarifs différentiels, leurs droits équivalents, leurs prohibitions inflexibles. Ils ont aussi un acte de navigation, mais différent de celui qui fut si long-temps regardé par l'Angleterre comme le génie tutélaire de son commerce. « Nous ne demandons pas, disent-ils, que vos « ports nous soient ouverts; nous sommes loin « d'exiger que vous changiez vos lois, mais « laissez-nous les nôtres. » L'Angleterre a enfin compris que la marine militaire des Américains n'était plus un objet de mépris, et que les concessions devaient remplacer les exigeances. Elle ne prétend plus à la visite des navires américains pour en retirer ses propres matelots ; elle a adouci les rigueurs de son code maritime. Les Antilles anglaises ne peuvent se passer des produits des États-Unis : en vain les Anglais, alléguant le long usage du droit exclusif colonial, ont voulu retenir les profits de cette navigation : en vain ils ont espéré que le Canada pourvoirait aux besoins de leurs îles. Enfin, pour conserver, au moins en apparence, le régime prohibitif, ils ont établi un entrepôt aux Bermudes. Les Américains, qui s'étaient d'abord prêtés à cet arrangement, se sont de nouveau montrés inflexibles, et n'ont entendu à aucune modification du principe d'une entière réciprocité. Alors les colons insulaires qui portent tout le dommage de l'interruption des communications, ont crié merci. Enfin, en 1822, un acte du parlement britannique a admis ces redoutables rivaux à trafiquer et à naviguer directement des États-Unis aux Antilles, et même aux colonies anglaises du nord de l'Amérique.

Ces concessions semblaient faites à regret, et s'exécutaient difficilement, quand le président du bureau du commerce s'exprima devant le parlement de la manière suivante (1) : « Nous avons « voulu soutenir contre les États-Unis la contes- « tation des droits différentiels; après avoir per- « sévéré pendant plusieurs années, il nous a fallu « leur céder, et la résistance de ce rival formi- « dable va assurer à l'Europe même ce traitement « réciproque qu'elle avait si long-temps négligé. » On aurait cru, à entendre ces paroles, que l'accord serait parfait. Mais, dès le mois de juillet 1826, de nouveaux ordres du Conseil refusaient aux Américains la participation qui semblait leur avoir été accordée. Ainsi on refuse, on accorde, on refuse encore; l'issue de ce débat est toujours incertaine, et, si on en croit des hommes profondément instruits dans ces matières, les intérêts de la navigation, que l'Angleterre met au-dessus même de ceux du commerce, sont déja compromis par le système libéral auquel les États-Unis ont, depuis 1822, amené cette puissance (2).

Leurs vaisseaux traversent toutes les mers du globe sans subir nulle part ces humiliations que

---

(1) 10 Mai 1826.
(2) 19 Mars 1827. Débats parlementaires.

l'orgueil anglais a si souvent tenté d'imposer à tous les pavillons, et auxquelles quelques-uns avaient dû se soumettre. Les États-Unis n'ont jamais rien supporté de semblable. Ils ont pour maxime que le pavillon assimile un navire au sol même du pays auquel il appartient, et le rend aussi inviolable. La plus légère offense serait aussitôt ressentie et vengée.

Ils respectent les droits des autres nations, et leur règle consiste à ne point s'immiscer dans leurs affaires. Font-ils valoir des prétentions qu'ils croient fondées, c'est avec fermeté, ce ne sera jamais avec faiblesse; car leur force va en augmentant, même pendant que la contestation s'allume. Quoique désarmés, la liberté les égale aux peuples qui restent sous les armes jusque dans le sein d'une paix profonde.

Ces traités d'alliance, ces pactes de succession mutuelle si communs entre les princes allemands, sont à peine connus de nom dans les États-Unis. Ils ne peuvent convenir qu'à des familles souveraines qui comptent pour peu les droits des peuples, et trop souvent ceux-ci se trouvent engagés dans des querelles d'hérédité qui finissent rarement par rendre leur sort meilleur.

Si, pendant l'absence du Corps législatif, des circonstances difficiles exigent une résolution prompte, le président n'hésite point à la prendre, bien sûr d'être approuvé s'il a fait une chose nécessaire.

On est plus timide, même dans les gouvernements absolus où les ministres ne sont responsables qu'envers le trône. Dans les circonstances critiques, ils cherchent à gagner du temps; ils procèdent par expédients. Le mal empire cependant, il faut se soumettre à la force pour n'avoir pas voulu céder à la raison, et tout est perdu parce qu'on a voulu tout conserver.

Le président, les Chambres n'ont point d'archives mystérieuses, point de police cachée et corruptrice, point de ces rapports secrets, si commodes pour la calomnie, si chers aux calomniateurs, si dangereux pour ceux qui en sont l'objet, et souvent pour ceux mêmes qui les emploient.

Toutes les affaires de la République parviennent aussitôt qu'il est possible à la connaissance de tous, sans exagérer la bonne situation des unes, sans dissimuler le mauvais état des autres. Et pourquoi le Congrès et ses ministres se concerteraient-ils pour tromper le public, ou pour lui cacher des vérités fâcheuses? Ils sont eux-mêmes partie de ce public.

Les résolutions qui intéressent l'État ne sont jamais adoptées qu'après les plus mûres délibérations. Elles sont prises en présence des citoyens; et pendant qu'on discute, ceux qui y sont intéressés manquent rarement de faire connaître ce qu'ils en pensent, par des publications que le Gouvernement ne dédaigne jamais. La publicité ne gêne que ceux qui voudraient faire prévaloir leur intérêt privé sur l'intérêt public. La loi une fois promulguée, personne n'oserait en empêcher l'effet ou l'éluder.

L'histoire de chaque jour cite aussi les présidents et les gouverneurs à sa barre, et elle n'attend point qu'ils soient morts pour les juger. Leurs actes sont publics, la postérité existe déjà pour eux, et les puissants comme les faibles sont flétris ou loués vivants.

Les deux chambres professent les mêmes doctrines politiques. Rien ne les distingue dans les discours qui y sont prononcés. L'une et l'autre sont également animées du désir de rendre leur pays heureux. On remarque cependant qu'il y a plus de calme et de gravité dans les délibérations du sénat, plus de chaleur et de vivacité dans celles des représentants. Cette différence a une cause : les membres du sénat sont en fonctions pendant six années. Celles des représentants ne durent que deux ans. Ils sont plus pressés de se faire remarquer.

Le congrès, dans sa marche uniforme, toujours semblable à lui-même, n'est pas tantôt à un parti, tantôt à un autre ; et, pour rester affranchi de ces agitations intérieures dont le pays le plus heureux n'est pas toujours exempt, il pratique constamment et sincèrement cette maxime : « La fin du Gouvernement est le bon-« heur de la société. »

On n'a plus à craindre désormais le triomphe du despotisme sur la liberté : les anciens peuples de l'Europe n'eussent point éprouvé ce malheur, si, au lieu de simples traditions soumises aux passions humaines et variables au gré d'un chef ambitieux et d'une multitude ignorante, ils avaient eu des constitutions écrites par des sages, et confiées à la vigilance de tous les citoyens.

C'est ainsi que se conservent les lois fondamentales des divers états de l'union. La sincérité et la clarté de leur rédaction ne laissent aucune prise aux interprétations sophistiques, et on s'est bien gardé d'y introduire aucune obscurité dans la vue de s'en prévaloir un jour pour les expliquer arbitrairement. S'il y a quelques différences entre les constitutions, ce n'est que dans les formes extérieures du Gouvernement : elles ont toutes pour fondement la justice, l'égalité; ce qui est juste à Boston, l'est à la Nouvelle-Orléans.

Il n'y a pas un canton, pas un bourg, où l'on ne trouve quelques hommes bien instruits des vrais intérêts de leur pays; et, si aux lumières qu'on exige de ceux qui s'occupent des affaires publiques, ils joignent les vertus du citoyen, ils seront infailliblement élevés aux premiers emplois. Tout homme peut être appelé aux plus hautes fonctions. Le grand Washington avait été arpenteur; Franklin, prote dans une imprimerie; Jefferson, planteur. Des magistrats choisis par ceux mêmes qu'ils doivent gouverner, sont aisément obéis. La rareté des crimes et des châtiments est la preuve ainsi que la conséquence de la docilité de ces peuples au frein des lois.

Une longue paix ne leur cause point d'ennui. Ils ne craignent pas que l'oisiveté rende leur jeunesse séditieuse; une guerre entreprise pour l'occuper, pour la rendre moins nombreuse, ou sous des prétextes futiles, leur semblerait sacrilège et ne pourrait se faire. Ils ont enfin trouvé la solution de cette difficulté proposée depuis tant de siècles aux méditations des philosophes et soumise à l'expérience des hommes d'état.

« Rendre les sociétés heureuses avec les moin« dres forces et les moindres dépenses possibles. »

Le congrès dispose d'un revenu suffisant, provenant principalement des droits payés à l'importation des marchandises étrangères, et de la vente des terres qui n'appartiennent point aux divers états. Il ne s'applique point à élever les impôts aussi haut que la patience des contribuables pourra le supporter; mais il examine où l'aisance des familles veut qu'on s'arrête, et une des règles du fisc, c'est que moins on exige d'elles, plus l'amélioration de leur situation facilitera ensuite l'accroissement de l'impôt.

Nul n'oserait proposer d'augmenter le revenu public par l'établissement d'une loterie ou d'une ferme des jeux, ou par tout autre moyen dont l'effet serait d'enrichir l'État en corrompant les mœurs.

La contrebande se ferait très-aisément sur des côtes qui ont six ou sept cents lieues de développement et qui sont à peine gardées; mais chacun sait qu'il n'y a dans l'emploi du revenu public, ni profusion, ni parcimonie. Tous ont intérêt à empêcher la fraude, et elle se fait rarement.

Aucune pompe inutile n'environne les magistrats. L'économie, si décriée et si ridicule dans nos cours et nos capitales, est en honneur à Washington, et même dans ceux des États-Unis, où de grandes fortunes ne sont pas rares. Les habitudes de simplicité y sont plus efficaces que ne le seraient des lois somptuaires. Le sénat et la chambre des représentants n'ont pour toute garde qu'un concierge. L'éloignement des peuples pour le faste et pour les magnificences stériles, n'empêche pas cependant qu'on ne soit disposé à faire toutes les dépenses véritablement utiles au commerce, à la navigation, ou nécessaires à la sûreté de la confédération et de chaque État, quelquefois même à son ornement.

Quoiqu'ils n'aient aucun voisin à redouter, ils n'ont pas négligé l'art militaire. Cette science est enseignée, à West-Point sur l'Hudson, par des officiers, dont plusieurs sont venus d'Europe. C'est vers les connaissances nécessaires à la navigation et à la guerre de mer qu'ils dirigent principalement les études de leurs élèves.

Les arsenaux et magasins, soit qu'ils appartiennent à toute l'union, soit qu'ils appartiennent à un état particulier, sont soigneusement entretenus et approvisionnés. Les forteresses s'élèvent. Depuis l'année 1792 jusqu'à 1812, ces États ont joui d'une neutralité qui, troublée pendant quelque temps, n'en a pas moins fait prospérer leur navigation commerciale, et celle-ci a été l'origine de leur puissance navale militaire.

Les temples, les maisons destinées au culte, aux magistrats et aux législateurs ; les tribunaux, les prisons, sont admirablement adaptés à leur objet.

Les manufactures toujours interdites aux colonies dépendantes de l'Europe, ont fait de grands progrès dans les États-Unis. Ces machines, à l'aide desquelles l'Angleterre a si long-temps dominé le commerce du monde, ont été dérobées à sa jalousie. L'Amérique indépendante les a imitées et en a perfectionné quelques-unes. Ses tarifs ont pour cause principale la protection que demande toute industrie naissante. Les intérêts du fisc n'y sont qu'au second rang. Les partisans des principes absolus voudraient même que le fisc ne fût compté pour rien en cette matière.

Les Américains considèrent les dettes publiques comme une des maladies des sociétés modernes; et ils sont bien éloignés de les croire un mal nécessaire. Ils ont fait de grands emprunts, et toujours dans la vue d'une utilité proportionnée à la grandeur du fardeau qu'ils s'imposaient, et ils ont amorti fidèlement.

Ils savent que les emprunts sont un poison lent, dont la douceur a quelquefois trompé et séduit des hommes d'état réputés sages. Si les États-Unis empruntent, le remboursement est toujours assigné à un terme fixe, et l'engagement n'est jamais éludé.

On exécute des canaux et des routes de deux à trois cents lieues à travers des pays encore occupés par les sauvages; des contrées dont les eaux coulent au nord, vont communiquer avec celles dont les rivières ont leur cours au midi. On naviguera du lac Michigan à la rivière des Illinois; du lac Érié à la Wabach. Des bâtiments à vapeur rapprocheront, pour ainsi dire, le golfe du Mexique de celui de Saint-Laurent, et la Nouvelle-Orléans de la ville de Québec : celle-ci devenue anglaise, cette autre appartenant aux

États-Unis, après avoir été l'une et l'autre sous la domination de la France. Les belles communications de ce genre, si justement vantées en Europe, ne sont pas supérieures à ces nouvelles entreprises. Favorables au commerce et à l'agriculture, elles ont un autre avantage auquel on n'avait jamais pensé : elles ont en quelque sorte rapproché les hommes que de si grandes distances séparaient. Tous les germes de jalousie n'ont pu être étouffés, mais la fédération qui n'avait que les lois pour garantie, est aujourd'hui cimentée par des intérêts privés et communs, et sans cesse en contact sans se nuire.

Telle est dans son économie politique la conduite, telles sont les maximes d'une république nouvelle, forte d'une grandeur présente et d'un accroissement si rapide, que chaque année son amitié devient plus désirable, son inimitié plus à redouter. Ce n'est plus une de ces républiques de nom auxquelles on refusait l'égalité avec les rois, et dont les ambassadeurs étaient, comme par tolérance, admis après ceux des couronnes. On voudrait en vain lui assigner un autre rang, la soumettre à un autre droit des gens : indépendante et souveraine comme les monarques sur leurs trônes, elle a su en toute occasion se maintenir leur égale, et sans doute elle sera assez sage pour ne jamais aspirer à s'élever au-dessus d'eux.

Ceux que les gouvernements représentatifs affligent ou importunent prétendent qu'ils sont les plus coûteux de tous, et trouvent des gens crédules ou intéressés qui le répètent après eux. Il est vrai qu'on peut multiplier les emplois, augmenter les traitements à la faveur de cette maxime, et ceux qui la propagent ont trop souvent leur part des profusions. Mais l'exemple des États-Unis prouve qu'elle est fausse, et démontre que l'ordre et l'économie sont les moyens les plus assurés d'empêcher les banqueroutes publiques et de prévenir les révolutions.

Parmi les circonstances qui menacent l'Europe de voir sa prééminence passer au Nouveau-Monde, il y en a une qui mérite l'attention des hommes d'état. Les républiques du nord de l'Amérique sont disposées à ne faire que de sages dépenses. L'Europe, au contraire, se plaît dans les profusions, et la plupart de ses gouvernements ne se conservent que par des expédients.

C'est cependant de l'Angleterre que les États-Unis ont reçu les premiers éléments du gouvernement représentatif; mais ils l'ont perfectionné à un degré qui ne peut être atteint en Europe, ou qui ne le serait pas sans résistance. En Amérique la représentation a ses premières sources dans des votes individuels dont les conditions n'ont rien d'embarrassant ou de difficile. Le possesseur d'une cabane et de quelques acres de terre concourt par son suffrage, ainsi que le propriétaire de dix mille acres, ou des plus riches magasins, à la formation de l'assemblée législative de l'État où il réside. Tout ce qui intéresse, ou la société, ou des professions particulières, est délibéré dans ces assemblées, et même dans des réunions spontanées qui se forment sans l'impulsion et hors de la surveillance des magistrats, et qui procèdent aussi régulièrement que celles que la loi a prescrites. L'habitude et une sorte de routine y tiennent lieu de statuts, et sans la moindre contrainte, la minorité y reçoit la loi de la majorité. C'est par ces réunions privées que se propage la connaissance des véritables intérêts de l'État; c'est ainsi que l'on trouve dispersées sur tout le territoire plus de dix mille personnes éclairées sur les affaires et sur les intérêts publics, familiarisées avec les hautes matières de la législation, se conduisant, dans les assemblées des moindres bourgs, avec gravité et décence, et dociles aux directions d'un président ou modérateur, qui n'a besoin d'aucun effort pour exercer une autorité en quelque sorte absolue. C'est dans ces réunions publiques ou privées que se forment à l'éloquence de la politique ceux qui auront un jour à gouverner l'État. C'est là, bien mieux qu'au barreau, que quatre avocats, devenus successivement présidents du congrès, apprirent à discuter les affaires publiques, moins d'après les règles de l'art oratoire, que d'après celles de la sagesse et de la raison.

Si, de l'aperçu de l'état de la confédération générale, on passe à celui des constitutions des états particuliers et de leurs rapports avec le congrès, on voit avec admiration ces grands corps se mouvoir sans frottement, sans violence et sans qu'il s'élève jamais entre le gouvernement supérieur et ses subordonnés des difficultés qui puissent être suivies d'une rupture.

Les autorités législatives, exécutives et judiciaires, dans les États particuliers, sont investies de tous les pouvoirs qui n'ont pas été délégués au Congrès. Chaque État est législateur en matière criminelle et civile. Depuis cinquante ans que cet ordre de choses existe, il n'a eu que d'heureux résultats. La confédération s'agrandit, la puissance du congrès croît en même temps. Des États ont, de leur propre volonté, borné leur étendue et leur population, et ont abandonné de vastes territoires, où d'autres États sont déja formés. Ils s'exprimaient ainsi en faisant ces cessions: « Nous renonçons à nos droits « sur ces terres, parce qu'après l'appui de la pro- « vidence rien n'est plus propre que ces témoi- « gnages d'un accord général à fortifier l'union « et à la faire croître en honneur, force et di- « gnité. » Ces guerres que suscitent entre les autres peuples du monde le fanatisme, l'ambition, la cupidité, cette inquiétude qui les tourmente et a fait supposer qu'un bonheur tranquille ne pouvait appartenir à l'homme, ne troubleront jamais celui dont les États-Unis jouissent, non que parmi eux les individus soient affranchis des passions humaines; mais leurs conseils sont formés de telle sorte, que les résolutions sont toujours dictées par l'intérêt général. Un pays qui sera plus grand que l'Europe, et qui est composé de tant d'États divers, jouit d'une paix qui semble devoir être perpétuelle, et le rêve d'un homme de bien s'accomplira.

Serait-il donc déraisonnable d'espérer que cet esprit de modération pénétrera un jour dans les conseils de ces monarques dont les États pourraient former plusieurs royaumes? N'est-il pas possible qu'alors de sages ministres disent à leur maître: « Notre vue et nos bras ne peuvent s'é-
« tendre à douze ou quinze cents lieues; divisez
« votre empire, il y aura toujours place pour
« vous; les peuples seront plus heureux; vous
« serez plus tranquille; au lieu d'être la terreur
« de vos voisins, vous exciterez l'admiration du
« monde et vous en serez le bienfaiteur. »

Les officiers et magistrats ne sont point nommés à vie. La durée de leurs fonctions dépend de leur conduite; leur autorité est définie par les lois avec tant de précision, que les abus sont très-rares et peuvent être promptement répri-

4.

més. Un principe de représentation qui ne découle ni de l'hérédité, ni d'aucune source fictive, fait la force et l'énergie des différentes magistratures : puissantes pour le bien, elles sont impuissantes pour opprimer ; et c'est pour cette cause que les désordres et les tumultes, lorsqu'il y en a, ne sont jamais dangereux.

On a long-temps tenu pour maxime que les magistratures à temps et électives ne convenaient qu'aux États de peu d'étendue et aux petites populations. L'expérience des États-Unis a fait reconnaître que c'est une erreur. S'il arrive que les choix y soient mauvais, le remède est dans la réélection, et une épreuve de plus d'un demi siècle a démontré qu'il est efficace. Ainsi l'exemple des États-Unis se présente dès qu'il s'agit de prouver que la liberté est bonne à tout, et qu'elle ne peut jamais nuire. Aussi fait-il le désespoir de tous ceux que cette liberté alarme, et qui aujourd'hui ne peuvent plus en nier les bienfaits.

Les juges, les sénateurs, les ministres, ne sont pourtant pas plus sages, plus habiles dans ces États que dans tant d'autres. Ils ont aussi leurs faiblesses, leurs préjugés ; mais ils doivent en avoir moins que ceux qui seraient élevés aux magistratures par le hasard, l'intrigue ou la vénalité. Ils ont aussi un avantage que n'ont point ailleurs les hommes placés à la tête des affaires : les lois et la publicité de leurs actes, soumis à toutes les censures, leur font une nécessité d'être toujours justes, toujours impartiaux; de ne donner les emplois qu'aux plus dignes, et de ne jamais sacrifier le bien de l'État à des passions privées, à des intérêts particuliers. Une probité sincère peut seule leur assurer la confiance publique, prompte à démêler le vrai d'avec le faux. Les fourbes et les hypocrites seraient bientôt démasqués. Ainsi quand même quelqu'accident aurait élevé à un poste important un individu vicieux, il serait forcé de gouverner comme ceux que la nature a faits excellents, ou bien il ne pourrait conserver ses fonctions.

Ces lois si sages sont désormais à l'abri des ravages du temps : des presses libres les conservent et les défendent encore plus sûrement que des tours du Louvre et de Londres, et sous cette garantie, plus puissante que ne fut jamais l'autorité tribunitienne, on peut être certain que les bienfaits de l'ordre social seront durables. Une république tempérée ne deviendra jamais une démocratie absolue, et l'on peut dire aussi, qu'ailleurs, avec des presses libres, le gouvernement royal ne pourra dégénérer en despotisme.

On objecte cependant que ces presses peuvent au moins compromettre la paix des familles et blesser les individus dans leurs intérêts privés. Il n'est que trop vrai qu'elles ont souvent servi la calomnie; mais c'est un mal que n'ont jamais empêché les prohibitions même les plus sévères, et le remède au dommage qu'elles peuvent faire est efficace et prompt sous le régime de la liberté.

Les traits de la calomnie, si justement comparés aux armes empoisonnées, leur ressemblent aussi, en ce que les sauvages les plus féroces n'osent qu'à peine les décocher de peur que l'ennemi ne les leur renvoie. Au contraire de beaucoup d'autres choses, la liberté de la presse se perfectionne et se fortifie par les années, et devenant chaque jour plus utile, elle devient aussi plus innocente.

Il n'en fut pas ainsi pendant les premiers temps de la révolution américaine; nous en convenons volontiers: mais alors des ennemis étaient encore en présence. La royauté avait de chauds partisans, et des deux côtés les presses agissaient avec une égale violence. Jefferson lui-même en fut un moment alarmé. Il arrive encore aujourd'hui que le combat s'anime, et il peut se faire qu'un bon citoyen soit heurté dans une mêlée trop chaude. Mais les coups sont bientôt amortis, et sans qu'il prenne soin de se justifier, il peut, en gardant le silence, laisser à une vie pure, à une conduite irréprochable, le soin de sa défense. Il n'y a pas d'exemple dans les États-Unis, qu'un journal, ouvert à l'irréligion, aux récits d'anecdotes licencieuses et aux personnalités offensantes, ait pu se maintenir. Le dégoût des lecteurs en fait justice plus promptement et plus sûrement que les tribunaux eux-mêmes, tant ces peuples aiment la vérité décente et sont prompts à la distinguer du mensonge. Chez eux rien n'est si rare que les poursuites en calomnie devant les tribunaux.

Il n'y a donc rien que la liberté de la presse ne puisse améliorer, et les Américains croiraient que leur gouvernement est en démence, s'ils pouvaient entrevoir dans leurs budgets une dépense destinée à la corrompre et à récompenser les journalistes. Payer des nouvellistes étrangers pour qu'ils publient des articles envoyés et rédigés à plaisir, semblerait à la fois une prodigalité coupable et un acte inutile de déraison. Je conviendrai cependant que cette liberté n'est pas sans danger pour toutes sortes de ministres. Le cardinal Wolsey disait à Fischer : « Si nous ne « renversons les presses elles nous renverseront. » Fischer lui répondit : « Faisons nos devoirs de « bons et sages ministres, et ne craignons rien « de la malice de la presse. Si nous voulons nous « interroger nous-mêmes, nous reconnaîtrons « combien de grâces nous devons rendre à la « franchise des écrits quand ils nous avertissent, « non-seulement de nos fautes passées, mais « aussi de celles que nous sommes exposés à

« faire. Je suis habitué aux conseils que je reçois
« des presses. C'est un flambeau qui blesse quel-
« quefois mes yeux ; mais s'il venait à s'éteindre,
« je croirais qu'un bandeau les couvre. »

Les correspondances diplomatiques sont imprimées par ordre du congrès aussitôt qu'elles peuvent l'être sans inconvénient. Elles sont rarement soustraites à la connaissance des citoyens. Les journaux encore plus empressés, devancent souvent les courriers les plus diligents. Ils en apprennent quelquefois autant que les dépêches secrètes et chiffrées. Ces communications franches sont une grande nouveauté dans les rapports que les puissances ont entre elles, et ceux qui président aux cabinets de l'Europe n'ont encore pu s'habituer à lire dans les gazettes de Washington les conférences qu'ils ont eues avec les envoyés Américains. On croirait qu'ils craignent de montrer à combien peu se réduit l'art de bien gouverner. Le despote Wolsey avait donc de justes motifs pour redouter les presses libres. Il n'y a que des ministres vraiment dignes du nom d'hommes d'états qui puissent, d'un œil tranquille, en contempler l'action, en braver la puissance.

Le droit de pétition publique, ce recours de la faiblesse opprimée à une protection sage et efficace, est rarement exercé. Il existe, il n'est pas une vaine formalité ; c'en est assez pour contenir les magistrats injustes, et ce moyen de défense est rarement employé parce qu'il peut l'être toujours.

Ces républiques, qui portaient encore le nom de colonies, de provinces et de plantations, il y a cinquante ans, ont déja fondé plusieurs républiques nouvelles. Elles s'étendent de proche en proche ; des villes ou des bourgs s'élèvent de toutes parts et ne sont point menacés par des citadelles ou des châteaux bâtis sur les cîmes voisines. Des lieux stériles qui étaient à peine habités par quelques familles indiennes, lorsqu'en 1754 Washington et les frères Jumonville s'y rencontrèrent et se combattirent, ont été changés en de riches campagnes, et sont aujourd'hui aussi peuplés que plusieurs pays de l'Europe.

Toutes les difficultés qu'éprouve une société au moment où elle est fondée, disparaissent devant des lois égales, justes et libres. La rapidité des progrès de ces établissements nouveaux n'eut jamais d'exemple. On voit des familles se réunir de leur seul mouvement, et sans aucune sanction supérieure, pour aller prendre possession de terres inhabitées qui sont hors du territoire même des États de l'Union. Ces sociétés de propre création nomment leurs magistrats, leurs officiers de justice et de police, se mettent en état de défense contre les Indiens, se donnent des réglements et s'y soumettent avec une admirable docilité. Une de ces associations, composée de trois cents familles, a pris possession d'un canton situé sur les bords de la rivière rouge; la société nouvelle n'a pas eu à souffrir les infirmités de l'enfance; elle a joui d'abord de la vigueur de l'âge mur, et peu d'années après sa naissance, elle a été annexée, d'un consentement mutuel, à l'État du Missouri.

On remarque à la lecture des actes émanés du congrès depuis environ trente ans, qu'ils ont eu rarement pour objet les anciens États de l'Union. Il y en a même dont le nom ne s'y rencontre pas une seule fois. Affermis sur des fondements impérissables, ils n'ont plus besoin que de lois locales, et elles sont en petit nombre. Leurs constitutions sont formées, et ces bases une fois consolidées, la tutelle du congrès n'est plus nécessaire à ces aînés. Il doit, au contraire, s'occuper sans relâche de ces sociétés nouvelles fondées à l'Est et à l'Ouest du Mississipi, depuis la grande pacification de 1783. D'abord districts, ensuite territoires, et enfin admises au rang d'États, elles jouissent de tous les droits des anciennes. Il faut, jusqu'à ce qu'elles aient atteint l'âge de la force, que le congrès les guide, les instruise, les garantisse de leurs propres erreurs; et, comme son autorité ne s'exerce qu'à leur avantage, il est rare qu'elle rencontre des obstacles. D'où pourraient en effet naître les résistances? Ce ne sont plus ces colonies anciennes ou modernes formées par une population surabondante, dont la métropole se délivrait en l'envoyant au-delà des mers peupler des pays déserts ou sauvages. Les États nouveaux qui se forment existent par eux-mêmes et pour eux-mêmes, sans être asservis à l'État d'où ils sont sortis et sans l'alarmer par leurs griefs et leurs tumultes. Ce système, que l'on appelait colonisation, est fini. C'est en vain que l'on tenterait de nouvelles entreprises de ce genre. Aucun peuple n'est ni assez riche, ni assez puissant à la mer pour imiter ce que les Anglais ont fait à la Nouvelle-Hollande, et les établissements qu'y formeraient d'autres peuples n'auraient, avec l'Europe, que des rapports de commerce et de navigation, sans asservissement politique. Essayer aujourd'hui de fonder des colonies dépendantes, c'est prodiguer, sans aucune utilité, la vie des hommes et les trésors d'un État. D'année en année cependant ces essais se prolongent, et la crainte de convenir qu'on s'est trompé, pourrait les faire prolonger indéfiniment, si les États-Unis n'avaient déclaré qu'ils ne pouvaient approuver de semblables tentatives en Amérique.

La France, l'Angleterre, l'Espagne, réciproquement jalouses, ont tour-à-tour empêché la nation rivale de fonder des colonies nouvelles. La guerre a été près d'éclater en 1770 à l'occasion des îles Malouines, et plus récemment au sujet de Notka. On est tacitement convenu que ces pays resteraient déserts. Plus justes et plus puissants dans ces contrées, les Américains veulent qu'elles soient peuplées, et ils proclament en même temps, avec une sorte d'autorité et trop de hauteur peut-être, qu'ils ne souffriront pas qu'aucune colonie européenne soit désormais établie dans le nouveau monde. Ainsi une autre Europe, une Europe vraiment libre, s'élève dans ce vaste continent, et avant la fin du siècle, les États-Unis compteront cent millions d'habitants de race blanche. Qu'ils restent unis en une seule confédération, ou qu'ils se séparent en plusieurs, les formes du gouvernement qu'ils se sont donné ne laissent aucune prise à l'ambition de s'agrandir, et la sagesse de leurs lois maintiendra la bonne intelligence entre eux. Si l'Europe doit perdre sa prééminence, elle ne peut jamais perdre tant de trésors de science et de lumières amassés par les siècles. Il dépend des peuples et de ceux qui les gouvernent de lui conserver des avantages qui ne seront inférieurs à ceux d'aucun peuple du monde. Ils seront conservés si, au lieu de repousser les bienfaits d'une juste liberté, on se borne à prévenir les écarts et la licence. L'instruction, sagement répartie à tous les individus, en est le moyen le plus assuré.

Il n'y a pas une seule des constitutions américaines qui ne contienne des dispositions relatives à l'instruction et aux progrès des sciences. Des commissaires, au choix des habitants, surveillent l'éducation des jeunes gens. Ils les voient avec plaisir instruits par un maître ayant une épouse, des enfants, et qui leur enseigne, par son exemple, à devenir un jour de bons chefs de famille. Ils ont évité avec grand soin de les confier exclusivement à des militaires, à des légistes, à des prêtres. Ils croient que pour former d'utiles citoyens, il convient qu'un jeune homme entre dans la société sans inclinations factices, sans préjugés, et libre de choisir la profession à laquelle ses goûts et sa capacité naturelle le porteront.

Leur Code judiciaire a été originairement calqué sur celui de l'Angleterre. Ils n'ont pu encore dissiper entièrement la confusion dont d'immenses commentaires ont embarrassé la distribution de la justice dans leur ancienne métropole. Ils s'occupent de cette réforme cependant, et déja leurs lois n'offrent nulle part des traces de féodalité. Plus de droits d'aubaine, de confiscation, d'aînesse; plus d'avantages faits aux hommes au préjudice des femmes dans les partages de famille.

La loi une fois promulguée, les tribunaux n'ont plus à craindre, ni l'influence de la puissance législative, ni celle du pouvoir exécutif.

La preuve testimoniale, que les lois des autres pays n'admettent qu'avec beaucoup de précaution, est fort usitée dans les États-Unis. On ne remarque pas qu'il en résulte des abus, et ce respect pour la déclaration d'un témoin qui a fait serment de dire la vérité, est un hommage rendu à la probité nationale.

Les lois du congrès et celles de tous les États-Unis interdisent avec beaucoup de soin toute concession de titres de noblesse. Il n'y a point, en effet, dans ces États d'institutions qui distinguent certaines races, et cependant il ne serait pas rigoureusement vrai de dire qu'ils ne reconnaissent point de noblesse. Il y a dans ces pays si divers des familles anciennement établies, connues par des mérites héréditaires. Ce n'est jamais en vain que des citoyens ont recours aux conseils de ces patriciens et à leurs secours. On révère leurs vertus et on fait sans peine hommage à une noblesse qui consiste dans les services rendus aux particuliers et à la république. Les noms grandissent aussi long-temps que les enfants conservent les hautes qualités de leurs pères. C'est à cette condition qu'on leur tient compte de tout le bien que leur race a fait. Oublient-ils les devoirs que cette illustration leur impose, ils tombent plus bas que ceux qui ne furent jamais élevés; et d'autres, qui ignorent jusqu'au nom de leurs ayeux, sont égaux en re-

nommée aux plus illustres de leur temps (1).
Telle est la noblesse en Amérique, et elle n'a
rien qui blesse l'égalité. Cette exception est l'ouvrage de ceux mêmes qui, en abolissant la noblesse du sang, ont conservé celle des vertus.

A l'ouverture d'une session dans un des États
nouvellement fondés, le gouverneur adressait à
un auditoire nombreux les paroles suivantes :

« L'homme le plus éminent n'est point dans
« ce pays au-dessus du peuple, et le moindre ci-
« toyen n'est au-dessous de personne. Si le riche
« a plus de jouissances, il n'a pas pour cela plus
« de pouvoir. La richesse même n'assure pas
« aux familles des avantages perpétuels. La fortune du riche est, après lui, divisée entre ses
« enfants; tandis que des propriétés augmentent
« en valeur, en étendue, d'autres sont partagées.
« Il n'y a point de famille qui puisse jouir d'une
« longue prospérité, si ce n'est par son travail,
« et c'est là un effet de nos lois sur les succes-
« sions; bien plus sages que les lois agraires,
« elles décomposent sans effort et en silence, au
« profit de plusieurs, les grandes fortunes amas-
« sées par la diligence et le travail, au profit d'un
« seul. Les fortunes changent et se succèdent

---

(1) Nam genus et proavos et quæ non fecimus ipsi
    Vix ea nostra voco!   Ovid., Metam., lib. XIII.

« comme les vagues de la mer (1) : celle qui s'é-
« lève est aussitôt surmontée par une autre, qui
« bientôt sera engloutie à son tour et replongée
« dans l'océan des propriétés. Les plus riches fa-
« milles seront replacées tôt ou tard sous le com-
« mun niveau, et l'enfant chétif que nous voyons
« à peine vêtu, pourra être un jour notre pre-
« mier magistrat. »

Le développement de tous ces avantages n'est pas une censure de ces gouvernements anciens, qui, formés depuis tant de siècles sur d'autres plans, ne peuvent s'améliorer qu'avec lenteur et maturité. Il faut même s'étonner des progrès que ceux-ci ont faits malgré tant d'obstacles qui les contrariaient. En même temps n'hésitons pas à reconnaître que si les Américains ont profité des lumières et de la sagesse de l'Europe, elle recevra à son tour de semblables bienfaits de l'Amérique. Son exemple, et des faits récents, nous ont appris que la liberté ne diminue point la vigueur et l'énergie nécessaires à l'exécution. Si elle n'énerve pas les gouvernements républicains, il n'est pas à craindre qu'elle devienne un principe d'affaiblissement dans les monarchies tempérées. Déja, malgré les résistances, et de toutes

---

(1) Latifundia perdidere Italiam, jam vero et provincias. Plin., Hist. nat., lib. xviii, cap. 6, § 3, tom. II.

parts, les lois s'améliorent, et de sages monarques ont reconnu que le trône n'est solidement assis que sur les intérêts unis des princes et des peuples ; que, placé sur une autre base, il peut sans cesse être ébranlé par des agitations au dedans et des entreprises au dehors.

L'assemblée constituante de France a fait des progrès vers de grandes améliorations, lorsqu'il y a quarante ans, obéissant à des mandats presque uniformes, elle a réformé notre législation. Elle eut l'intention de consolider le trône dans un pays où le gouvernement royal a de si profondes racines. Mais quoique son ouvrage ait été en partie anéanti, l'esprit s'en est conservé, et aucun effort n'empêchera que la France ne redevienne, et ne soit déjà une monarchie tempérée par la représentation nationale.

Les croyances chrétiennes sont reconnues dans toute l'étendue des États-Unis. Quelles que soient les modifications qui distinguent les différentes sectes, la plupart sont sages et se conforment aux lois divines que le premier auteur de notre religion a enseignées aux hommes. Divisées sur le dogme, elles sont d'accord sur les principes de la morale. Quelques-unes cependant professent des maximes extravagantes et qui seraient dangereuses, si une tolérance sincère ne les livrait bientôt au mépris et à l'oubli. Le gouvernement se borne à empêcher que les doctrines n'envahissent le domaine des lois civiles ou politiques, ou que les prêtres ne se mêlent d'affaires étrangères au culte. Il n'est pas moins attentif à prévenir tout établissement d'une juridiction ecclésiastique, et toutes les affaires qui sont du ressort de cette juridiction en Angleterre, sont jugées en Amérique par les tribunaux ordinaires.

Les constitutions des États particuliers, en interdisant aux prêtres les fonctions publiques, n'ont pu comprendre dans cette exclusion la nomination des membres du congrès dans les deux chambres. On y voit quelques prêtres des diverses croyances, et, en 1823, l'État de Michigan y a nommé un curé catholique. Ces nominations sont sans inconvénient, parce que ces représentants sont citoyens avant d'être prêtres.

Cette condition est la plus nécessaire de toutes; car dans les États-Unis, il n'y a pas, comme dans la plupart des villages de l'Europe, ces baillis locaux et ces seigneurs qui, par leur institution et l'autorité qui appartient à leur rang et à leur place, balancent l'autorité des prêtres; autrement ceux-ci, armés du pouvoir qu'ils ont sur les consciences, réduiraient leurs paroissiens à ne croire et à ne faire que ce qui conviendrait aux intérêts de la secte dominante.

Quelques observations relatives au culte catholique feront connaître les heureux effets d'une tolérance générale. Les catholiques, au temps de la domination anglaise, étaient encore soumis à beaucoup d'entraves dans l'exercice de leur culte. Ils n'eurent, même après la paix et jusqu'en 1790, qu'une seule mission pour tous les États. Aujourd'hui on y compte dix évêques sous un métropolitain. Les congrégations catholiques de femmes se sont fort multipliées. Parmi celles d'hommes, les établissements des jésuites sont les plus remarquables. Un bref du pape leur permit, en 1806, de prêcher, d'enseigner et d'administrer les sacrements. Les progrès que fit bientôt cette société auraient été jugés dangereux dans tout autre pays, et le congrès n'ignorait pas combien son ambition et ses intrigues l'ont rendue redoutable en Europe; mais il ne croit pas que jamais elle le devienne dans un pays où le fanatisme ne peut plus étouffer la liberté de conscience, et il n'a pas trouvé de danger à constituer à Georgetown un collége de jésuites en université, avec pouvoir de conférer les degrés dans toutes les facultés. Une timidité, dont la cause est connue, a empêché cette compagnie si entreprenante, de reprendre son véritable nom; mais le congrès n'y aurait point mis d'obstacle. Il ne voit dans ces religieux que les propagateurs d'une morale utile à la société et à l'instruction de la jeunesse. On sait que, soumis en secret à une autorité étrangère, ils lui obéissent aveuglément. On n'en conçoit point d'alarmes, et on s'en fie à la bonté des constitutions. On n'aura jamais à s'en repentir puisque la presse est libre, et ils ne parviendront pas à l'asservir.

On assure que dans la seule ville de New-York, où le nombre des catholiques n'était que de 300 il y a vingt ans, il s'est élevé à 20,000. L'Irlande et l'Allemagne y ont le plus contribué par l'émigration.

Il n'y a pas en Amérique un seul homme d'état qui ne soit persuadé que l'ordre social ne se maintient qu'avec le secours de la religion : on empêche seulement qu'il n'y ait de secte dominante. Quand tous les cultes chrétiens se tolèrent mutuellement, il n'y a plus qu'une religion.

Quel avantage pour des législateurs qui posent les fondements d'une société, de n'avoir point à lutter contre les erreurs et la licence du paganisme, la théocratie intolérante des Hébreux, ou le fanatisme et l'ignorance des Musulmans. Jefferson et Franklin ont trouvé la religion chrétienne établie aux États-Unis. De toutes celles qui ont été proposées à l'intelligence humaine, aucune n'est plus conforme aux règles de la saine morale, aucune n'est plus propre à rendre l'homme heureux, et les sages de l'Amérique lui rendent ce beau témoignage.

Le catholique, le quaker, le méthodiste, l'unitaire, l'anglican, sont égaux devant la loi. La tolérance n'est point, comme en Europe, une indulgence impérieuse d'une secte à l'égard d'une autre : elle est une égalité parfaite entre toutes. Les querelles religieuses, dénuées de l'appui du gouvernement, sont toujours innocentes. Pour apaiser les combattants, il suffit de les laisser faire.

La connaissance d'un Dieu créateur et bienfaisant est le caractère qui distingue l'homme civilisé et instruit de l'homme sauvage et ignorant : plusieurs tribus indiennes ont à peine une idée vague de la divinité et de l'immortalité de l'ame. Toutes sont dans un état vraiment misérable.

Au contraire des sauvages, les hommes qui jouissent des bienfaits de la société, reconnaissent que c'est à la providence qu'ils les doivent. L'État de New-York a modifié sa constitution nouvelle en 1822, et cet acte commence par un hommage rendu en ces termes à la divinité : « Nous, le peuple de l'État de New-York, péné-
« trés de reconnaissance pour la grace et la bonté
« du ciel, qui nous a permis de choisir la forme
« de notre gouvernement, nous avons établi no-
« tre constitution. »

On voit que ces peuples, à l'exemple des rois, fondent la puissance publique sur le droit divin, et c'est avec juste raison; car l'obligation de rendre les hommes heureux est imposée à ceux qui gouvernent, et il faut la mettre au premier rang parmi les vérités éternelles. C'est à la providence qu'ils sont redevables de leur force.

Un des premiers articles de cette constitution proclame la liberté de conscience; et celui qui le suit est ainsi conçu : « Les ministres de l'é-« vangile étant dévoués au service de Dieu et au « soin des ames, et ne devant pas être détour-« nés de ces grands devoirs, ne pourront jamais « être élus pour des emplois civils ou militaires. »

On retrouve ces maximes dans les autres constitutions, et peut-être sont-elles enfantées par une jalousie exagérée de la puissance des prêtres sur les consciences. Sans doute il vaudrait mieux que la loi, s'abstenant d'interdire de telles élections, eût laissé aux citoyens l'exercice de leur volonté sur ce point comme sur tout le reste. Les prêtres ne me semblent pas plus à craindre pour les États-Unis que les chefs militaires. On en vit même qui se firent soldats pendant la guerre de la révolution, ainsi qu'ailleurs on vit autrefois les moines et les évêques endosser la cuirasse, manier la lance et porter le mousquet. Les Américains n'ont pas même à redouter ces conquérants, qui, en Europe, ont arrêté ou anéanti les progrès de la civilisation. Dans cette situation, un peuple ne rétrogradera jamais; il avancera toujours malgré les ambitieux comme malgré les intolérants, et désormais rien au monde ne peut priver les États-Unis de l'avantage d'avoir offert les premiers le parfait modèle de la meilleure constitution fédérale.

A l'époque de la cession de la Louisiane, on ne connaissait à l'ouest que les embouchures des fleuves tributaires du Mississipi. Vingt ans sont à peine écoulés, et déja les États-Unis établissent sur les côtes de l'Océan boréal des comptoirs qui sont comme le germe des États qui doivent y être fondés avant la fin du siècle. Ils ont donné le nom de Colomb à une des principales rivières de cette contrée (1), restituant ainsi à ce grand homme les honneurs injustement décernés à Améric-Vespuce. Le congrès n'a pas annoncé le dessein d'étendre un jour la fédération jusqu'à l'Océan pacifique; mais on ne peut douter qu'il n'ait l'intention d'assurer à ces pays un gouvernement républicain. Cette forme va bientôt, par un mouvement spontané, embrasser tout le nouveau monde, et l'on peut prévoir que les divers États que voit naître le midi, imiteront dans leurs constitutions celles des États-Unis.

Déja fortifiées de la puissance irrésistible du nombre, les nouvelles républiques du continent

---

(1) Un navire de Boston appelé Colombia, entra le premier dans cette rivière en 1791.

méridional s'avancent dans l'indépendance qu'elles ont conquise. Elles ont aussi leur principe de légitimité, et c'est la volonté générale. Elles viennent de proclamer « que les peuples « existent par les décrets d'une providence uni- « verselle et divine, et que les magistratures ne « sont instituées que par la volonté et le con- « sentement des peuples. » Elles peuvent être divisées entre elles touchant des questions d'économie politique ; mais au milieu même des agitations de ces États naissants, pas un soupir ne s'échappe de leur sein vers une métropole impuissante et décrépite.

Les habitants, même sauvages, sont extrêmement rares dans cet espace immense, qui s'étend du grand fleuve jusqu'à l'Océan occidental, et les Américains trouvent peu d'obstacles à pousser leurs établissements à travers ces contrées si long-temps inutiles à l'homme, malgré la richesse du sol. Quelque respect qu'on ait pour d'anciens droits de propriété, il est difficile de reconnaître ceux d'une seule famille sur dix lieues carrées où dix mille individus pourront vivre dans l'abondance.

Les Indiens prétendent que la liberté, à condition de travailler et d'obéir aux lois, serait un véritable esclavage. L'Europe a voulu les civiliser à sa manière, leur donner ses codes, ses doctrines ; trois siècles d'efforts n'ont pas servi à les rendre plus heureux, et trois ou quatre siècles avant la découverte, les progrès d'un ordre social au Mexique, au Pérou, avaient prouvé que, laissés à eux-mêmes, la raison les aurait, par d'autres routes, conduits peut-être plus loin que notre exemple.

Le voisinage de ces peuplades, la vue de la profonde misère qui les tourmente, font encore mieux sentir les avantages des bonnes lois: d'un côté on voit la société dans toute sa force, sa splendeur et sa beauté; de l'autre un état de faiblesse, conséquence inévitable de la privation des lumières et de l'ordre. Les Aborigènes, témoins des bienfaits de l'état civilisé, en ont peu profité pour améliorer leur sort. Notre exemple n'a point encore appris à ces tribus que la division des terres entre les familles est la première condition de l'état social; que le plus petit propriétaire aime le champ qu'il a cultivé et que cet attachement au sol est le plus sûr garant du repos de la société. Le sauvage n'a en propriété que son arc, sa pirogue et quelques parures dont il aime à être vêtu, soit dans les combats, soit dans les jours extraordinaires. Moins libre qu'on ne pense, il dépend de ses besoins, et il ignore les plus faciles moyens d'y pourvoir. Dans l'état civilisé, la science et l'expérience enseignent ces moyens à l'homme, et son bien-être avance avec son instruction. C'est par la raison contraire que l'erreur et l'ignorance sont si favorables au despotisme. Cependant la licence même a ses limites chez les Indiens, et les voyageurs n'en trouvèrent aucuns réduits à cet état primitif que nous avons appelé l'état de nature, et dans lequel la société n'est pas même la famille. Leur liberté n'est pas le droit de faire tout ce qu'ils veulent : ils ont des coutumes qui leur tiennent lieu de lois ; elles modèrent leurs excès, et cependant elles sont encore sanguinaires et féroces. Un jour un sauvage vint à Sinnamari, et dit à Simapo, son chef : « Aripacoto a tué mon frère ; « je l'ai tué et son fils avec lui. » J'entendis Simapo lui répondre : « Tu as bien fait. » Je vais « aussi, continua l'Indien, tuer le frère d'Aripa« coto. » Simapo le lui défendit, et l'offensé arrêta sa vengeance.

La raison a banni de nos codes ce qui fut long-temps appelé la vindicte publique. L'autorité ne punit plus que pour contenir le coupable et pour détourner du crime par l'exemple. Mais chez les tribus sauvages la vengeance est poursuivie par les familles, et la puissance publique intervient même quelquefois. Si le meurtrier se réfugie chez une nation voisine et amie, elle doit le livrer. Si elle s'y refuse et le protége, le refus devient presque toujours une cause de guerre.

Les naturels n'ignorent pas l'horreur que nous

inspire la coutume de manger les prisonniers faits à la guerre, et je n'ai jamais pu obtenir des renseignements précis de ceux que j'ai interrogés à ce sujet. Mais le vague de leurs réponses, ou leur silence même m'ont toujours donné lieu de croire que nos exhortations n'ont pas fait cesser cette coutume. Elle est plus commune parmi ceux du nord que chez ceux du midi.

Depuis une époque inconnue, les sauvages de l'Amérique du nord sont formés en tribus distinctes, dont chacune est un petit corps de nation. Ces peuplades, qu'un intérêt commun aurait dû réunir contre les Européens, sont distinguées à l'ouest du Mississipi par quatre langues qui n'ont rien de semblable. Chaque langage est encore divisé en dialectes si différents qu'on peut en conclure que la séparation en plus petites tribus date de plusieurs siècles. Elles se ressemblent néanmoins par leurs coutumes, et surtout par leur ignorance et par l'obstination avec laquelle elles y demeurent plongées.

Ces sociétés indépendantes sont rarement en paix; et, dans les guerres qu'elles se font, il arrive ordinairement que la plus puissante, après avoir vaincu la plus faible, ou l'incorpore ou l'extermine.

Quelques sauvages ont des dispositions pacifiques envers les blancs. Dédommagés à peu de frais des terres qu'ils leur abandonnent, tolérés sur leur propre territoire, ils regardent les nouveaux venus sans interrompre leurs progrès. La société qui s'établit est comme un spectacle offert à leur curiosité; ils n'en conçoivent ni jalousie, ni alarmes, et, au moyen de quelques indemnités, ils gardent religieusement la paix dont le Calumet a été le symbole. Un subside, même annuel, n'est à leurs yeux que le prix des terres qu'ils abandonnent. S'ils le recevaient comme condition de la paix, ils croiraient leurs tributaires intéressés à la rompre.

D'autres ont les inclinations belliqueuses, et ne se laissent pas si aisément dompter. Ceux qui sont encore disséminés sur les bords du Mississipi et des nombreuses rivières dont ce fleuve reçoit les eaux, pourraient armer vingt mille guerriers; mais hors d'état d'unir leurs forces, ils craignent les Américains qui leur sont si supérieurs en nombre et en habileté. Ils ont été auxiliaires des Anglais dans la guerre de l'indépendance et dans celle de 1812. Ils continuent même depuis la paix à troubler leurs voisins des États-Unis, moins par des hostilités constantes, que par des surprises fréquentes à l'extrême frontière. S'ils attaquent avec fureur, ce n'est pas tant pour se venger de la perte de leur territoire que par haine de la civilisation. Ils s'irritent à la vue des progrès de l'ordre, aussitôt qu'ils craignent qu'on ne veuille les y soumettre; ils en détestent les jouissances, parce qu'elles ne peuvent se concilier avec une liberté qui souffre aussi peu de bornes. Plutôt que de s'assujétir aux gênes inséparables de l'état civilisé, ils fuient au loin, abandonnant le sol natal et le séjour de leurs pères. Mais soit qu'ils s'éloignent, soit qu'ils demeurent, la guerre une fois terminée par un traité, ils déposent leurs armes et ne les reprennent que pour la chasse. Aller en pleine paix visiter, l'arc ou le casse-tête en main, leur chef ou leurs amis, leur semblerait aussi peu raisonnable que de marcher sans armes au combat.

Il n'y a chez eux que deux professions principales, celles de chasseurs et de guerriers. Quelques-uns, il est vrai, sont devenus pasteurs; c'est ainsi qu'une société plus régulière a commencé à se former, et dès qu'il y a des maîtres, il y a des serviteurs. Le chef alors a des besoins nouveaux : il veut être mieux nourri qu'avec du lait et du pain, être mieux vêtu que ses domestiques, et une simple peau de mouton ne peut lui suffire. C'est à ce premier degré que s'arrête la civilisation de quelques tribus indiennes.

Les Indigènes ont adopté plus aisément nos vices que nos vertus, et les blancs leur offrent en effet plus d'occasions d'imiter les mauvais exemples que les bons. Ceux qui commercent avec eux sont rarement capables de leur donner des leçons de morale et de bonne conduite. C'est ainsi que ces Indiens, familiarisés avec quelques-uns de nos usages, sans avoir nos mœurs, sont devenus les plus dépravés et les plus misérables des hommes. Ceux qui pour la première fois sont connus des blancs montrent plus d'hospitalité et de franchise. Quelques tribus, mais fort rares, ont commencé à cultiver, et ont l'usage de quelques grossières mécaniques. Mais en vain on a tenté de leur enseigner notre religion et ses mystères. Ils écoutent les missionnaires sans intérêt et sans leur accorder ni leur refuser croyance. Ce que nous ont raconté les auteurs des Lettres édifiantes, ce que publient les missionnaires anglicans et autres, n'est confirmé par le témoignage d'aucun voyageur. Un enfant de six ans, élevé parmi nous, en sait plus sur la religion chrétienne qu'un Indien à qui on aurait voulu la faire comprendre par dix années d'études. L'ancien et le nouveau Testament ont été traduits en entier dans la langue de la plus nombreuse de ces nations. On en a fait deux éditions en Angleterre; pas un sauvage, sachant lire, n'eût pu comprendre ce livre, où sur dix mots il y en a à peine un qui appartienne à leur langue. C'est un travail inutile, ou dicté par l'ignorance, ou peut-être entrepris pour tromper les personnes indiscrètement zélées pour la conversion des sauvages.

Les missionnaires, que leur zèle conduit encore dans ces contrées, ne tardent pas à se convaincre qu'ils ont accordé trop de croyance aux récits de ceux qui les ont précédés.

Un imposteur, qui se donnait pour missionnaire, fut reçu hospitalièrement par la tribu des Osages. Il prétendait avoir le don d'exorciser, et il enseigna à la peuplade en quoi consistait cette faculté. Plusieurs démoniaques se présentèrent à lui et furent délivrés. Il vint alors d'autres malades des tribus voisines et il eut le même succès. Mais ces hommes, fiers de leur guérison surnaturelle, devinrent turbulents. Il y eut des rixes entre eux, et surtout avec les autres familles. Le sachem ou chef des Osages crut prudent de renvoyer le prétendu exorciste, et dès qu'il fut parti il n'y eut plus de possédés.

On peut prédire, avec assurance, que dans moins de deux siècles toutes ces nations auront disparu des deux Amériques. A peine l'histoire et la géographie en conserveront les noms; s'il reste alors quelques faibles débris de leurs races, ils seront confondus dans celles des blancs, et on ne verra pas sur le même sol deux peuples rivaux, l'un soumis et vaincu, l'autre prolongeant le droit de la guerre et perpétuant dans la paix la domination de la victoire (1).

---

(1) Des voyageurs ont donné des aperçus de la population de

Les Américains tiennent pour une des maximes de leur droit public à l'égard des Indiens, qu'il convient, pour leur propre bonheur, de les transporter à la rive droite du Mississipi; que leur existence en tribus séparées et indépendantes au sein de la confédération est incompatible avec l'état civilisé. Les Cherokées et les Creeks ont les premiers résisté à cette politique, par laquelle on prétendait les chasser de la Géorgie, et ils n'ont été séduits ni par des offres pécuniaires, ni par celles d'un territoire plus étendu dans les contrées occidentales : on continue cependant la négociation.

« Je suis d'opinion (disait M. Monroe, dans « un message au congrès du 30 mars 1824), qu'il « serait injuste de les éloigner par force. Con- « servons notre caractère; nous remplirons un « devoir en continuant nos efforts pour les civi- « liser sans violence. Environnés comme ils le « sont, et pressés de tous côtés par la population « blanche, nous ne pouvons que gagner à être « justes envers eux, et à les tolérer parmi nous. »

La cession de la Louisiane facilitera aux Américains originaires de l'Europe, l'exécution des

---

toutes les tribus indiennes qui habitent les contrées auxquelles les États-Unis pourront atteindre en allant jusqu'au Grand-Océan. Leurs recherches fixent le nombre des ames à 534,656. Ces calculs sont nécessairement fort incertains.

plus grands desseins. Déjà, et en peu d'années, ils ont fait plus de progrès vers le bonheur et la civilisation, que l'Asie n'en a fait depuis tant de siècles. C'est parce qu'ils ont fondé l'état social sur ses véritables bases; c'est parce qu'ils ont été les premiers à reconnaître que la face du monde est changée par les grandes découvertes des modernes, par la boussole, l'imprimerie et la liberté de la presse; par l'abolition de la traite, les bâtiments à vapeur, et tant d'autres conquêtes de la science et de la sagesse, qui ne peuvent plus être révoquées en doute.

Un bateau à vapeur peut remonter de l'embouchure du Mississipi jusqu'à la rencontre du Yellowstone sur le Missouri, dans un espace de 800 lieues. On trouve près des rivages, des mines de charbon fossile, auxiliaire indispensable de cette navigation, et les bancs de ce combustible sont presque à la surface de la terre.

Les pays que baignent ce fleuve et les rivières qui s'y jettent, sont en général fertiles, et leur étendue est égale en superficie, à trois ou quatre fois celle de la France.

Les gouvernements de la Grèce et de Rome qu'on appelait républicains, étaient bien différents de ces Républiques nouvelles. Voulaient-ils former entre eux une fédération? Rien n'était moins facile, parce qu'ils n'avaient ni les mêmes institutions, ni, le plus souvent, les mêmes mœurs. Boston, Charlestown, la Nouvelle-Orléans, ont des communications plus promptes et plus fréquentes qu'il n'y en eut jamais entre Corinthe et Athènes, entre Rome et Syracuse, et se comprennent plus aisément.

Les journaux forment une puissance inconnue jusqu'aux temps modernes : ils s'interrogent, ils se répondent, ils ont des millions de lecteurs, et les orateurs de Rome et d'Athènes ne pouvaient du haut d'une tribune s'adresser qu'à cinq ou six mille auditeurs. Un journal est lu dans le calme, et les familles s'en occupent dans les heures oisives de la matinée. On n'a pas à craindre de ces lectures les tumultes soudains et imprévus qu'un tribun fougueux pouvait exciter dans la place publique. Les Républiques anciennes étaient presque toujours concentrées dans les villes; la République américaine, homogène dans ses éléments, uniforme dans ses lois, existe dans les bourgs comme dans les cités, et s'étend sur un immense continent. Ses progrès ne s'arrêteront même pas aux rivages des vastes contrées découvertes par Colomb. Ce grand homme croyait aller aux Indes en cinglant à l'occident. Son dessein va s'accomplir. Une brèche navigable coupant l'Isthme qui joint les deux Amériques, s'ouvrira pour rapprocher un jour l'Europe et l'Asie, et les siècles admireront ce triomphe de la science sur la nature.

Panama ou plutôt quelqu'autre ville voisine réunira les députés de trente Républiques, ou pour mieux dire d'une vaste partie du globe. Ce conseil bornera ses délibérations aux intérêts de l'Amérique, ainsi que celui des Amphictyons se borna aux affaires de la Grèce. Mais, sans prendre une part active aux événements de l'Europe, son exemple y aura une influence à laquelle les cabinets impériaux et royaux doivent s'attendre.

C'est dans les vastes régions de l'Amérique que l'espèce humaine peut désormais multiplier et s'abandonner en paix à son plus doux penchant. C'est là que pendant plusieurs siècles la misère n'interdira point l'union conjugale, et là enfin les parents n'auront point à craindre que la terre refuse les moyens de vivre à ceux qui tiendront d'eux la vie.

Qui pourrait contempler sans en être vivement ému, ce spectacle du bonheur des générations présentes, gage assuré des prospérités de tant de générations futures. A ces magnifiques espérances le cœur bat de joie au sein de ceux à qui il fut donné de voir l'aurore de ces beaux jours, et qui sont assurés que tant d'heureux présages s'accompliront. J'eus ce bonheur.

J'ai cédé facilement au plaisir de tracer d'abord le tableau de la félicité de ce peuple nouveau; mais je n'oserais assurer qu'elle soit à l'abri de tous les événements. Leur union fait

6.

maintenant leur force, et cependant il existe entre les États du nord et ceux du midi, des principes de division qui, dans beaucoup de circonstances, embarrassent les plus sages. Les États du nord ont eu pour fondateurs les Puritains; ceux du midi, les Cavaliers ou Royalistes. Un siècle et demi n'a pu effacer les traces de cette différence d'origine : une antipathie héréditaire sera peut-être un jour la cause d'une séparation qui ne pourra s'opérer sans une grande commotion. Les arts et la navigation sont en honneur dans les États du nord-est : ceux du midi sont principalement adonnés à l'agriculture. Sources de rivalités, entre le nord et le midi.

Le gouvernement des États-Unis tient pour une maxime incontestable, que la morale publique consiste, comme celle des individus, dans ce qui est honnête et non dans ce qui est utile. Mais cette règle n'a point été appliquée à toutes les classes d'hommes sans distinction. Les noirs en sont exceptés. La liberté n'existe, sans restriction et pour toutes les créatures douées de raison, que dans les sept ou huit États du nord-est. Dans les autres États, les jouissances des citoyens et des libres sont le prix de l'oppression d'une classe nombreuse, et l'esclavage est la condition de près de deux millions de noirs. S'il est dans les États méridionaux un moyen de richesse, il y est en même temps un fléau plus funeste que ne le fut jamais la servitude en Europe. Sans répéter ce que tant de voix font entendre depuis cinquante ans, sur l'injustice et la barbarie de l'esclavage, j'indiquerai les obstacles qui, jusqu'à présent, ont empêché de remédier efficacement à cette grande calamité, et les dangers auxquels les maîtres eux-mêmes sont exposés, soit qu'ils maintiennent l'esclavage, soit qu'ils l'abolissent.

On reconnaît que le perpétuer, c'est entretenir au sein de chaque famille des ennemis, qui ne sont que trop bien avertis que le temps de leur affranchissement est arrivé. Ils s'impatientent à la vue de trois cent mille libres de leur espèce, qui, dans les États-Unis seulement, furent esclaves comme eux. Irrités de se voir dans un état si différent de celui de leurs semblables, tantôt ils complotent secrètement, tantôt ils se rassemblent en bandes révoltées. Le seul bruit du fouet, le moindre châtiment fait frémir de rage tout un atelier. Les attentats domestiques, les entreprises à force ouverte, également à craindre, sont pour les maîtres un motif de resserrer les liens de l'esclavage. L'humanité, la justice cependant, réclament l'affranchissement, qui autrefois fut si utile à l'Europe. Mais il aurait en Amérique des conséquences que n'eut point l'émancipation des serfs. Ceux-ci étaient, ainsi que leurs maîtres, de l'espèce blanche. Aucune marque naturelle ne distinguait l'ingénu de l'affranchi; la confusion fut facile, et l'affranchissement ayant fait cesser toutes les distinctions politiques, les autres furent bientôt effacées.

En Amérique, des distinctions humiliantes pour les affranchis mêmes, les séparent encore de la race blanche. Ils n'ont ni le droit de voter aux élections, ni celui de témoigner en justice, si ce n'est dans les procès qu'ils ont entre eux; exclus des emplois publics, et privés de la faculté de s'unir par mariage avec l'espèce blanche, ils ne sont citoyens qu'à demi. Partout on les tient pour une race dégradée, et cette opinion, universellement répandue, doit les abaisser et les corrompre. Objets continuels du mépris des blancs, ils finissent par se refuser leur propre estime, et c'est une qualité rare parmi eux que l'élévation des sentiments et l'ambition de sortir de cet état d'abjection. Si même quelques beaux caractères se distinguent, bientôt ils sont repoussés dans la foule; il peut même arriver que les dons heureux qu'ils ont reçus de la nature, leur étant inutiles comme vertus, se convertissent en penchants vicieux qui les rendent ennemis de la société.

En 1827, il y avait dans les États-Unis, situés au midi, environ 1,800,000 esclaves, et au moins 300,000 affranchis. Le nombre des esclaves était à celui des blancs libres, dans la proportion de un à deux dans quelques États, et de un à trois dans quelques autres. La comparaison de ces nombres et la différence des couleurs, font assez connaître qu'un affranchissement général ne pourrait avoir lieu, qu'avec le dommage et au péril imminent de l'espèce blanche. D'un autre côté, la raison se révolte à la pensée d'une race métisse, et de la dégradation qui résulterait nécessairement du mélange. Tenir les deux classes séparées, et jouissant au même titre des bienfaits de la liberté, c'est se résoudre à la guerre civile. Les difficultés se montrent de toutes parts.

On a cherché les moyens de ralentir cette multiplication; l'importation des nègres a cessé en 1808, et dès-lors la population blanche a fait plus de progrès que la noire. Mais au Sud, le climat favorise l'accroissement des Africains d'origine. L'humanité, on nous l'assure, a, sur la plupart des habitations, rendu les traitements moins rudes. Mais c'est toujours l'esclavage.

L'affranchissement est devenu général dans les États du nord, sans être favorable à l'accroissement des noirs. Ils y jouissent de tous les droits de cité; mais leur nombre est si petit, qu'on les remarque à peine. Il en est ainsi depuis les états du Maine et du Newhampshire, jusqu'à ceux de Pensylvanie et de la Delaware. Mais dans le Maryland et dans les autres états plus méridionaux, ce nombre va croissant, et il a doublé en dix ans dans plusieurs familles d'esclaves. Il diminue au contraire après l'affranchissement, et la population blanche augmente. L'esclavage et toutes ses rigueurs subsistent dans ces états; quelques-uns même ont cru devoir interdire tout affranchissement. Dans d'autres états, quelques habitants ont affranchi tous leurs esclaves. Washington est cité parmi ceux qui les premiers en ont donné l'exemple. Mais on a reconnu que cette résolution généreuse avait ses dangers, et les affranchis, comme je viens de le dire, ne jouissent que d'une partie des droits civils. Leur admission dans les assemblées législatives conduirait tôt ou tard à l'affranchissement de tous. L'existence d'une des deux classes serait compromise; car la nature, en distinguant les noirs des blancs par un caractère indélébile, a rendu impossible une réconciliation sincère, et l'extermination du plus faible parti serait toujours à redouter. En attendant, une liberté limitée à côté d'une entière liberté, est pour les gens de couleur, la servitude même. Alarmés de tant de dangers, des politiques ont tenté, dès 1815, de fonder à la côte occidentale de l'Afrique, une colonie de noirs libres qui étaient devenus Américains, et de restituer ainsi à cette partie du monde, les habitants que l'Amérique en reçut autrefois. Des dépenses ont été libéralement employées à ce dessein. Mais l'événement a fait d'abord évanouir les espérances. Les noirs eux-mêmes ont regardé cet exil comme le comble du malheur. Soit par affection pour le pays qui les rejette, soit qu'ils aient craint de retrouver l'esclavage en Afrique, à peine 400 formaient cette colonie en 1826; on commence cependant à se flatter que la persévérance des fondateurs triomphera des obstacles, et ils ont été encouragés par les derniers rapports qu'on leur a faits de l'état de Libéria.

Boyer, le chef de la République d'Haïti, appela aussi ces affranchis en 1823. Les offres d'hospitalité et la certitude d'obtenir des concessions de territoire, semblaient propres à les attirer. Environ 3,000 furent déterminés par ces espérances; mais c'étaient des fainéants, sans propriétés, et qui croyaient vivre à St.-Domingue dans l'oisiveté. Le Gouvernement d'Haïti fut bientôt las de ces hôtes inutiles et exigeants. Le président Boyer fut obligé de leur retirer les avantages qu'il leur avait annoncés, et la République gagna à les renvoyer à ses frais dans les États-Unis, d'où ils étaient venus. Enfin, on a proposé d'assigner à ces libres, en Amérique même, un territoire situé à l'ouest des Monts rocheux et loin des peuples blancs. Ce projet a trouvé les plus fortes oppositions et n'a pas même été mis à l'essai. La race entière déteste les blancs qui l'ont si long-temps opprimée. Un jour ce voisinage serait plus à redouter que celui des sauvages. Celui même de la République noire d'Haïti inspire aux États de vives et justes alarmes, et ils refusent de reconnaître l'indépendance des Haïtiens, parce qu'ils sont de la même couleur que les esclaves des États de l'Union. Quand le but et le vœu de la nature ont été une fois violés, les meilleurs desseins rencontrent partout des difficultés.

L'abolition de la traite a pallié ces maux, mais ils sont toujours fort grands, et tandis que les blancs s'affligent eux-mêmes de la faute de leurs pères, l'esclave demeure sans soulagement. Ce qu'il y a de plus inquiétant, c'est que l'esclavage est une cause perpétuelle de division. Les habitants du nord l'ont en horreur, et ceux du midi veulent en vain en délivrer leur pays.

Cette irritation se manifesta d'une manière alarmante, lorsque le temps fut arrivé d'admettre dans l'Union le territoire du Missouri, qui, avec ceux de la rive droite du Mississipi, formait une partie de l'ancienne Louisiane. Les habitants comptaient sérieusement parmi les droits de l'homme, celui de posséder des esclaves. Les adversaires de l'esclavage leur objectaient : « C'est quand vous jouissez tous des « biens inestimables de la liberté, c'est quand « l'esclavage afflige encore des états voisins, que

« vous voulez l'introduire dans un état nouveau.
« Ces pays qui ne virent jamais d'esclaves, rece-
« vront de vous une institution qui est devenue
« l'horreur du monde, et la plus abominable qui
« ait jamais déshonoré la société. »

Les Missouriens répondaient : « Que le besoin
« qu'ils en avaient était manifeste, et que le
« besoin établissait un droit; que le congrès ne
« devait intervenir dans la formation d'une con-
« stitution d'état, que pour tenir la main à ce
« qu'elle fût Républicaine. » Ils ajoutaient : « Que
« si on voulait mettre des entraves à leur bon-
« heur, ils sauraient se faire justice eux-mêmes. »

La constitution générale des États-Unis a excepté ces questions de celles sur lesquelles il
appartient au congrès de prononcer. Il les discute et ne les résout pas.

Mais quelques ambitieux auraient vu sans
peine les mécontentements produire deux confédérations indépendantes, l'une au nord, et
l'autre au sud. Ils croyaient possible d'introduire dans la partie du nord un gouvernement
conforme à celui de l'Angleterre. Ils se seraient
même résignés à n'avoir, au lieu de chefs héréditaires, que des présidents à vie. Le midi eût
conservé ses lois.

Si cette scission eût pu avoir lieu, elle n'aurait pas suffi pour renverser le plus beau monument que les hommes aient élevé à la liberté;

mais cette force d'union nécessaire aux états naissants aurait cessé d'exister, et peut-être l'Angleterre eût vu sans regret cette division au sein de la seule puissance maritime qu'elle ait à redouter.

Après trois années de débats, la menace de cette séparation fit triompher les partisans de l'esclavage. Il est autorisé dans le Missouri, à condition que les esclaves qui y seront introduits proviendront des autres États de l'Union.

D'autres causes affaibliront encore long-temps les avantages offerts aux Européens dans cette partie du Nouveau-Monde. Si aucune propriété ne les attache au sol de l'Europe, ou si, las d'épuiser leurs forces à la culture de quelques parcelles de terre, ils vont chercher en Amérique des exploitations étendues, les défrichements exigeront de leur part un courage infatigable. Plus la terre sera féconde, plus son insalubrité sera à craindre. Ces maladies affreuses, dont l'Europe même n'est pas exempte aujourd'hui, exercent des ravages funestes et rapides dans les pays que des défrichements nouveaux exposent à des alternatives fréquentes de chaleur et d'humidité. Des fièvres aussi dangereuses que la peste se sont depuis peu déclarées dans ces contrées. Les amis, les voisins mêmes ne communiquent pas aisément ensemble. Il faut quelquefois renoncer pour long-temps à ces réunions familières, qui, jusque dans nos plus pauvres villages, font trouver tant de misères supportables. A l'ennui de cette solitude se joignent les rigueurs de l'hiver. Les pluies, la sécheresse, compromettent l'existence du planteur nouvellement arrivé. Il a établi son habitation au voisinage d'une rivière dont il a vu les bords enrichis de vertes prairies. Vingt années d'une jouissance paisible l'ont successivement encouragé à agrandir son domaine. Mais survient un été brûlant; les neiges fondues descendent en torrents du haut des montagnes; les ruisseaux grossissent soudainement les fleuves; leurs eaux s'élèvent en peu d'heures à 15 ou 18 pieds au-dessus de leur lit naturel. Un jour détruit de longs travaux : les troupeaux, les granges, l'habitation, tout est submergé, entraîné, et l'habitant ne parvient pas toujours à se sauver avec sa famille.

D'autres colons auront commencé à s'établir, et ils n'auront pu encore faire des provisions pour subsister après une mauvaise récolte. Des insectes dévorent leurs moissons, ou, encore plus redoutables, s'attachent par essaims, au laboureur ou à l'ouvrier qui défriche, et par la multitude de leurs piqûres, leur causent des tourments inconnus dans nos pays. Les terres voisines du Missouri sont quelquefois bouleversées par d'affreux tremblements de terre. Quand les débordements de ce fleuve se joignent à ceux du Mississipi, ils renversent les levées formées par la nature, ou par la main des hommes, le long de leurs rives : l'inondation pénètre par de vastes brèches; elle se porte jusqu'à trente lieues des bords du fleuve, fait périr les bestiaux, et ruine les cultures.

De tous les maux qui affligent une famille qui commence un établissement, le plus à redouter est le voisinage des sauvages. Quelques-uns sont féroces, et disposés à des actes de perfidie, même au milieu de la paix, et font la guerre pour les plus futiles causes. Quelques tribus conservent l'affreuse coutume de manger leurs prisonniers. Il faut, après les fatigues du jour, veiller pendant la nuit contre les surprises, et quelquefois on veille en vain. Ils épient l'absence du chef pour égorger sa femme et ses enfants; ils enlèvent ou dispersent les bestiaux : ils mettent le feu aux meules et aux moissons. Vainement on a espéré adoucir leurs mœurs par l'instruction. L'ignorance leur est chère; et depuis Alger jusqu'au Carbet d'un Osage, l'ignorance a pour compagne la barbarie et tous les vices.

Nous voyons dans nos livres saints l'homme déja civilisé et religieux, dès le jour même de la naissance du monde. L'abrutissement des sauvages nous force de leur assigner une origine sinon plus ancienne, au moins inconnue. C'est avec ces peuplades que devrait commencer l'histoire du genre humain. Il semble même être encore plus près de son berceau dans les hordes des terres australes, que parmi les habitants du Missouri. Il n'y a de différence que dans les degrés d'ignorance et de férocité.

Tout permet de présager la fin de ces calamités, et les grands événements qui se passent maintenant en Amérique appellent les regards des hommes d'état vers une amélioration prochaine. Cette immense contrée n'est plus dans la dépendance de l'Europe. Depuis l'Atlantique jusqu'à la Mer Pacifique, des changements rapides rendent un témoignage éclatant des progrès du Nouveau-Monde. Des Républiques nombreuses y prennent chaque jour des accroissements nouveaux, et c'est ainsi que grandissent les garanties du bonheur dans le monde civilisé. Préparons-nous donc aux plus importants changements. Qu'on perde l'espérance de retenir les peuples dans la servitude à l'aide de l'ignorance. Soumettons-nous sans regrets à une heureuse nécessité, et reconnaissons que les monarchies tempérées et constitutionnelles, loin d'avoir à redouter la liberté, y trouveront leur plus ferme appui et un rempart contre la licence et les révoltes.

Je dirai avant de finir ce Discours, comment les États-Unis ont pu faire en peu de temps de si grands progrès.

Dès l'année 1787, époque où la constitution reçut sa dernière forme, ceux qui présidaient aux affaires de l'État, portèrent toute leur attention sur les moyens d'assurer le bienfait de la loi nouvelle à toutes les classes de citoyens. La diminution des charges fiscales leur parut la conséquence nécessaire du retour de la paix. Les longs ébranlements de leur révolution avaient cessé et la résolution de payer fidèlement la dette publique, tranquillisa tous les esprits. Ils eurent soin dans toutes leurs négociations, de ne contracter aucun engagement qui pût les obliger de prendre part aux querelles européennes. Mais l'Europe vint les chercher et ils ne purent rester toujours isolés. C'est alors, en 1794, que furent proclamées ces belles maximes de neutralité, dont une pratique de trente-cinq années atteste la sincérité et les avantages. Les uns cependant professaient leur admiration pour les principes de notre révolution, tout en condamnant les actes qui la déshonoraient : les autres se montraient ouvertement partisans de l'Angleterre. Le congrès s'était vu forcé de déclarer la guerre au Directoire de la République française plutôt qu'au peuple français. Napoléon eut à peine saisi le gouvernail qu'il reconnut combien cette guerre était impolitique. Il fit la paix en 1800, mais les Américains ne la signèrent qu'en maintenant le principe de la neutralité. Ce système assura pendant cinq ou six ans, à leur marine marchande, le commerce des plus riches parties du globe. Bientôt cependant la France et l'Angleterre, irritées et jalouses de tant de prospérités, se précipitèrent comme à l'envi sur des navigateurs enrichis par les querelles européennes. Le Gouvernement américain, au milieu même de cette tourmente, persévéra efficacement dans ses maximes; et c'est alors qu'il dut à sa navigation et à son commerce l'ascendant qu'il prit sur toutes les affaires de l'Amérique, et son influence sur la plupart de celles du globe.

Ces peuples trouvent moins lourd le poids des droits payés à l'entrée des produits étrangers, parce qu'ils ne les supportent qu'indirectement. M. Jefferson obtint une grande popularité en les substituant aux contributions foncières, locales et personnelles. La guerre de 1811 obligea M. Madison, qui lui succéda, de recourir de nouveau aux taxes intérieures; mais ce peuple cesserait de se croire libre si le poids des impôts devenait disproportionné à ses forces. L'opposition, qui alors n'était que le parti Anglais, se montrait de nouveau active, quand le retour de la paix en Europe mit fin à ces agitations. Un nouveau président des États-Unis, M. Monroe, se vit à son tour en situation d'alléger les taxes intérieures : il eut de nouveau recours aux droits d'entrée; sa popularité égala celle de ses prédécesseurs et la surpassa peut-être. C'est sous son gouvernement paisible qu'on vit la prospérité qui aujourd'hui étonne le monde, prendre de nouveaux développements. Les défrichements, l'industrie, la navigation, animent toutes les parties de ces nombreuses Républiques. Les tumultes et les haines des partis s'apaisent. Les uns et les autres ont, par des moyens différents, également bien servi l'État, et, à ces dispositions presque hostiles qui distinguaient auparavant chaque faction, a succédé une émulation qui, en accroissant les fortunes particulières, contribue à la prospérité générale. Les grandes richesses acquises par le commerce sont appliquées à de vastes entreprises.

La population croît dans une proportion qui surpasse toutes les conjectures. Les citoyens jouissent d'une entière liberté de conscience, et nulle part on n'a vu plus de familles sincèrement religieuses. L'égalité politique est parfaite entre eux, mais elle n'exclut point la considération et le respect, apanage des services et des mérites personnels.

A qui sont dûs d'aussi beaux avantages ? à la bonté des lois et à la sagesse du gouvernement.

On a vu Bonaparte renverser à son gré les trônes et les relever. Si ces jeux de sa prodigieuse puissance ont eu pour objet d'avilir la royauté, il s'est gravement trompé. Il est bien vrai qu'il a détruit sans retour ce grand mystère du pouvoir qui donnait aux monarques une existence surnaturelle et presque divine. On sait bien aujourd'hui qu'ils sont des hommes comme nous; mais rien n'a pu leur ôter une prérogative superbe, un privilége dont la perte eût entraîné leur ruine. C'est l'obligation d'être justes, vertueux et bons, sous peine d'être incapables de régner; et c'est ainsi qu'est devenue vraie cette maxime qui fut tant de fois mensongère : Les rois ne peuvent faire mal.

En écrivant ce Discours, il m'est venu plusieurs fois à la pensée, qu'on pourrait n'y voir que ces allégories imaginées par des moralistes timides, pour tempérer la sévérité de leurs conseils. Telle n'a pas été mon intention. Comment assimiler l'état de l'Amérique à celui de l'Europe? Comment prétendre traiter de la même manière un pays où de vastes et fertiles territoires s'offriront pendant plus de mille ans à l'activité et aux besoins de l'homme, et notre Europe, où cinq familles sur six sont sans propriété? J'ai désiré cependant, je le dis franchement, j'ai désiré qu'on pût reconnaître qu'il n'y a pas de grandes différences entre les principes des monarchies et ceux des Républiques.

Le prince, soit qu'on l'appelle roi, magistrat ou peuple, ne pourra gouverner désormais qu'à l'aide du respect pour les libertés politiques. Il ne peut y avoir de méchants magistrats dans les États-Unis, et il me semble qu'il ne peut plus y avoir de méchants rois en Europe. L'amour des peuples pour les bons rois se forme aussi naturellement que celui des enfants pour leurs parents. Les citoyens d'une république n'aiment pas de la même manière leurs magistrats; mais ils ont confiance dans leur sagesse, et ils sont attachés à une constitution dont ils éprouvent chaque jour les bienfaits. Il dépend aujourd'hui des princes qui règnent sur les peuples de l'Europe de réunir toutes ces jouissances. Ils goûteront alors la plus haute félicité qui puisse appartenir à l'homme sur la terre : celle de rendre heureuses de nombreuses générations. Nourris des maximes de la sagesse et de la vertu, fermement résolus à les pratiquer toujours, ils en inspirent bientôt l'amour aux courtisans. Les peuples à leur tour s'empressent de suivre les exemples du prince. Les mœurs reprennent leur empire. Les dépenses du luxe et des fêtes publiques cessent d'être en honneur. Ce qu'il y avait de violent dans les différents pouvoirs, pris séparément, est tempéré par un mélange habile, et toutes les voix s'unissent pour proclamer l'excellence du gouvernement monarchique.

TABLEAU *de la population des États-Unis, d'après le dénombrement fait en* 1820.

N. B. Le total ayant été de 9,632,610 en 1820, on l'estime aujourd'hui à environ 12,000,000
La population de la Floride et le territoire nord-ouest ne sont pas compris dans ce tableau,

ÉTATS ET TERRITOIRES.	BLANCS.	GENS de COULEUR libres.	ESCLAVES.	TOTAL.	SUPERFICIE.
					milles carrés.
Maine..................	297,340	929	»	298,269	35,000
New-Hampshire.........	243,236	786	»	244,022	8,030
Massachusetts..........	516,419	6,740	»	523,159	7,250
Rhode-Island	79,413	3,554	48	83,015	1,580
Connecticut............	267,181	7,870	97	275,148	4,750
Vermont...............	234,846	918	»	235,764	8,278
New-York..............	1,332,744	29,279	10,088	1,372,111	46,000
New-Jersey............	257,409	12,460	7,557	277,426	6,857
Pensylvanie...........	1,017,094	30,202	211	1,047,507	47,000
Delaware	55,282	12,958	4,509	72,749	2,120
Maryland..............	260,222	39,730	107,398	407,350	11,000
Virginia...............	603,074	36,889	425,153	1,065,116	63,000
North-Carolina........	419,200	14,612	205,017	638,829	48,000
South-Carolina........	237,440	6,826	258,475	502,741	24,000
Georgia................	189,566	1,763	149,656	340,985	58,000
Alabama...............	85,551	571	41,879	127,901	51,770
Mississipi..............	42,176	458	32,814	75,448	45,760
Louisiana	73,383	10,476	69,064	152,923	48,220
Tennessee..............	339,925	2,739	80,097	422,761	40,000
Kentucky...	433,644	2,759	126,732	563,135	37,680
Ohio...................	576,572	4,723	»	581,295	38,260
Indiana................	145,758	1,230	190	147,178	34,000
Illinois................	53,788	457	917	55,162	58,900
Missouri...............	55,988	347	10,222	66,557	62,870
Michigan, territoire.....	8,591	174	»	8,765	174,000
Arkansas, *idem*.......	12,579	59	1,617	14,255	100,000
District de Colombia....	22,614	4,048	6,377	33,039	100
TOTAUX........	7,861,935	233,557	1,538,118	9,632,610	1,062,419

HISTOIRE

DE

LA LOUISIANE

ET DES TRAITÉS

PAR LESQUELS LA FRANCE L'A CÉDÉE AUX ÉTATS-UNIS
DE L'AMÉRIQUE SEPTENTRIONALE.

SOMMAIRE

DE

LA PREMIÈRE PARTIE.

Anciens habitants de la Louisiane. — Découverte du Mississipi, 1672. — La colonie de la Louisiane est fondée, 1684. — Projets du gouvernement français, 1699. — Conduite du gouvernement français, 1712. — Crozat, 1713, 1717. — Compagnie des Indes, Jean Law, 1718. — Fautes du gouvernement, 1720. — Chute du système. — On dissimule l'état de la Louisiane, 1721. — Récits du P. Charlevoix. 1722. — Envoi des condamnés, 1723. — Nouvelle Compagnie des Indes, 1723. — Querelles entre la Compagnie et les Colons, 1726. — Conduite envers les indigènes, 1729. — Garnisons à la Louisiane, 1731. — La Compagnie est dissoute, 1731. — Essai d'un meilleur régime, 1740. — Les Colons indociles à la métropole, 1750. — Les missionnaires apaisent les sauvages, 1750. — Administrateurs peu capables, 1750. — Papier monnaie, 1744, 1750. — La France perd ses colonies continentales. — Baie d'Hudson, Terre-Neuve, Acadie. — Acadiens soulagés par le congrès. — Canada, Cap-Breton. — Commerçants anglais jaloux des Français, 1755. — Guerre de sept ans, 1756. — Paix de 1763. — Louisiane mal gouvernée. — Pacte de famille, 5 août 1761. — Suites de la paix de 1763. — Cession de la Louisiane à l'Espagne, 1764. — Ulloa, 1768; Oreilly, 1769. — Carondelet, Gayoso de Lémos. — Gouvernement des Espagnols. — Soulèvement des colonies anglaises, 1774. — Erreur concernant le duc de Choiseul. — Agents du congrès à Paris, 1775. — Défaite de Burgoyne, 1777. — Comte de Vergennes, sa prévoyance, 1776. — Union de la France et des États-Unis, 1778. — État de la Louisiane, 1788. — Liberté de commerce proposée à Louis XIV. — Troubles dans les colonies espagnoles, 1783. — Comte de Montmorin, 1788. — Directoire de France. — Genet, plénipotentiaire français, 1793. — Projet de s'emparer de la Nouvelle-Orléans, 1793. — Troubles au Mississipi, 1793. — Rappel de Genet, 1794. — Plaintes des États de l'Ouest, 1794. — Troubles dans les États de l'Ouest, 1794. — Négociations de Basle, 1795. — Intrigues de M. Blount, 1797. — Les projets de Blount sont découverts, 1797. — Rupture entre la France et les États-Unis, 1798. — État tranquille de la Louisiane, 1798. — Napoléon Bonaparte, 1800. — Négociations, pacifications, 1800. — Gouvernement des États-Unis, 1798. — Jefferson, 1799, 1800. — Bonaparte traite avec l'Angleterre, 1801. — Paix d'Amiens, 1802. — L'ordre rétabli en France, 1802. — Méfiances et jalousies, 1802. — Opinions diverses, 1802, 1803. — Rupture entre la France et l'Angleterre près d'éclater, 1803. — Événements à Saint-Domingue. — Gouvernement français à la Louisiane, 1803. — Bernadotte destiné à ce gouvernement, 1802. — Le général Victor nommé gouverneur, 1802. — Bernadotte destiné à la mission aux États-Unis. — M. Laussat, préfet à la Louisiane. — Administrateurs espagnols. — Régime exclusif à la Louisiane. — Progrès des États-Unis, 1802. — Navigation sur le Mississipi réclamée par les Américains, 1802.—Agitation dans les États de l'est, 1802. — Des agitateurs fomentent les mécontentements, 1802. — Inquiétudes que cause la cession faite à la France, 1802. — Continuation des troubles, 1803. — Intrigues des Anglais, 1803. — Fédéralistes, républicains, 1803. — L'esprit de parti affaibli, 1803.

HISTOIRE

DE

LA LOUISIANE.

PREMIERE PARTIE.

LA LOUISIANE SOUS LA DOMINATION DE LA FRANCE ET SOUS CELLE DE L'ESPAGNE. — SES RAPPORTS AVEC SAINT-DOMINGUE.

L'HISTOIRE que nous allons écrire ne s'étendra point aux peuplades indigènes qui, avant l'occupation des Européens, habitaient les pays connus aujourd'hui sous le nom de Haute et de Basse Louisiane. Des recherches faites avec beaucoup de diligence n'ont pu dissiper l'obscurité dont leur origine est encore enveloppée. Leurs traditions se contredisent. A défaut de documents authentiques, on cherche des analogies entre leurs langages respectifs et même avec ceux des autres peuples du globe. Celles qu'on a reconnues sont contestées ou sont fortuites et en si petit nombre, qu'on ne peut en tirer aucune conséquence. Quelques monuments grossiers, mais très-nombreux, sont l'indication certaine de la présence de diverses nations plus populeuses et moins ignorantes que celles qui y furent trouvées par nos pères. Mais les progrès que ces plus anciens Aborigènes avaient faits, étaient bien faibles; on doute même si, après quelques pas vers la civilisation, ils n'ont pas rétrogradé, ou s'ils sont devenus la conquête d'une race encore plus barbare.

Environ un siècle et demi s'est écoulé depuis qu'une colonie française fut fondée au Mississipi sous le nom de Louisiane. Cet établissement avait langui jusqu'à nos jours, et si les traités par lesquels Napoléon en a fait la cession aux États-Unis offrent la matière d'un récit particulier, c'est surtout parce que déjà leurs effets sont de la plus grande importance pour ces états, pour toute l'Amérique, et même pour l'Europe.

Les côtes maritimes, les Iles, l'embouchure des fleuves, ont été long-temps les premiers endroits reconnus par les voyageurs qui allaient à la recherche de pays nouveaux. Ceux dont nous allons nous occuper ont été découverts par des explorations intérieures faites à plus de trois cents lieues de l'embouchure du grand fleuve qui les traverse.

En 1672, les Français établis depuis un siècle au Canada, apprirent des indigènes qu'au voisinage des grands lacs étaient les sources d'un fleuve qui coulait vers le midi à travers de magnifiques forêts; ils l'appelaient Namesi-si-pou, c'est-à-dire, la rivière aux poissons. Ils ajoutaient que ces vastes espaces n'avaient jamais été visités par les nations blanches. Cent quatre-vingts ans étaient écoulés depuis que Colomb avait découvert l'Amérique, et cependant le cours du fleuve était si peu connu, que plusieurs plaçaient son embouchure dans la mer Vermeille, entre le Mexique et la Californie. Des aventuriers intelligents partirent en 1673 de Quebec pour aller reconnaître cette contrée; ils descendirent le Mississipi jusqu'à l'embouchure de la rivière des Arkansas, qui est à la droite du grand fleuve et s'y jette vers le 33e degré de latitude. De retour au Canada, les récits qu'ils firent au comte de Frontenac, gouverneur, ne lui permirent pas de douter de l'importance de la découverte. La Salle, son successeur, fut autorisé à s'en assurer lui-même.

En 1679, allant du nord au midi, il pénétra jusqu'à la rivière des Illinois et il crut la décorer par le nom de Seignelai, qu'elle ne garda pas long-temps. Le nom de Colbert donné au

Mississipi fut pareillement oublié. La Salle s'était fait accompagner par un Recollet appelé Hennepin, homme assez instruit et aguerri aux hasards inséparables des voyages dans des pays inconnus. Cet homme fut ensuite chargé de s'avancer au nord en naviguant sur le cours supérieur du fleuve; il publia une relation de ses voyages. Il en parut d'autres, et toutes excitèrent une attention générale. Ces récits n'avaient rien d'exagéré, et Louis XIV conçut des espérances conformes au système colonial qui alors commençait à être adopté par toutes les puissances maritimes. Une expédition plus considérable fut résolue, et, en 1682, La Salle descendit le Mississipi avec soixante hommes. Il s'arrêta au pays des Chicasas; il y bâtit le fort Prud'homme; il poursuivit son voyage, et il atteignit le Grand Golfe. Charmé de la beauté des pays qu'il avait vus, il leur donna le nom de Louisiane. De retour en France, il proposa au gouvernement d'unir au Canada la découverte qu'il venait de faire, et d'assurer ainsi à la France la souveraineté des pays intérieurs situés entre la mer du Nord et le golfe du Mexique dans lequel le Mississipi va se perdre. Ce projet vaste et superbe fut accueilli par Louis XIV. On comprit même dès lors que la Colonie qu'on allait fonder pourrait contribuer efficacement aux progrès de celle de Saint-Domingue. La Barre, gouverneur du Canada, reçut l'ordre « d'entretenir une parfaite « correspondance avec le Gouverneur des îles « françaises du golfe, parce que ces colonies « pouvaient tirer de très-grands avantages du « commerce réciproque de leurs denrées. » En 1684, on crut devoir profiter de la trève qui venait d'être signée entre la France et l'Espagne. La Salle mit à la voile de La Rochelle avec deux cent quatre-vingts personnes, dont cent officiers ou soldats et tout ce qui était nécessaire à un établissement nouveau. Mais trompé par son estime, il passa devant les bouches du Mississipi sans les reconnaître, et il aborda le 18 février 1685, à cent vingt lieues plus loin dans la baie Saint-Bernard. Il prit possession du pays; il bâtit des forts, il y mit garnison, et le poste de Saint-Louis acquit quelque importance. Ce brave officier fut assassiné un an après par des hommes de l'expédition qui redoutaient sa sévérité et qui l'avaient méritée par des actions coupables. D'autres détachements, autorisés par le roi de France, parcoururent ensuite ces contrées en diverses directions, et de faibles colonies y furent établies. La guerre entre la France et l'Espagne fut déclarée en 1689, et interrompit ces essais jusqu'en 1698, époque de la paix. Pendant cet intervalle, les planteurs, privés des secours de la France, n'avaient fait aucun progrès.

En 1699, d'Yberville, aventurier brave et intelligent, fut envoyé au Mississipi, pour y établir une nouvelle colonie et la gouverner. La possession prise au nom de la France, s'étendait de l'embouchure de la Mobile, qui traverse la Floride, jusqu'à la baie Saint-Bernard. Elle fut à peine contestée par les Espagnols, et les rapports d'amitié et d'intérêts qui s'établirent au commencement du dix-huitième siècle entre les deux royaumes, firent cesser les réclamations de la cour de Madrid. Il n'y eut cependant aucun réglement de limites, et il paraît que d'un côté les Espagnols craignaient, si elles étaient exactement décrites, d'avoir à consentir à des concessions, et que de l'autre côté les Français désiraient ne point borner par des termes précis des agrandissements possibles.

Dans le même temps commençaient à prospérer les colonies anglaises fondées vingt et trente ans auparavant. Leurs chartes leur concédaient les pays qui s'étendent de l'Océan atlantique à la mer pacifique, entre des parallèles déterminées. Les planteurs s'arrêtèrent d'eux-mêmes aux monts Alleghanys. Cette chaîne et quelques rivières furent la première limite de séparation entre les colonies de la France et celles de l'Angleterre, qui, devenues indépendantes, se montrent aujourd'hui si puissantes et si heureuses sous le nom d'États-Unis. Dans l'origine, les planteurs venus d'Angleterre trouvant de bonnes terres sur les bords de la mer, ou à peu de distance, ne se hâtèrent pas d'avancer jusqu'aux montagnes. On était alors loin de prévoir que ces colonies, devenues florissantes par l'effet même de leurs bonnes lois, seraient les premières qui parviendraient à s'affranchir, que leurs caravanes s'étendraient un jour au-delà du Mississipi et pénétreraient par des découvertes et des occupations intérieures jusqu'à la côte occidentale que baigne l'Océan boréal. Les lois données à la Louisiane semblaient avoir pour but de perpétuer sa dépendance en arrêtant son essor. Le soin de peupler ce pays nouveau et presque désert, au lieu d'être un objet de haute administration, fut principalement confié aux agents de la police de Paris. Louis XIV cependant, par des lettres-patentes du 14 septembre 1712, accorda à Crozat, riche financier, le commerce exclusif de cette colonie pendant douze ans. Les noms du Mississipi, des Illinois, de la Wabash, du Missouri, étaient comme effacés dans ces lettres. On voulait les remplacer par ceux de Saint Louis, de Saint Étienne, de Saint Jérôme ; il n'y a plus de souvenir de ces noms imaginés par les rédacteurs des lettres-patentes. Ceux auxquels les Indiens étaient accoutumés se sont conservés. On ignorait encore que les pays traversés par ces fleuves sont plusieurs fois aussi

8.

étendus que la France, et on n'avait qu'une connaissance très-vague de ce que l'on concédait. C'était un présent fait à Crozat, ou plutôt on se débarrassait d'un fardeau. Les limites de la Louisiane ne furent dans la suite guère mieux définies; mais, suivant un usage dont certaines puissances maritimes étaient parvenues à faire une règle du droit des gens, la prise de possession de l'embouchure des fleuves et rivières étendait ses effets jusqu'à leurs sources.

Crozat se montra plus homme d'état que les ministres. Ses plans étaient sagement conçus, et autant qu'il put dépendre de lui, il n'envoya à la nouvelle colonie que des gens robustes et laborieux; des familles pauvres qui se recommandaient par de bonnes mœurs, et elles sont, pour ainsi dire, les seules qui se soient conservées. Mais bientôt fatigué de son privilége et des grandes avances qu'exigeaient les premiers établissements, il renonça à cette concession. Il la remit en 1717, et le régent transféra la colonie à la compagnie d'occident (1). La Louisiane ne sortit point sous ce nouveau régime, de l'état de langueur où elle était restée depuis la découverte. Mais les exagérations et les mensonges de quelques voyageurs, lui attribuaient des richesses en mines d'or et d'argent su-

---

(1) Lettres-patentes d'août 1717.

périeures à celles du Mexique et du Pérou.

L'état déplorable des finances de France entraîna le peuple et les ministres eux-mêmes vers ces illusions, et ils s'y portèrent avec une ardeur qui se communiqua à d'autres pays d'Europe.

Un étranger, esprit faux quoiqu'habile calculateur, avait engagé le régent dans les plus funestes opérations par lesquelles on puisse ruiner le trésor d'un état. Jean Law, après avoir persuadé aux gens crédules que la monnaie de papier peut avec avantage tenir lieu des espèces métalliques, tira de ce faux principe les conséquences les plus extravagantes. Elles furent adoptées par l'ignorance et la cupidité, et peut-être par Law lui-même, car il portait de l'élévation et de la franchise jusque dans ses erreurs.

Des hommes éclairés résistèrent cependant, et beaucoup de membres du Parlement de Paris opposaient à ces impostures les leçons de l'expérience. Vaine sagesse! Jean Law parvint à persuader au public que la valeur de ses actions était garantie par des richesses inépuisables que recélaient des mines voisines du Mississipi. Ces chimères appelées du nom de système, ne différaient pas beaucoup de celles qu'on s'est efforcé de nos jours de reproduire sous le nom de Crédit. Quelques-uns ont prétendu que tant d'opérations injustes, tant de violations des engagements les plus solennels, étaient le résultat d'un dessein profondément médité, et que le régent n'y avait consenti que pour libérer l'État d'une dette dont le poids était devenu insupportable. Nous ne pouvons adopter cette explication. Il est plus probable qu'après être entré dans une voie pernicieuse, ce prince et son conseil furent conduits de faute en faute à pallier un mal par un mal plus grand, et à tromper le public en se faisant illusion à eux-mêmes. Si au contraire ils avaient agi par suite d'une mesure préméditée, il y aurait encore plus de honte dans cet artifice que dans la franche iniquité du Directoire de France, quand en 1797 il réduisit au tiers la dette publique. Quoi qu'il en soit, le nom de Mississipi ne tarda pas à être associé à celui de banqueroute; et c'est après un siècle que les véritables prospérités de ce pays effacent cette injure.

Nous ne rappellerons pas quelles furent les suites du système de Jean Law; il nous suffit de dire que pour y donner une consistance apparente, il entretenait les relations de la compagnie avec la Louisiane. Il s'était fait donner à lui-même une terre de quatre lieues carrées située aux Arkansas, au voisinage du Mississipi. Le sol de cette concession était d'une fertilité remarquable, et il avait obtenu du régent qu'elle fût érigée en Duché (1). Il rassembla environ deux mille Français et Allemands, et il fit embarquer toutes les marchandises et les matériaux nécessaires pour fonder un grand établissement. Mais l'année 1720 fut la dernière de sa grandeur éphémère. Ses projets dans le royaume ayant avorté, le trouble se mit dans l'entreprise coloniale, et Dupratz estime « que la concession « perdit plus de mille personnes à Lorient avant « l'embarquement. » Les vaisseaux qui portaient le reste des émigrants ne firent voile des ports de France qu'en 1721, un an après la disgrace de ce ministre ; et il ne put donner lui-même aucune attention à ce débris de sa fortune. La concession fut transportée à la compagnie. Les familles d'émigrants furent déposées au Biloxi, à la Mobile, et aussi sur les rivages du Mississipi. Ainsi dispersées et privées des soins de celui qui les avait envoyées, la plupart succombèrent aux rigueurs du climat. Il fut facile de cacher au public les calamités sans nombre dont ces Français furent victimes. Les communications avec la métropole étaient rares, la correspondance nulle ou mystérieuse. L'on n'avait pas encore introduit en Europe l'usage de ces écrits

---

(1) Dupratz, Histoire de la Louisiane, tom. I, pag. 170. Le bas Canada est encore soumis à la féodalité, et les barons et seigneurs sont fort attachés à leurs droits et à leurs titres.

périodiques indépendants et souvent sincères, qui, malgré toutes les entraves qu'on voudrait leur imposer, finissent par faire éclater la vérité, et, en avertissant les peuples, avertissent les gouvernements eux-mêmes.

Des hommes éclairés et sages portaient cependant un jugement sain sur l'état des affaires de ce pays. Le père Charlevoix, jésuite, le parcourait en 1720, 1721 et 1722. L'extrême discrétion de la Compagnie dont il était membre, ne lui permettait pas de tout dire; mais ce qu'il dit est sincère, et surtout dans le récit de ce qu'il a vu. Lorsqu'à la suite de ses observations dédaigneuses sur les prétendues richesses métalliques de la Louisiane, il parle des richesses réelles que l'agriculture doit un jour y développer; quand il prédit à quel degré de splendeur s'élevera la bourgade de la Nouvelle-Orléans, où l'on n'avait alors qu'une tente pour célébrer les fêtes et les cérémonies de la religion, on ne peut qu'admirer et sa pénétration et la solidité de son jugement.

« On voit, dit-il, on voit encore vis-à-vis du
« village des Kappas (1) les tristes débris de la
« concession de M. Law, dont la compagnie est
« restée propriétaire. C'est là qu'on devait en-

---

(1) Les Attakapas presque vis-à-vis la Nouvelle-Orléans à la rive droite du Mississipi.

« voyer les six mille Allemands qui avaient été
« levés dans le Palatinat, et c'est bien dommage
« qu'ils n'y soient point parvenus. Il n'y a pas
« dans toute la Louisiane de pays plus propre à
« produire toutes sortes de grains et à nourrir
« les bestiaux. » On voulait, de Paris ou de Versailles, régir des habitations qui ne pouvaient prospérer que sous les yeux d'un propriétaire en état d'y faire de grandes avances. « Les gens
« qu'on y envoie, dit encore Charlevoix, sont
« des malheureux qui, chassés de France pour
« leurs crimes ou leur mauvaise conduite, vraie
« ou supposée, ou qui, pour éviter les poursuites
« de leurs créanciers, se sont engagés dans les
« troupes et dans les concessions. Les uns et les
« autres ne regardent ce pays que comme un lieu
« d'exil : tout les y rebute ; rien ne les intéresse
« au progrès d'une colonie dont ils ne sont mem-
« bres que malgré eux, et ils s'embarrassent fort
« peu des avantages qu'elle peut procurer à l'É-
« tat ; la plupart même ne sont pas capables de
« les connaître.

« D'autres n'ont vu que la misère dans un pays
« pour lequel on a fait d'excessives dépenses, et
« lui attribuent sans réflexion ce qu'il faut uni-
« quement rejeter sur l'incapacité ou sur la né-
« gligence de ceux qu'on avait chargés de l'éta-
« blir. » Faisant ensuite allusion au système, il
ajoute : « Vous n'ignorez pas non plus les raisons

« qu'on avait eues de publier que la Louisiane
« possédait dans son sein des trésors, et qu'elle
« nous approchait des fameuses mines de Sainte-
« Barbe et d'autres plus riches encore, dont on
« se flattait de chasser aisément les possesseurs. »

Les Lettres de ce Jésuite étaient adressées à la duchesse de Lesdiguières ; on les tint fort secrètes. Si elles eussent été publiées alors, la Colonie aurait eu infailliblement une autre destinée ; mais cette correspondance ne vit le jour que vingt-cinq ans après.

Lepage Dupratz, auteur d'une histoire de la Louisiane, raconte naïvement : « que l'on inter-
« ceptait toutes les lettres qui partaient pour
« la France. Nous tînmes entre nous conseil pour
« découvrir le moyen de les faire parvenir, nous
« le trouvâmes et nous nous en servîmes (1). »

« Les morts et les vivants, dit-il encore, sont
« également à ménager pour ceux qui écrivent
« les histoires modernes, et la vérité que l'on
« connaît est d'une délicatesse à exprimer qui
« fait tomber la plume des mains de ceux qui
« l'aiment (2). »

Quelques colons revinrent aussi en France : ils racontèrent les malheurs auxquels ils avaient

---

(1) Histoire de la Louisiane, tom. I, pag. 166, 168 et 169, imprimée en 1758, avec approbation et avec privilége du roi.
(2) *Ibidem.*

échappé, et quelques vérités commencèrent à percer. Mais, au lieu d'en profiter pour fonder un établissement agricole, on continua de transporter à la Louisiane les vagabonds et les filles perdues qu'on pouvait enlever. On n'avait pris aucune mesure pour discipliner ces ramas de fainéants; et si les instructions rédigées à Versailles parvenaient jusque dans la colonie, elles y demeuraient sans exécution.

Une compagnie des Indes fut créée en 1723. Le duc d'Orléans s'en fit déclarer gouverneur. Le privilége embrassait l'Asie, l'Afrique et l'Amérique. On voit dans les délibérations de cette association, composée de grands seigneurs et de marchands, paraître tour-à-tour l'Inde, la Chine, les comptoirs du Sénégal, de la Barbarie, les Antilles et le Canada. La Louisiane y tient un rang principal. L'utilité publique, autant que la grandeur et la gloire du monarque, avaient fait accueillir, sous Louis XIV, les premiers projets de la fondation d'une colonie puissante. Mais, dans l'exécution, rien n'avait répondu à cette intention : la nouvelle compagnie se montra encore moins habile que celles qui l'avaient précédée. On cherche en vain dans ses actes les traces du grand dessein colonial formé par le gouvernement. On trouve presqu'à chaque page des nombreux registres qui contiennent les délibérations de l'association des tarifs du prix assigné au tabac, au café et à toutes les denrées soumises au privilége. Ce sont des discours prononcés en assemblée générale pour exposer l'état florissant des affaires de la compagnie, et on finit presque toujours par proposer des emprunts qui seront garantis par un fonds d'amortissement. Mais l'amortissement était illusoire; les dettes s'accumulèrent au point que les intérêts ne purent être payés, même en engageant les capitaux. Des bilans, des faillites, des litiges, et une multitude de documents, prouvent que les opérations, ruineuses pour le commerce, ne furent profitables qu'à un petit nombre des associés.

Rien d'utile et de bon ne pouvait en effet résulter d'un tel gouvernement. Une circonstance, prise parmi une foule d'autres, fera juger jusqu'où purent être portés les abus.

Le gouverneur et l'intendant de la Louisiane étaient, par leurs fonctions, comme interposés entre la compagnie et les habitants pour modérer les prétentions réciproques et empêcher l'oppression. Mais ces magistrats étaient nommés par les sociétaires eux-mêmes. On lit dans les actes, *que pour attacher aux intérêts de la compagnie le gouverneur et l'intendant, il leur est assigné des gratifications annuelles et des remises sur les envois de denrées en France.* Les suites de ce régime furent funestes à la Louisiane, sans enrichir les actionnaires.

Un bilan, dressé en 1726, les établissait créanciers de la colonie d'une somme de 3,174,000 liv. Cette dette n'était pas contestée par les colons; mais il n'y avait aucun moyen de les contraindre à la payer. Les esprits s'aigrirent, et leur mécontentement éclata par des révoltes contre la compagnie. Le conseil supérieur prit parti, et les habitants y trouvèrent de l'appui. Alors se multiplièrent les actes de révocation, de destitution, de cassation, de rappel en France, de résistance dans la colonie.

Huit à neuf cents hommes de troupes étaient distribués en diverses garnisons, et elles ne pouvaient suffire pour soumettre les colons à des règles de police dans un pays d'une aussi vaste étendue.

Une autre calamité désolait les Français partout où ils avaient pu s'établir : c'était la mésintelligence entre eux et les peuplades indigènes. Les dispositions amicales qu'elles avaient eues jusqu'alors, changèrent par suite des mauvais traitements que leur firent éprouver les agents de la compagnie. Ils avaient quitté la France, séduits par l'espérance des fortunes que Law avait offertes à leur cupidité. A défaut des trésors métalliques que la terre leur refusait, ils firent la traite des fourrures avec les Indiens, et, comme elles avaient d'abord été obtenues à bon marché, ils prétendirent les avoir aux mêmes prix quand elles furent devenues rares. C'est même aux chasseurs français que cette rareté pouvait être attribuée. Les sauvages avaient toujours eu une sorte de ménagements pour les sociétés innocentes des castors et des loutres. Ils respectaient les familles paisibles de ces animaux, dont les mœurs méritent d'être étudiées. Nos chasseurs, au contraire, parurent prendre plaisir à détruire leurs retraites, et à pénétrer en ennemis jusque dans le réduit souterrain où la peuplade laborieuse se réunissait après le travail commun.

Dans le commerce avec les naturels, les Français, plus forts et plus habiles à tromper, firent d'abord la loi; mais l'injustice des uns fut suivie de la résistance des autres. Les postes et les garnisons françaises étaient à de grandes distances, et ne pouvaient se prêter secours. Des petites guerres éclatèrent de toutes parts, et elles durèrent huit à dix ans. Des siéges, des conspirations, ont fourni aux voyageurs et aux historiens matière à des récits, qui seraient aujourd'hui sans intérêt et sans utilité. Il faut seulement remarquer que, dans ces querelles, la race civilisée fut toujours injuste, et rendit en quelque sorte excusables les actes de cruauté auxquels les naturels se livrèrent. C'est dans le cours de ces guerres, que celle qu'on fit aux Natchez eut des suites épouvantables. Cette nation, paisible avant notre arrivée, passait pour être moins féroce que les autres. Irritée des violences d'un commandant français, elle se porta à d'horribles représailles. Le gouverneur de la colonie crut que ce soulèvement nécessitait un grand exemple, et la tribu fut exterminée, à l'exception de quelques familles qui échappèrent à un massacre général, et furent reçues et protégées par les tribus voisines. De temps immémorial, celle-ci avait été gouvernée par une famille de chefs qu'elle croyait enfants du soleil. M. Perrier, commandant général, les fit tous enlever et transporter au Cap-Français. Le plus considérable de cette dynastie y mourut peu de mois après son arrivée. Les autres soleils furent entretenus aux frais de la compagnie, pour la modique somme de 1888 liv. 7 sous. Elle s'adressa à M. de Maurepas pour être indemnisée de cette dépense (1). Le 22 avril 1731, le ministre écrivit aux syndics : « Je ne crois pas qu'il y ait aucune chose à faire « que d'ordonner la vente de ce qui reste de ces « deux familles sauvages, ou de les renvoyer à la « Louisiane. »

Les registres de la compagnie contiennent la résolution suivante : « Il a été délibéré d'ordon-« ner la vente de ce qui reste desdites deux fa-

---

(1) Registres de la Compagnie des Indes déposés aux archives de la cour des comptes. Pièce justificative, n° 4.

« milles sauvages Natchez. » En même temps qu'on donnait cet ordre, on prétendait à la gloire de civiliser les peuples dont les chefs étaient vendus comme esclaves.

De faibles détachements de soldats français avaient suffi pour réduire ces peuplades qui n'avaient pas encore appris à se servir de nos armes. On leur fit la guerre dans beaucoup de lieux, et avec des succès assez constants. Mais ces petites victoires affaiblissaient les Français eux-mêmes. Les chimères du système n'étaient plus aux yeux de ceux mêmes qui avaient été le plus long-temps abusés, qu'un audacieux mensonge (1). La Louisiane était devenue plus à charge que profitable à la compagnie. En 1731 elle remit son privilége au roi, qui déclara ce commerce libre à tous ses sujets. Cette compagnie n'existe plus. Il faut compulser les registres du temps, pour savoir tout ce qu'elle a coûté à l'état pendant sa durée et après sa fin. En 1786, 5,250,000 liv. furent payées à son caissier par le trésor pour subvenir à des dépenses sans recettes, et ce paiement ne fut pas le dernier.

---

(1) Le 18 août 1728, la Compagnie fit cession au roi de tous les droits qu'elle avait à exercer contre MM. Jean et Guillaume Law. Elle agissait en vertu d'un jugement rendu à son profit pour 20 millions, dont la valeur n'avait été fournie qu'en partie. Le roi accepta le 3 septembre suivant.

C'est au pays des Illinois qu'une ignorance cupide avait placé ces mines d'or et d'argent que les imposteurs disaient plus abondantes et plus riches que celles du Mexique. Plusieurs familles, dupes d'une erreur presque générale, y avaient transporté leurs fortunes. Elles trouvèrent, au lieu de trésors cachés dans les entrailles de la terre, un sol d'une fertilité inépuisable, un des plus doux climats du monde, des rivières navigables, qui toutes auraient pu être décorées du nom de belle rivière qu'on donna à l'Ohio. Les colons, revenus de leurs illusions, s'adonnèrent à la culture; cette petite partie de la nouvelle France fit dès lors d'assez grands progrès. Des cultivateurs honnêtes et laborieux, des commerçants aisés s'établirent, et telle est la puissance du travail et de la propriété, que la colonie commença, entre 1732 et 1740, à prendre un peu plus d'importance. C'est à la même époque que le gouvernement français voulut réaliser le grand projet, formé soixante ans auparavant, d'unir le Canada et la Louisiane, dans l'espérance que cette jonction fermerait aux colonies anglaises tout accès aux régions de l'ouest. Quoiqu'on n'eût alors aucune connaissance des pays qui s'étendent depuis le Mississipi jusqu'aux mers d'occident, on pressentait un grand avenir.

Les mémoires rédigés à ce sujet ont été conservés : les auteurs présagent avec sagacité les hautes destinées des deux colonies ainsi unies. Ils vont au-devant des objections; ils les combattent toutes, à l'exception d'une seule; aucun d'eux ne prévoit que ces provinces, à mesure qu'elles croîtront, et par un effet de leur prospérité même, doivent aspirer à l'indépendance et enfin y parvenir. Ils avertissent du mécontentement que le projet d'union du Canada et de la Louisiane doit inspirer à l'Angleterre; mais rien ne leur annonce que les provinces de l'Amérique Anglaise se soulèveront, qu'elles s'affranchiront de la domination de leur métropole, et que les colonies conquises sur la France seront un jour les seules que la Grande-Bretagne conservera dans ce continent.

Quand une fois les lumières sont si répandues que leurs progrès ne peuvent plus être arrêtés, tout ce qui est contraire à la nature et à la raison est devenu impossible. Mais au milieu du dernier siècle, les esprits les plus pénétrants, les hommes d'état les plus attentifs, étaient encore loin de prévoir l'indépendance des provinces anglaises.

Après la paix de 1748, le ministère français avait pris sérieusement à cœur l'établissement de la Louisiane et donné des encouragements à quiconque voulait aller s'y établir, et en même temps il avait négligé beaucoup de dispositions nécessaires à la réussite d'un tel dessein. Il aurait fallu tenir les habitations rassemblées et ne les étendre que de proche en proche. Mais les colons, à leur arrivée dans ces pays sauvages, se croyaient affranchis de toutes règles. La plupart ne songeaient pas même à s'autoriser d'un titre de concession ; il n'était pas facile de les contenir, et ils s'établissaient partout où les conduisaient ou leurs espérances ou leur fantaisie. Cependant les sauvages commençaient à revenir de la haine que les Français leur avaient passagèrement inspirée. Les missionnaires s'efforçaient d'en faire des chrétiens et travaillaient avec un zèle admirable à les rendre plus humains. Les gouverneurs ne souffraient pas qu'on leur donnât des fusils ou des liqueurs fortes en échange de leurs pelleteries. Ils leur distribuaient du bétail et quelques instruments aratoires. Il est vrai que ces soins bienveillants ne produisaient pas l'effet désiré ; mais les naturels en étaient reconnaissants ; les Français pouvaient donc sans inquiétude se disperser parmi eux : ils partageaient leur oisiveté et leur misère. Souvent ils épousaient des indiennes, et alors ils étaient de droit incorporés à la tribu. Mais les familles indigènes conservaient avec orgueil les noms étrangers de leurs nouveaux chefs et on les reconnaît encore, quoiqu'altérés par les idiomes locaux.

La chasse, cet amusement des hommes civilisés qui sont trop peu occupés, est l'affaire principale des sauvages. Les Français, devenus infatigables comme eux, étaient toujours prêts à les accompagner, à les seconder dans toutes les circonstances; aussi n'éprouvaient-ils presque jamais les perfidies si ordinaires envers les Anglais qui voulaient former des établissements isolés. Mais, outre les inconvénients de cette dispersion, il y avait un autre obstacle aux progrès de la colonie française : c'est que les administrateurs envoyés d'Europe n'avaient, pour la plupart, que de fausses notions du régime colonial. Ils étaient nommés par la faveur, et les places les plus importantes n'étaient souvent remplies que par des protégés, qui les acceptaient dans l'espérance d'y faire leur fortune, ou de rétablir leurs affaires ruinées.

Les dépenses du désordre n'ont point de bornes : hors d'état d'y pourvoir, les chefs eurent recours au papier monnaie, ressource désespérée des financiers sans capacité. On lit à ce sujet ce qui suit, dans une dépêche de M. Rouillé, ministre de la marine.

« Le désordre qui règne depuis quelque temps
« dans les finances et dans le commerce de la
« Louisiane, ne vient principalement que du ver-
« sement qu'on a fait dans cette colonie, d'or-
« donnances expédiées par l'ordonnateur, et d'au-
« tres papiers du commis des trésoriers. Tous ces
« papiers sont en effet bientôt tombés dans le

« discrédit, et ils ont donné lieu à un agiotage
« qui a été d'autant plus funeste à cette colonie
« et à son commerce, que les prix de toutes
« choses, et même de la main-d'œuvre, y ont
« augmenté à mesure que le crédit des ordon-
« nances et papiers des trésoriers y est tombé. »

C'est le 30 novembre 1744 que ce ministre s'exprimait ainsi sur les chimères du crédit qui, depuis, ont eu une vogue qui ne fut jamais plus générale que de nos jours.

Ce malaise intérieur avait son origine dans la mauvaise législation des colonies françaises, tandis que celles de l'Angleterre prospéraient à la faveur d'institutions sagement méditées. La France fut toujours moins puissante dans le continent d'Amérique, et elle y fut successivement dépouillée par l'Angleterre même de ses principaux établissements. Ces pertes ne sont pas étrangères aux circonstances de la cession de la Louisiane, et nous les indiquerons en remontant jusqu'aux plus anciennes.

Les Français commençaient à s'établir à la Caroline, lorsque les Anglais, par une entreprise mieux conçue, en prirent possession. Elle leur resta sans traité, sans cession, et par le seul fait de l'occupation.

La paix d'Utrecht porta, en 1713, un coup beaucoup plus sensible à la puissance française dans le nouveau monde. La baie d'Hudson fut, par ce traité, rendue à l'Angleterre, et l'Acadie, ainsi que Terre-Neuve, lui furent cédées en toute souveraineté. L'Acadie, qui reçut ensuite des Anglais le nom de Nouvelle-Écosse, avait pour habitants une excellente race de Français. Les circonstances qui les réduisirent à l'état le plus malheureux ne sont pas généralement connues : nous les rapporterons, non pour nourrir des haines nationales, mais pour que l'indignation que ces persécutions doivent inspirer, prévienne le retour d'injustices aussi contraires à l'humanité qu'à la loi des nations.

Les Acadiens, toujours affectionnés à leur ancienne patrie, même après qu'elle eut été forcée de les abandonner, avaient obtenu que jamais on ne les obligerait de porter les armes contre elle. Religieux, dociles et loyaux, ils persévéraient à garder le langage, les mœurs, les habitudes de la France : ils étaient parvenus à se faire regarder comme neutres, et c'est le nom qu'on avait fini par leur donner.

Quand la guerre de sept ans éclata, ces infortunés, oubliés par leur pays natal, gémissaient encore d'être sous une domination étrangère. Ils laissèrent trop voir alors que leurs vœux étaient toujours pour leur ancienne patrie. Les Anglais, déterminés à faire cesser l'influence de la France sur les affaires de l'Amérique, prirent de l'ombrage de quelques témoignages de cette affection des Acadiens, et craignant qu'elle ne les entraînât jusqu'à prêter des secours aux Français du Canada, résolurent, non seulement de les déporter de l'Acadie, mais de les disperser de manière à empêcher pour l'avenir tout concert de cette nature.

On leur avait caché avec grand soin le sort qui leur était destiné. Tout-à-coup on les rassembla par cantons, sous le prétexte de faire la moisson. A peine étaient-ils ainsi réunis, qu'on leur notifia qu'ils étaient prisonniers, que leurs terres, leurs bestiaux et tous leurs meubles étaient confisqués. On leur permit seulement d'emporter leur argent et les menus effets qui pourraient trouver place sur les vaisseaux. Leurs propriétés furent dévastées pour qu'il ne leur restât ni l'espoir ni le désir d'y rentrer. On détruisit dans un seul district 255 habitations, 276 granges, 11 moulins et une église. Des familles s'étaient réfugiées dans les bois, on les y poursuivit le fer et la flamme à la main. Des jeunes gens, dans leur fuite, furent tués par les sentinelles, et les autres fugitifs forcés de se livrer. Ces infortunés furent répartis dans les colonies anglaises qui les reçurent avec humanité et charité. Benezet, issu d'une famille française bannie à la révocation de l'édit de Nantes, les accueillit comme des frères à Philadelphie. Nous avons vu, vingt-cinq ans après cette époque, ce modèle de toutes les vertus charitables diriger les Acadiens en père de famille, et ils se regardaient en effet comme ses enfants. Les soins de cet excellent homme les ont conservés, mais il ne put parvenir à faire cesser la misère et le découragement où cet acte barbare les avait plongés. Ils persistaient depuis tant d'années à regretter et la France et la colonie qu'ils ne devaient jamais revoir (1).

Louis XV, touché de leur fidélité, fit proposer par ses ministres à ceux d'Angleterre d'envoyer des vaisseaux dans les différentes provinces et plantations pour les ramener en France. M. Grenville, ministre anglais, se hâta de répondre : « Notre acte de navigation s'y oppose, la France « ne peut envoyer des vaisseaux dans nos colo- « nies (2). »

Quelques-uns de ces exilés se réfugièrent à la Louisiane. On en a vu plusieurs à la Guyane française, et des Français, bannis eux-mêmes à Sinnamari, y trouvèrent, en 1798, une famille acadienne qui les accueillit par ces paroles hospitalières : « Venez, dit madame Trion à l'un « d'eux, nos parents furent bannis comme vous,

---

(1) Minot. Continuation de l'Histoire de Massachusset, chap. 10. Entick. Histoire générale de la guerre de sept ans.

(2) Lettre de décembre 1768, de Jasper Mauduit, agent de Massachusset à Londres. Collection pour l'Histoire de Massachusset.

« ils nous ont appris à soulager le malheur : ve-
« nez, nous éprouvons du plaisir à vous offrir
« dans nos cabanes un asile et des consolations. »

Il convient aussi de faire connaître les autres adoucissements que reçut une si grande infortune. Des Acadiens et des Canadiens avaient pris parti pour les États-Unis pendant la guerre de la révolution. Le congrès, averti par une triste notoriété, de la misère qu'éprouvaient ces réfugiés et ceux qui autrefois avaient été bannis de leur pays pour s'être souvenus que leurs pères avaient été français, s'occupa de les établir en corps d'habitants. Devenu riche en terre par l'acquisition de la Louisiane, il leur fit des concessions gratuites. C'est dans ce pays, autrefois français, qu'après tant de vicissitudes, ils se sont retrouvés comme en famille. Ils ont donné le nom d'Acadie à un canton de la Louisiane où ils se sont établis. Ils l'ont appelé comté d'Acadie. Il touche à celui d'Yberville et au lac Maurepas. Le Mississipi le baigne, et les habitants ont pour voisins ceux de la Nouvelle-Orléans. Ainsi environnés, ils se croyent en France, et c'est là que leur postérité perdra le souvenir des maux que leur fit éprouver une politique jalouse et ombrageuse, et bénira à jamais la bienfaisance et l'humanité du congrès.

La France, abandonnant l'Acadie en 1713, avait conservé le Canada et le cap Breton, appelé aussi l'Ile-Royale. Cette île était d'une grande importance à cause de ses excellents ports et du voisinage des pêcheries de Terre-Neuve, principale école de la grande navigation. L'Angleterre l'avait conquise pendant la guerre à laquelle mit fin, en 1748, la paix d'Aix-la-Chapelle. Des restitutions réciproques furent stipulées par ce traité, et entre autres le cap Breton fut rendu à la France. Les terres en sont fertiles. Le port de Louisbourg est un des plus vastes et des plus sûrs qu'il y ait au monde, et la mer n'y gèle jamais. Cette île ne devait pas nous rester longtemps. L'Angleterre avait résolu de ne laisser aux Français, dans ces parages, que les rochers de Saint-Pierre et de Miquelon. Le commerce est ami de la paix : mais c'étaient les marchands de Londres qui, à l'encontre de cette maxime, poussaient à la guerre avec la plus grande violence. Ils avaient chez eux le spectacle d'une marine florissante, et chez leurs voisins celui d'une marine entièrement délabrée. Trop certains de leur supériorité maritime, ils ne cessaient d'appeler sur leurs intérêts, dans les colonies continentales de l'Amérique, l'attention du parlement et des ministres. Sans s'inquiéter des droits réciproques des autres nations, et sans examiner si les limites respectives étaient tracées entre les territoires, ils alléguaient dans leurs pétitions le dommage que leur causaient les chasseurs canadiens et la perte qu'ils éprouveraient s'ils devaient être privés des belles pelleteries de zibelines, de castors et de loutres.

A ces causes d'une guerre où tant de sang devait couler, se joignait une clameur générale sortie du sein des treize plantations. Franklin, aussi habile politique que zélé pour le progrès des sciences naturelles, était le principal organe des griefs des colons anglais. Franklin, que Paris, vingt-cinq ans après, vit appliqué à soulever l'opinion de la France et de toute l'Europe contre l'Angleterre, fut, en 1754, le promoteur de l'entreprise contre les possessions qui nous restaient dans le Nord du Nouveau-Monde. « Point « de repos, disait-il, point de repos à espérer « pour nos treize colonies, tant que les Français « seront maîtres du Canada. » Ni cet ardent républicain, ni aucun homme d'état, ne prévoyait alors qu'après cette conquête, les provinces n'auraient que trop de repos pour être long-temps, soumises, et que vingt ans plus tard, affranchies de toute inquiétude sur la frontière canadienne, elles pourraient, avec plus d'espoir de succès, entreprendre de secouer le joug de la métropole.

La jalousie que causait aux Anglais la puissance croissante de la France dans l'Inde, acheva de les déterminer à la guerre. On négociait cependant encore en Europe, ou plutôt l'Angleterre, par une feinte négociation, s'efforçait de prolonger la sécurité du cabinet de Versailles. Dès le mois de mai 1754, les hostilités avaient commencé sur l'Ohio. En juin 1755, les ministres britanniques remettaient leurs mémoires justificatifs, et à la même époque, presque au même jour, une escadre de treize vaisseaux anglais rencontrant au banc de Terre-Neuve deux vaisseaux de ligne français, s'en était approchée avec des démonstrations pacifiques et s'en était emparée.

Le Canada et les pays voisins devinrent le théâtre où, pendant cinq ans, les deux puissances déployèrent toutes les ressources du courage et de l'habileté. A voir cette fureur avec laquelle deux peuples rivaux se disputaient, non-seulement le pays habité, mais aussi des lieux entièrement déserts, on aurait pu croire qu'ils y attachaient plus d'intérêt qu'à leurs provinces d'Europe. Les Français eurent long-temps le dessus dans cette lutte acharnée, et la capacité de Montcalm y contribua autant que sa valeur; mais l'issue dépendait de la supériorité sur les mers. Les secours en hommes et en argent n'arrivèrent qu'en partie à Québec. Après des faits d'une haute vaillance et un combat dans lequel les deux chefs Montcalm et Wolf trouvèrent une mort glorieuse, les Anglais achevèrent la conquête du Canada. Cette vaste province, peuplée de Français, ces forts construits avec tant de dépenses, deux villes déjà florissantes, tout fut perdu pour la France, parce que malgré d'incroyables efforts pour balancer les Anglais sur l'Océan, malgré la bravoure et l'habileté des marins français, les escadres et armées navales ne furent jamais aussi nombreuses et aussitôt prêtes à mettre en mer que celles des Anglais.

Tandis que la France était encore en possession du Canada, elle n'avait rien négligé pour en reculer les limites. Elle s'était avancée sur des terres désignées en termes généraux dans les chartes anglaises. Elle opposait à ces chartes les édits et les lettres patentes de nos rois. Ces documents et les mémoires produits des deux parts, n'avaient pu répandre beaucoup de lumières sur ces débats; car les pays en guerre ne se touchaient point à leurs frontières; ils étaient séparés par les terres que possédaient encore les sauvages. La paix de 1763 termina ce grand débat. L'Angleterre garda ses conquêtes et régla ensuite comme elle voulut les frontières de la Nouvelle-Écosse. Tournant à son avantage, dans la négociation, tout ce que la France avait allégué pour établir les limites du Canada au Midi, elle se fit céder toutes les terres qui en avaient dépendu à la rive gauche du Mississipi. On excepta la Nouvelle-Orléans, et il fut stipulé qu'une ligne tirée au milieu du fleuve séparerait la partie de la Louisiane laissée à la France, des possessions de l'Angleterre. L'ambition anglaise sembla d'abord satisfaite de ce grand accroissement de sa puissance en Amérique. Mais quelques années lui donnèrent bientôt un tout autre développement. La paix de 1763 n'étendait la cession qu'aux contrées que nous avions possédées. C'est cependant à la suite de ce traité que l'Angleterre se porta depuis, par l'occupation d'un immense territoire au Nord et à l'Occident, jusqu'à l'Océan boréal, et, pour ainsi dire, vis-à-vis des côtes de la Russie asiatique.

Tant de pertes et une paix humiliante affligeaient la nation française. Le ministère accusa, poursuivit ses propres agents à leur retour en Europe. Une commission du Châtelet les condamna, pour prévarications et vexations, à restituer douze millions et au bannissement.

Au triste souvenir de ces provinces perdues, de tant de sang versé, de ces travaux exécutés à si grands frais, de ces dettes contractées après la paix pour acquitter les dépenses d'une défense inutile, on se demande à quel point de prospérité la France aurait pu s'élever si tant d'efforts eussent été employés au sein même du royaume, et à des améliorations au profit de notre agriculture, de notre industrie, de notre commerce (1).

---

(1) Notes et pièces justificatives, n° 5.

Le mauvais régime sous lequel la Louisiane gémissait depuis si long-temps, eut les suites qu'on devait en attendre; la souveraineté d'un des plus beaux pays du monde, d'un pays qui aurait pu devenir une autre France, ne fut d'aucune utilité à la métropole et même lui fut toujours à charge. Après plusieurs années d'essais, le gouvernement fatigué d'une possession que ses fautes et son impéritie lui avaient rendue onéreuse, se trouva tout disposé, à la paix de 1763, à en faire l'abandon, et peut-être il ne se proposa dans la cession à en faire aux Espagnols, qu'un marché qui, en diminuant ses dépenses, soulagerait les finances du royaume.

En 1761, un pacte de famille avait été conclu entre la France et l'Espagne (1). A ce titre donné au traité, on aurait pu croire qu'il ne s'agissait

---

(1) Cinquante ans après, le cabinet de Saint-James profita d'une occasion favorable pour convenir avec la cour de Madrid, que jamais ce traité ne serait remis en vigueur. Quelques-uns ont prétendu que l'Angleterre, au lieu de s'en alarmer, aurait dû en désirer le renouvellement et nous engager ainsi dans tous les embarras qu'éprouve un état mal constitué, et qui, après la perte de l'Amérique, pourrait n'être qu'un fardeau sans dédommagement. Ces questions sont trop compliquées pour ne pas offrir matière à des opinions différentes. Mais nous sommes persuadés que l'Espagne, même après cette irréparable perte, est une belle et puissante monarchie, et que cette union doit tôt ou tard contribuer à l'affermissement du repos de l'Europe.

que d'un contrat où les intérêts mutuels des différentes branches de la maison de Bourbon étaient réglés sans égard aux intérêts vraiment nationaux. Mais les principales stipulations n'étaient pas moins favorables à un peuple qu'à l'autre. Aussi long-temps que l'Espagne était une puissance maritime et avait la domination de ses beaux royaumes en Amérique, l'union était également avantageuse aux deux nations, et c'est à cause des avantages que ces peuples y trouvaient qu'on eût été fondé à l'appeler un pacte de famille. Suivant l'article 18 de ce pacte, une des puissances devait, au moyen des conquêtes qu'elle pourrait avoir faites par suite des événements d'une guerre, indemniser l'autre des pertes qu'elle aurait pu faire.

La Havane était tombée au pouvoir des Anglais quelques mois avant la paix, et cette conquête leur eût assuré la possession de l'île de Cuba tout entière, de cette île dont un gouvernement moins incapable aurait fait un royaume florissant. Telle qu'elle était, ç'eût été pour les Espagnols une perte que rien ne pouvait réparer. L'Angleterre consentit à la restituer, à condition que les pays que l'Espagne s'attribuait à l'Est du Mississipi lui seraient cédés en échange. La Floride était comprise dans cette cession, et le traité avait pour les Anglais l'avantage d'arrondir leurs possessions. Ils avaient déjà pour limites au Levant l'Océan, à l'Occident le Mississipi et au Nord le golfe St.-Laurent. Au Midi, la possession des Florides leur assurait une grande supériorité dans le golfe du Mexique. Le cabinet de Londres comptait même que ces belles contrées, ainsi unies sous un seul maître, seraient inattaquables, et qu'elles lui garantiraient tôt ou tard la plus grande influence sur toute l'Amérique.

La France, de son côté, avait éprouvé des pertes plus grandes que celles de son alliée. La cour de Madrid prétendit cependant que l'abandon qu'elle faisait la mettait dans le cas de réclamer l'exécution de l'article 18 du pacte de famille. Le ministère français reçut, en cette circonstance, la loi du cabinet espagnol et se justifia envers la nation par des considérations tirées des événements malheureux de la guerre. « Le Canada, « disait-on, avait été conquis par l'Angleterre, « et la valeur française avait succombé par terre, « parce que des forces navales insuffisantes l'a- « vaient mal secondée. Le même sort menaçait « la Louisiane, et pour la même cause la France « abandonnait ce qu'elle ne pouvait garder long- « temps. »

Tous les événements de la guerre de mer avaient démontré que, sans une égalité de moyens maritimes, le système colonial était plus ruineux qu'avantageux, et que dans un état d'infériorité, s'obstiner à la conservation de cette colonie, c'était prodiguer, sans ombre d'utilité, les ressources de l'État en hommes et en argent, et donner à l'Angleterre un nouveau gage de dépendance.

Dès-lors, un homme de beaucoup d'expérience, Forbonnais, écrivait ce qui suit: « Ne « serait-il pas plus sage de se replier sur soi-même ? « Nos propriétés intérieures ne seraient point à « la merci d'une nation ennemie et jalouse. Les « marchés de l'Europe nous sont ouverts. Elle s'u-« nira d'intérêt avec nous contre le rival de tous. « Ce commerce est moins précaire que celui de « l'Amérique et de l'Asie. »

La Louisiane fut abandonnée à l'Espagne par un traité particulier signé le même jour que le traité public. Cette stipulation fut tenue secrète par les deux cabinets pendant un an. Ce ne fut que le 21 avril 1764 que M. d'Abadie, gouverneur, reçut de Louis XV l'ordre d'en donner connaissance à la colonie. Cet administrateur fut profondément affligé du devoir qu'on le chargeait de remplir, et le chagrin qu'il en eut fut cause de sa mort. Les Louisianais rendirent un hommage honorable à sa mémoire. On lit l'éloge suivant de ce gouverneur dans une chronique manuscrite de la colonie.

« M. d'Abadie est mort universellement re-« gretté, et cependant il ne fit jamais le moindre « effort pour gagner des partisans. Administra-

« teur désintéressé, juste envers tous, il fit res-
« pecter les lois avec une inflexible fermeté. Il
« concilia les intérêts du commerce du royaume
« avec ceux de la colonie; il tint la main à l'exé-
« cution des jugements qui condamnaient les dé-
« biteurs à payer leurs créanciers ; et de la sorte,
« il obtint aisément du commerce de réduire les
« intérêts de ses avances. Il réprima sévèrement
« les excès de quelques maîtres envers leurs es-
« claves : les sauvages furent aussi protégés con-
« tre tout genre d'oppression. Il mit, par son
« propre exemple, la religion et les bonnes
« mœurs en honneur. C'est par ces moyens que,
« sans faire aucun effort pour plaire aux colons,
« il a laissé une mémoire qui leur sera toujours
« chère. »

Le gouvernement des colonies est absolu, et leur histoire a consisté presque toujours dans les actes de ceux qui les ont administrées.

Aubri, successeur de M. d'Abadie, annonça la cession. A cette nouvelle la consternation fut générale dans la province. Les Colons avaient une grande aversion pour la domination espagnole, et ils la firent éclater. L'administration resta aux Français jusqu'en 1768. La cour de Madrid envoya alors le capitaine-général Don Antonio d'Ulloa. C'était un homme sage, mais ses instructions le chargeaient de rétablir le régime prohibitif. Il en fit sans succès la tentative.

Il ne put parvenir à déployer toute son autorité. Les Colons délibérèrent d'abord s'ils n'émigreraient pas à la rive droite du fleuve. Ils renoncèrent à ce projet, et envoyèrent des députés à Versailles pour obtenir de rester Français. Louis XV leur fit déclarer que la cession était irrévocable.

Le général espagnol O'Reilly remplaça Don Antonio d'Ulloa. Il conduisit à la Nouvelle-Orléans trois mille hommes, qu'on crut un nombre suffisant pour faire cesser la résistance. Les Colons tentèrent d'empêcher le débarquement, et il ne put se faire que par l'intervention des magistrats français. O'Reilly, ennemi des mesures de conciliation, homme de guerre estimé dans sa profession, crut qu'on pouvait gouverner une colonie encore plus despotiquement qu'un pays conquis. Le barbare se permit des actes de violence et de férocité qu'il confondait avec ceux d'une sage fermeté. Il semblait ignorer que des sujets ne renoncent pas au gré des traités à une ancienne domination à laquelle ils furent long-temps habitués; qu'il est permis à des amis, à des parents, de regretter ceux dont ils se séparent, et que les marques de leur douleur doivent être vues avec indulgence. Des échafauds furent dressés à la Nouvelle-Orléans. Six Colons payèrent de leur tête le courage avec lequel ils avaient manifesté leur attachement à la France (1). La cour de Madrid désapprouva secrètement ces fureurs ; mais, craignant de compromettre l'autorité de ses gouverneurs, elle s'abstint de condamner et même de désavouer O'Reilly par un acte authentique.

La colonie d'abord plus languissante que jamais, après cette révolution, fut ensuite mieux gouvernée. Don Carondelet, administrateur éclairé, comprit qu'un des plus sûrs moyens de la faire fleurir était d'y admettre des Colons étrangers de quelque croyance qu'ils fussent.

Gayoso de Lémos, qui lui succéda, réforma de grands abus qui s'étaient introduits dans les concessions de terres. On avait prodigué ces faveurs avec si peu de prudence, que certaines personnes avaient obtenu des territoires d'une superficie de dix mille acres. Les réglements de cet administrateur n'auraient laissé rien à désirer s'ils n'eussent été entachés d'un violent esprit d'intolérance religieuse et de prosélytisme.

L'aversion pour l'Espagne s'effaça peu à peu ; mais l'affection n'en prit point la place, et on ne pouvait se promettre que de l'indifférence de

---

(1) M. de La Fresnière, procureur-général de la colonie ; MM. de Noian, Caresse, Villeret, Marquiz, Millet, tous officiers, furent fusillés par l'ordre d'O'Reilly.

la part d'une population coloniale si mélangée. C'était pour le plus grand nombre ces Français descendants des premiers aventuriers qui avaient fondé la colonie, et en outre quelques Espagnols et des Anglais. On y vit aussi, mais seulement quelques années après, beaucoup de familles des États-Unis, quand la guerre pour l'indépendance fut terminée, et enfin, mais encore plus tard, des Français échappés, comme par un prodige, au bouleversement qui fut à St.-Domingue l'effet d'une épouvantable révolution. Des événements aussi dissemblables ne pouvaient produire cet esprit public, cet attachement qu'on a pour le sol natal : tout ce qu'on pouvait attendre de tant d'intérêts divers, c'est qu'ils consentissent à être gouvernés, et la docilité devint d'autant plus facile, que l'Espagne faisait les frais du gouvernement colonial avec des fonds envoyés du Mexique, que les impôts étaient fort légers, et que le commerce interlope avec les Américains des États-Unis n'était ni surveillé attentivement, ni puni sévèrement.

Mais sous son nouveau régime la colonie était peu utile à la métropole. Cette facilité de communiquer avec les étrangers avait fait prévaloir d'autres intérêts que ceux de l'Espagne; et tous les jours ils acquéraient de nouvelles forces.

C'est tandis que la Louisiane éprouvait ces vicissitudes que se préparait et que fut consommé le grand changement qui mit les colonies anglaises au rang des plus importants états du monde. Les premières circonstances de cette révolution furent d'abord étrangères à la Louisiane. Mais l'alliance de la France avec les nouvelles républiques eut la plus grande influence sur le sort de son ancienne province. Ainsi une mention succincte de la négociation qui fut suivie des traités d'alliance et de commerce de 1778 ne sera point trouvée étrangère à l'histoire que nous écrivons.

On a prétendu, dans des mémoires de notre temps, que le gouvernement de France, n'ayant pas su se défendre du ressentiment que la paix de 1763 avait répandu dans la nation, le duc de Choiseul avait fait passer en Amérique des émissaires chargés de sonder les dispositions des personnages considérables du pays, et de fomenter de concert les germes d'une insurrection. Quelque mystère que l'on mette aux intrigues de ce genre, il est impossible que le secret soit toujours gardé, et trop de gens y ont part pour qu'il ne soit pas tôt ou tard révélé. Nous avons eu des liaisons directes avec les principaux citoyens de ce pays; des mémoires en grand nombre ont fait connaître tout ce qui a précédé la révolution, et nous attestons que nous n'avons pu découvrir nulle part le moindre indice de ces pratiques, contraires sans doute à la saine politique, et encore plus contraires aux obligations réciproques des nations. C'est plusieurs années après cette époque, qu'une liaison commença à se former, et si le cabinet de Versailles ne chercha pas d'abord à exciter les treize provinces à la révolte, il ne fut pas cependant spectateur indifférent des dissensions qui s'élevèrent entre la métropole et ses colonies. Vers la fin de 1775, il prêta l'oreille aux ouvertures des agents du congrès américain. Vergennes, Turgot et les autres membres du conseil du roi se persuadèrent que des tempéraments et des mesures mystérieuses dont l'exécution était confiée à des agents obscurs ou inconnus, pourraient être tenus secrets, et que sans hostilités, sans compromettre la neutralité, il était licite de faire parvenir aux insurgés, de l'argent, des munitions et même des armes. S'il faut s'en rapporter au témoignage des agents du congrès, les ministres français ne voyaient dans des résolutions franches et dans une guerre déclarée, que le danger de réconcilier la métropole et les colonies, qu'ils appelaient un couple d'amis brouillés.

Un homme célèbre par ses intrigues et par beaucoup d'esprit, Beaumarchais, servit d'intermédiaire aux premières communications, et aussitôt les agents américains à Paris en informèrent confidentiellement un comité à qui le congrès avait jugé nécessaire de s'en remettre, exclusivement à tous ses autres membres, du secret de la négociation.

Les envoyés à Paris, se conformant aux injonctions pressantes du comte de Vergennes, exigeaient que le comité ne donnât au congrès aucune connaissance de ces délicates communications. Deux des commissaires étaient seuls présents à Philadelphie lorsque le messager, porteur de cette grande nouvelle, y arriva. C'étaient le docteur Franklin et Robert Morris, qui fut depuis à la tête des finances des États-Unis. Ils apprirent que dans l'automne de 1776, un envoi d'armes et de munitions, pour la valeur de 5,000,000 de livres tournois, serait fait à Saint-Eustache, à la Martinique et au Cap-Français, où les insurgés devaient les recevoir; que trois millions de livres étaient mis à la disposition des commissaires américains, par l'entremise d'une maison de banque qui paraissait les leur prêter (1). C'est ainsi que des hommes renommés pour leur sagesse, et qui avaient une longue expérience du droit des nations, croyaient pouvoir aider un peuple en insurrection, et éviter en même temps les calamités d'une guerre. Mais

---

(1) Secret journals of the acts et procedings of the old congress.

l'injonction du secret prouvait assez que le ministère français ne jugeait pas son procédé à l'abri des censures d'une sage et juste politique.

L'attention du gouvernement anglais était cependant dirigée sur la conduite de la France dans cette crise si violente. Les méfiances allaient éclater en reproches de perfidie, quand on apprit en Europe que, le 16 octobre 1777, le général anglais Burgoyne et toute son armée avaient été faits prisonniers à Saratoga dans l'état de New-York. Les Américains dès-lors égaux et peut-être supérieurs à leur ennemi, cessèrent de paraître des rebelles, et le gouvernement français renonça à ce mystère dépourvu de toute dignité, dont il avait cru pouvoir s'envelopper.

Nous rapporterons ici une circonstance propre à donner une idée de la prévoyance du comte de Vergennes. La guerre pour la succession d'Espagne, au commencement du siècle dernier, et celle qui finit en 1762, avaient fait connaître le danger qu'il y avait pour la France de combattre par terre et par mer en même temps, et qu'elle ne peut s'engager dans ces doubles efforts qu'au profit des nations ses rivales. L'Europe était tranquille en 1776; cependant l'électeur Maximilien était le dernier prince d'une maison qui régnait en Bavière depuis quatre siècles. L'on craignait qu'au préjudice d'une autre branche de sa maison, les Autrichiens, qui ont souvent en réserve des documents applicables aux circonstances qui semblent les moins prévues, ne voulussent à sa mort s'emparer d'un pays qui, plus qu'aucun autre, est à leur convenance. Une guerre en Allemagne était donc à redouter, et avant de s'exposer à une rupture avec l'Angleterre, Vergennes voulut savoir s'il n'y avait aucun sujet de craindre la mort prochaine de cet électeur. Marbois, chargé d'affaires du roi, à Munich, lui répondit que rien ne menaçait ce prince d'une mort prématurée, si ce n'était qu'il n'avait point eu la petite vérole (1). Le ministre de Louis XVI crut qu'une aussi faible chance de guerre ne suffisait pas pour empêcher l'exécution de desseins d'un ordre bien supérieur. Les traités d'alliance entre la France et les États-Unis ne tardèrent pas à être conclus, et ils furent signés le 6 février 1778.

Il nous est plus facile de nous expliquer sur la sagesse qui présida à leur rédaction, qu'il ne le serait de justifier la conduite de la France envers l'Angleterre. Nous avons eu accès, il y a près de cinquante ans, aux archives de France et à celles du congrès. Les originaux des actes relatifs à ces traités, avant et après leur conclusion, ont été dans nos mains. Ils sont, en ce

---

(1) Notes et pièces justificatives, n° 6.

qui concerne les États-Unis, les monuments d'une politique élevée. La France ne fut jamais plus grande; elle traitait avec un État encore au berceau, résigné à subir des conditions inégales : mais elles furent toutes désintéressées, et aussi égales que la situation respective des contractants pouvait le permettre. Les mystères et les secrets d'alors appartiennent déjà à l'histoire, et ces récits peuvent être mis au rang de ce qu'il y eut de plus important en ce genre au siècle dernier. Nous exprimons le vœu qu'ils puissent occuper un écrivain familiarisé avec les grandes affaires d'État, et qu'il nous fasse connaître l'histoire du traité d'alliance de 1778.

Il est certain, qu'en le signant, on n'eut aucun souvenir, soit de la Louisiane devenue espagnole, soit de tant d'autres colonies importantes passées de la domination française sous celle de l'Angleterre. La loi de réciprocité, si sage, et surtout quand on traite avec des États faibles, fut seule consultée, et elle dicta des conditions que le plus puissant avait ainsi que le plus faible, intérêt à respecter.

La France avait perdu successivement dans le dernier siècle toutes ses colonies continentales. Il lui restait à peine une ombre de pouvoir dans l'Inde, où si long-temps les compagnies anglaises et françaises s'étaient réciproquement tenues comme en échec.

A la même époque, un écrivain, homme d'état, faisait cette prédiction : « Si la France est un
« jour privée de ses colonies insulaires, comme
« elle l'est de ses colonies continentales, on la
« verra prospérer par ses propres moyens à l'égal
« des États qui auront conservé toutes les leurs,
« et peut-être les surpasser en bonheur et tran-
« quillité. »

La France chère aux Louisianais, aussi longtemps qu'ils avaient été l'objet de sa protection et de sa sollicitude, était comme effacée de leur mémoire depuis qu'elle les avait transférés à une autre puissance sans aucune marque de regret.

Un événement malheureux, arrivé en 1788, à la Nouvelle-Orléans, donna occasion à la colonie française de Saint-Domingue de témoigner que l'ancienne affection n'était pas entièrement éteinte. Cette ville, ravagée par un incendie, vit ses plus beaux quartiers réduits en cendres. Le marquis de Carondelet, administrateur espagnol, se hâta d'en informer ceux de Saint-Domingue, en les priant de faire connaître cette catastrophe au commerce français, et de presser l'envoi des secours. La réponse suivante fut faite à sa lettre :

« A la nouvelle de l'incendie qui a désolé votre
« ville capitale, nous n'avons pas dû nous bor-
« ner à réclamer pour elle les secours de nos
« commerçants. L'état des magasins et chantiers

« de notre colonie et celui de ses finances nous
« permettent de faire plus promptement tout ce
« que vous désirez. Une frégate va faire voile :
« elle vous porte ce qui est le plus immédiate-
« ment nécessaire à la reconstruction de vos
« maisons. Des navires marchands ne tarderont
« pas à suivre ce premier envoi. Nous aurions
« assisté de même toute autre colonie affligée
« d'un aussi grand malheur; mais nous éprou-
« vons un redoublement de satisfaction en sou-
« lageant d'anciens compatriotes. »

« Vincent et de Marbois. »

Ce fut surtout au moyen de ces secours que les pertes causées par l'incendie furent promptement réparées. Mais la colonie, toujours asservie au régime prohibitif, continua à languir sans prendre les développements auxquels elle était appelée par son étendue et tous ses avantages naturels.

Le cabinet de Madrid semblait fermement persuadé que l'allégeance et la soumission de ses sujets des deux mondes, après avoir duré pendant des siècles, n'éprouveraient jamais d'altération. Peut-être aussi vit-il toute la grandeur du danger. Mais quelquefois, en voulant le prévenir, on s'expose au reproche de l'avoir suscité, et on aime mieux suivre les routes battues, et s'en remettre au temps et à la fortune.

Le grand changement qui se consomme présentement dans l'état des anciens royaumes d'Espagne en Amérique, m'autorise à faire ici quelques observations sur les nombreux avertissements que la cour de Madrid reçut au sujet de la crise qui s'approchait, et sur le peu d'attention qu'elle y fit. Elles touchent aussi la Louisiane.

Dès les dernières années du règne de Louis XIV, et à l'occasion de la succession d'Espagne, on avait mis en question s'il ne conviendrait pas d'admettre dans les colonies de cette monarchie toutes les nations commerçantes. Mais parmi ceux qui prétendent connaître l'avenir, le plus grand nombre est sujet à l'erreur, et leurs fausses prophéties font qu'on refuse aussi croyance aux plus habiles. M. Mesnager fut de ceux-ci. Le nom de cet homme sage se retrouve dans tous les actes de la paix d'Utrecht. Dès le commencement du siècle dernier, il regardait l'admission des États commerçants dans tous les ports d'Espagne, en Amérique, comme un moyen d'aplanir un des principaux obstacles à la paix. « Il conviendrait, disait-il, « aux intérêts mêmes de cette monarchie, d'assu-« rer à toutes les nations de l'Europe le com-« merce du Nouveau-Monde. » Cette proposition était digne d'un des plus grands politiques de l'Europe. M. de Torcy, qui nous l'a transmise, ajoute : « Le roi goûtait ce projet. » (1) Mais il y avait à Madrid un conseil royal et suprême des Indes, et ce conseil ne connaissait point de prospérités pour un État, sans colonies soumises à un régime rigoureusement exclusif. Il rejeta la proposition. Le temps vint cependant de déclarer que les anciennes routines étaient abandonnées pour des maximes nouvelles, mais déjà il était trop tard.

Un homme aux lumières duquel l'Europe rendait un juste hommage, le comte d'Aranda, prévit, peu d'années après l'époque de l'alliance des Français avec les États-Unis, les suites qu'elle aurait sur la destinée des royaumes trans-atlantiques de l'Espagne. Tout en convenant que l'indépendance des treize colonies avait été inévitable, il ne tarda pas à s'alarmer de leur agrandissement. Il proposa, en 1789, au roi son maître, de diviser l'Amérique espagnole en trois grands États, dont chacun serait gouverné souverainement par un des infants, avec le titre de roi. Ils se seraient engagés à payer un subside considérable à la métropole, et elle n'aurait conservé sa domination que sur les îles de Cuba et de Porto-Rico. Ce grand dessein fut encore con-

---

(1) 1707. Négociations pour la succession d'Espagne. Par M. Colbert de Torcy, tom. I, pag. 181 et 182.

trarié par le conseil royal des Indes dont il eût fait cesser l'importance. La concession eût même été tardive, et nous n'examinerons pas si les trônes que le comte d'Aranda proposait d'ériger fussent long-temps restés debout au voisinage d'un peuple élevé par son indépendance au faîte des prospérités.

Dès 1778, une cédule royale avait permis le commerce entre les colonies et les principaux ports et places de la métropole. Le succès de cet essai passa toutes les espérances, et cependant les yeux des ministres espagnols ne furent point dessillés. L'accès des colonies fut interdit aux étrangers, plus rigoureusement que jamais. La sévérité dégénéra même en un despotisme absolu, lorsqu'en 1785 des mouvements intérieurs annoncèrent des dispositions à l'insurrection générale des aborigènes et même des colons.

C'est vers le même temps qu'arriva à Philadelphie, Miranda, créole des Caraques, jeune, entreprenant et brouillon. Il eut à Philadelphie des entretiens avec celui qui écrit cette histoire. Il lui dit : « Nos royaumes d'Amérique ne tar-
« deront pas à éprouver une révolution sem-
« blable à celle dont vous êtes ici le témoin. Un
« gouvernement sage et prévoyant pourrait en
« modérer la violence ou en retarder les effets.
« Mais de tels avertissements offensent les mi-
« nistres. Ils ont une grande aversion pour toute

« sagesse autre que la leur, et ils font sentir leur
« colère aux conseillers trop instruits. J'ai dit
« que le soulèvement des Indiens mexicains en
« 1778, était un avertissement de la plus haute
« importance. J'ai parlé d'admettre les étrangers
« dans toutes nos colonies. A la manière dont
« on a reçu cette ouverture, j'ai cru prudent de
« fuir comme si j'eusse été coupable. » Le chargé
d'affaires de France transmit cet entretien au
comte de Vergennes (1).

Miranda se fit remarquer depuis dans les troubles de l'Europe et dans les guerres civiles de l'Amérique. Il finit tristement une carrière orageuse en 1816.

Le comte de Moustier, sage observateur, remplissait, en 1788, les fonctions de ministre de France auprès des États-Unis. Il fit parvenir de semblables avis. Ses conseils tendaient à faire de grands changements dans le régime des colonies espagnoles. L'exécution exigeait autant de courage que d'habileté. Mais la cour de Madrid regardait comme perpétuelles des institutions dont la sagesse semblait attestée par trois siècles. Les hommes d'état de cette époque étaient loin de penser qu'avant que trente ans fussent écoulés, l'Europe aurait cessé d'avoir l'Amérique pour annèxe.

---

(1) Archives des affaires étrangères.

L'Espagne crut que les circonstances n'exigeaient d'elle qu'un sacrifice facile; elle consentit, en 1788, à concéder la libre navigation du Mississipi aux États fondés à la rive gauche du fleuve. Mais elle connaissait si mal l'esprit de ces républicains, qu'elle ne craignit pas de mettre pour condition à cette concession, qu'elle n'aurait lieu que dans le cas où ils se détermineraient à former un empire séparé des États atlantiques (1).

Cette ouverture, où l'intention de détruire l'union fédérale se montrait si indiscrètement, ne fut pas même prise en considération.

Ce qui est encore plus surprenant que cette proposition, c'est que le comte de Vergennes, qui avait conseillé et négocié l'alliance avec les États-Unis, craignit ensuite les effets de cet exemple et laissa percer un pressentiment de malheurs à venir. Ce ministre, à qui les affaires de l'Europe furent si familières, n'avait pas prévu alors que ce traité hâterait l'affranchissement du reste du Nouveau-Monde, et que le monopole, auquel les îles du golfe étaient soumises, ne pourrait se maintenir long-temps près d'une république puissante, intéressée à rendre indépendant et li-

---

(1) Vie du général Washington par M. John Marshall, 5e vol., pag. 152; année 1788.

bre le commerce du monde entier. Toujours imbu des vieilles notions, il commençait à redouter la prépondérance des États-Unis, quand la mort mit un terme à ses utiles travaux.

Le comte de Montmorin, successeur de Vergennes, crut à son tour qu'il importait et qu'il serait possible d'empêcher l'affranchissement du reste de l'Amérique. On lit ces lignes dans les instructions qui furent remises à l'envoyé de France aux États-Unis. « Il ne convient pas à la France « de donner à l'Amérique toute la consistance « dont elle est susceptible. Elle acquerrait une « force dont elle serait très-disposée à abu-« ser (1). » Étranges paroles à la suite de l'alliance conclue en 1778! Cette époque était encore récente; les ministres français, secondés par les vœux, non-seulement de la France, mais de l'Europe entière, avaient, par des efforts efficaces et sincères, contribué à l'indépendance des treize États, et dix ans après, la vue de leurs propres succès les jetait dans l'étonnement et leur inspirait de tardives alarmes. Au lieu de suivre les inévitables développements de cette révolution et d'y conformer leur conduite, ils avaient imaginé d'en arrêter le cours. Ils se figuraient que quelques lignes d'instructions données d'un cabinet

---

(1) Secret journals of congress.

de Versailles à un envoyé du roi, arrêteraient les progrès et changeraient la volonté de plusieurs millions de familles placées sur des territoires fertiles et sans limites et jouissant de tous les avantages de l'indépendance.

Montmorin s'alarmait des progrès des treize États de l'union américaine. Mais si le jugement qu'il portait à leur égard était erroné, tous les autres cabinets, devenus ennemis de cette révolution, n'étaient pas frappés d'un moins profond aveuglement. Telles étaient les dispositions de l'Europe à l'égard de l'Amérique, quand des troubles, depuis long-temps prévus, commencèrent à agiter la France. Des germes d'insurrection avaient été répandus et fermentaient aussi dans toutes les parties du Nouveau-Monde. Des événements qui eurent lieu en 1793 firent connaître l'influence que la Louisiane aurait un jour sur les affaires de ce continent, et on eût pu, dès-lors, présager le sort de cette grande province.

La révolution arrivée en France avait mis un pouvoir immense dans les mains d'hommes sans expérience des affaires publiques et incapables de faire bon usage de leur autorité. Ils avaient trop peu de lumières pour comprendre qu'un État peut prospérer sans colonies. Ils envoyèrent au congrès un nouveau ministre plénipotentiaire ; il était particulièrement chargé de sonder les dispositions des Louisianais à l'égard de la république française; de ne rien omettre pour en profiter si les circonstances lui paraissaient favorables, et de diriger particulièrement son attention sur les desseins des Américains au Mississipi.

Ce ministre était Genet, jeune homme qu'une instruction soignée avait préparé de bonne heure aux affaires publiques; mais d'un caractère inquiet, turbulent, plein d'audace et d'une politique entièrement à la hauteur de celle des hommes d'état qui l'avaient choisi. On vit alors jusqu'à quelles erreurs le sentiment de la liberté peut conduire ceux mêmes qui en goûtent les véritables bienfaits. Les Américains séparant celle que la France venait de se donner de tout ce qui s'y était joint de violent et de criminel, accueillirent le jeune Genet comme le messager de l'humanité rétablie dans ses droits. Il arriva à Charlestown en avril 1793. Envoyé par une république naissante, il fut reçu avec les démonstrations d'une joie qu'il put croire universelle. Énivré d'un accueil dont il n'y avait eu d'exemple qu'à l'époque de l'alliance de la France et des États-Unis, il n'attendit pas, pour déployer son caractère, qu'il eût été reconnu par le congrès, et à peine débarqué, il se permit des actes qui furent considérés avec fondement, par les hommes que la passion n'aveuglait pas, comme une véritable violation du droit des gens. Trop tôt revêtu d'un caractère qui demande une grande maturité, il autorisa des armements en course ; il institua même une juridiction d'amirauté consulaire, et il se crut en droit de conférer aux consuls français le pouvoir de prononcer la condamnation des prises faites sur les Anglais et d'en ordonner la vente. Les instructions qu'il avait reçues des comités de la convention respiraient la haine qu'ils portaient à Washington, qui s'était, osaient-ils dire, dévoué sans réserve à l'Angleterre. Lorsque Genet eut été reçu par le gouvernement américain comme ministre de la république française, il redoubla de hardiesse et ne mit point de bornes aux droits qu'il attribuait à son caractère. A quinze cents lieues de la France, il se croyait aussi puissant que si en Europe il eût été envoyé vers un prince sans force avec l'appui d'une armée française. Le gouvernement fédéral se conduisit avec fermeté et dignité ; il résista efficacement à ses entreprises ; mais le jeune ministre les renouvelait sans cesse, et comme ses offices, ses mémoires, grossis des citations des publicistes et des savants ne faisaient aucune impression sur le cabinet, il les répandait de toutes parts et ils agitaient les esprits. Il avait des adhérents secrets ou avoués dans plusieurs États, et jusque dans le sein du Congrès. Enflé de leur appui et devenu vraiment redoutable, il porta l'audace et l'imprudence jusqu'à accuser Was-

hington, alors président des États-Unis, de violer la constitution. Il laissa même échapper la menace « d'en appeler de lui au peuple, de por-
« ter ses accusations devant le congrès et d'y
« comprendre tous les aristocrates partisans de
« l'Angleterre et du gouvernement monarchique.»

Bientôt averti par les rapports de ses correspondants et des aventuriers qui s'étaient avancés jusqu'au Mississipi, il se persuada, et avec beaucoup de raison, que s'il pouvait brusquer une entreprise contre les Florides et la Louisiane, il trouverait, non-seulement parmi les habitants des contrées de l'Ouest, mais à la Nouvelle-Orléans même, un parti nombreux prêt à le seconder. On l'assurait que toute la Louisiane désirait de rentrer sous la domination de la France, et il se disposa sérieusement à en faire la conquête. Il prépara une coopération de forces navales qui devaient se présenter sur les côtes de la Floride. Le principal corps des troupes de terre devait s'embarquer au Kentucky, et descendant l'Ohio et le Mississipi, envahir inopinément la Nouvelle-Orléans. Il avait d'avance réglé la solde des troupes, leurs rations, le partage du butin, et même la division des terres entre les soldats, et la part réservée à la république française. Enfin il abusa du privilége des légations jusqu'à lever des corps de troupes dans les deux États de la Caroline du Sud et de la Géorgie, et il y reçut indistinctement des Français et des Américains. Un moment contenu dans ses écarts par la modération et la fermeté du Congrès, il recommençait bientôt ses attaques en épuisant toutes les déclamations que pouvaient lui fournir les doctrines conventionnelles, et il reprenait son ascendant sur la multitude.

Le gouvernement fédéral était informé de la faveur avec laquelle on accueillait, dans plusieurs États, la proposition d'envahir la Nouvelle-Orléans. Les préparatifs d'hostilités lui causaient d'autant plus d'inquiétude qu'à la même époque il suivait, avec la cour de Madrid, la négociation relative à la navigation du Mississipi. Washington s'empressa d'adresser au gouverneur du Kentucky des instructions à l'effet de modérer cette effervescence. Il l'informait que des Français, au nombre de quatre, étaient porteurs des commissions de M. Genet, qu'ils allaient parcourir cet État sans mystère pour y préparer une expédition contre la Louisiane. Ce ministre lui-même, ajoutait-il, devait avoir le commandement en chef. Les habitants du Kentucky n'étaient que trop disposés à le seconder. Ils résolurent, dans leurs réunions privées, de réclamer devant le Congrès la plus entière liberté de naviguer, et ils recommandèrent à leurs magistrats d'employer des termes décents, mais impératifs, et tels qu'il convient au langage d'un peuple qui parle à ses serviteurs. Le gouverneur répondit aux dépêches des ministres « qu'il n'avait ni le « pouvoir, ni l'intention d'empêcher les peuples « de faire valoir des droits nécessaires à leur exis- « tence, et qu'il était douteux que les auteurs « de l'entreprise pussent être réprimés ou punis « avant qu'ils l'eussent accomplie. » A ces conséquences exagérées, que le premier magistrat du Kentucky tirait des maximes abstraites des droits de l'homme, on put juger de la grandeur de la crise.

Washington, personnellement insulté dans les actes diplomatiques de Genet, crut la tranquillité publique en danger. En appeler du président au peuple, c'était appeler le peuple à la sédition. Cinq à six mois après l'arrivée de ce plénipotentiaire, qui était devenu comme chef d'une faction, les ministres américains firent connaître au Gouvernement français « que les actes de son « envoyé ne correspondaient point aux disposi- « tions dont la République française était ani- « mée ; qu'il s'appliquait au contraire à engager « les États-Unis dans une guerre au-dehors, et « à semer au-dedans la discorde et l'anarchie, et « ils demandaient son rappel comme nécessaire « au maintien de la bonne intelligence. »

La réponse à cette demande fut retardée par les distances. Genet continuait ses pratiques hardies, et la proposition de faire cesser ses fonctions diplomatiques et de le priver des priviléges attachés à son caractère, allait être faite au congrès, quand on reçut la nouvelle qu'il était remplacé. Son successeur arriva bientôt, et ce nouveau plénipotentiaire fit connaître aux États-Unis que le gouvernement français désapprouvait entièrement la conduite de Genet. Ce jeune homme, que ses talents et son esprit semblaient destiner à fournir honorablement sa carrière dans les affaires publiques, tomba dans une sorte d'obscurité pour avoir été appelé prématurément à des fonctions qui exigent encore plus d'expérience et de sagesse que de science. Plus tard, son activité se dirigea vers les arts utiles, et sans doute ses efforts en ce genre ont eu de meilleurs résultats que ses actes politiques. Mais l'impulsion séditieuse et violente qu'il avait donnée aux peuples de l'Ouest, les avait trouvés tellement disposés à l'insurrection, qu'elle dura même quand il eut cessé d'en être le principal moteur. Les habitants du Kentucky, déchus de l'espérance de conquérir la Louisiane, présentèrent des pétitions, où, se réduisant à demander la libre navigation du Mississipi, ils accusaient l'administration des États-Unis de mal gouverner, menaçaient d'un démembrement, et déclaraient « que par le droit « de nature, la navigation du fleuve leur appar- « tenait, qu'ils voulaient l'avoir, qu'ils l'auraient, « et que si le gouvernement négligeait de la leur

« assurer, il se rendrait criminel envers eux et
« leur postérité. »

Le sénat et la chambre des représentants ne s'arrêtèrent point à ce qu'il y avait de violent et de contraire aux règles d'une sage liberté dans des représentations ainsi rédigées ; mais ils prirent en considération l'état d'une population nombreuse, agricole et sans manufactures, qui, répandue sur les bords du Mississipi et de ses affluents, ne pouvait exister et se développer que par le moyen du commerce, de la vente des produits de la terre et d'une libre navigation sur le fleuve. Les deux chambres déclarèrent « que le « droit des états à cette navigation était incontes- « table, et que les mesures nécessaires seraient « prises pour leur assurer cette jouissance. »

Après le rappel de Genet, de petites forces navales qui devaient concourir à son projet d'invasion, débarquèrent sur les côtes de la Floride. Ce n'était, disait-on, que l'avant-garde de celles qui devaient suivre. A l'arrivée de ces faibles auxiliaires, quelques corps d'Américains et de Français s'assemblèrent en Géorgie. Mais ces volontaires, privés du chef qui les avait appelés, se dispersèrent ; les Français passèrent sur le territoire indien pour y attendre de nouvelles directions. Ils n'y trouvèrent que le dénuement, et plusieurs furent victimes des sauvages.

Quelques déserteurs de l'armée des États-Unis

avaient joint les bandes de ces aventuriers. Ils virent à regret échapper le riche butin dont on leur avait donné l'espérance. Ces tumultes ne furent entièrement calmés que vers le milieu de 1794; mais d'autres troubles éclatèrent et se firent sentir jusque dans la Pensylvanie. Ces désordres portèrent atteinte à la popularité du grand Washington, et la paix de ses dernières années en fut troublée. A force de prudence cependant, et par des mesures vigoureuses, il parvint à apaiser les clameurs des factions; mais il était aisé de voir que toujours la navigation du Mississipi et ce qui restait de la Louisiane orientale seraient l'objet de l'ambition des états nouveaux de l'union. Cette vérité n'arrivait pas jusqu'aux politiques de la convention française. Le comité de salut public crut pouvoir tenter d'autres moyens de rendre à la France la province qu'elle n'avait pu recouvrer au moyen des entreprises de Genet.

En 1795, lors des négociations de Bâle, ce comité donna les instructions suivantes à M. Barthelemy, ambassadeur de la république : « de-
« mander la restitution de la Louisiane ou la ces-
« sion de la partie espagnole de St.-Domingue,
« ou la conservation de la province de Guipus-
« coa, et nommément de Fontarabie et de Saint-
« Sébastien, conquêtes des armées françaises. »

Louis XIV aussi avait eu le dessein d'unir la

province de Guipuscoa à la France, et lors du traité de partage de la succession d'Espagne du 11 octobre 1698, elle avait fait partie du lot du Dauphin (1).

Les terres de la partie espagnole de Saint-Domingue ne sont pas inférieures en qualité à celles de la partie française : elles sont mieux arrosées et beaucoup plus étendues. Mais le travail avait donné à la colonie française vingt fois plus de valeur que n'en avait celle de l'Espagne. La convention, à la vue de ces avantages, s'était imaginé qu'acquérir le territoire c'était s'assurer les produits. Nous croyons qu'un tel succès n'aurait pu s'obtenir que dans le cours d'un très-grand nombre d'années, et qu'il dépendait de conditions qu'il n'eût pas été au pouvoir de la France de remplir. L'état actuel de Saint-Domingue rend aujourd'hui sans objet l'examen de ces questions.

Barthelemy entama la négociation sur les trois propositions contenues dans ses instructions. L'espagne crut à cette époque qu'il était de son intérêt de conserver la Louisiane, et, quoique Santo-Domingo fût le plus ancien de ses établissements en Amérique, quoique son ressort ecclé-

---

(1) Colbert de Torci. Négociations pour la succession d'Espagne.

siastique et civil s'étendît sur les îles de Cuba, de Porto-Rico et ailleurs, elle se résolut à en faire cession.

Le directoire succéda à cette époque à la convention nationale. Principalement attentif aux affaires de l'Europe, il apprit avec une sorte d'indifférence le sacrifice que l'Espagne consentait à faire, tant pour la conservation de l'état de paix, qu'à cause du désordre de ses finances et de l'impossibilité absolue de faire une résistance proportionnée à ses dangers.

L'Angleterre au contraire, suivant les règles de sa politique accoutumée et conformément à des maximes dont l'expérience lui garantissait la bonté, portait son attention sur toutes les îles et sur toutes les parties du continent américain. Un incident dont les détails méritent d'être rapportés, fit assez voir qu'elle ne serait jamais indifférente au sort de la Louisiane.

L'Espagne, par le traité d'octobre 1795, avait cédé aux États-Unis ce qu'elle possédait à la rive gauche du Mississipi, ne se réservant que les Florides. Mais ensuite, étroitement alliée avec la France, prévoyant une rupture prochaine entre cette république et celle des États-Unis, et craignant d'y être entraînée, elle avait regretté ce sacrifice. Elle refusait, sous toutes sortes de prétextes, de procéder à la démarcation des nouvelles limites et à l'évacuation des pays cédés.

Le gouverneur espagnol retenait le poste des Natchez, qui, selon lui, était le seul rempart de la Louisiane contre les troupes anglaises rassemblées à Quebec, et contre les Indiens que le gouvernement du Canada armait ou désarmait à son gré. Les américains du Kentucky et de Tenessee ne lui semblaient pas moins à craindre. En effet, les habitants des pays cédés, la plupart américains ou anglais d'origine, murmuraient en voyant leur nouveau gouvernement montrer si peu d'empressement à entrer en possession. Ils manifestaient une vive impatience de passer de la domination arbitraire des Espagnols sous le gouvernement libre des États-Unis, et ils excitaient les sauvages à se tenir prêts à la guerre.

C'est dans ces circonstances qu'on découvrit le projet audacieux d'un homme considérable par son rang et ses emplois dans les États-Unis.

M. Blount, gouverneur du territoire de Tenessee et commissaire des États-Unis auprès des Indiens, avait acquis, pendant une longue résidence dans ces contrées, une connaissance particulière du pays et de ses habitants, et il y jouissait d'une grande influence. Nommé ensuite membre du sénat, lorsque ce territoire avait été admis comme état dans l'union, ce sénateur remplissait ces fonctions en 1797, dernière année de la présidence de Washington. Blount n'était pas digne de la confiance dont ses concitoyens lui avaient donné un témoignage en l'envoyant au congrès. Ses affaires étaient fort dérangées, et il imagina de les rétablir par un service signalé qu'il se proposait de rendre à l'Angleterre, alors en guerre avec l'Espagne. Il forma le plan d'une invasion de la Louisiane par des forces envoyées du Canada. Suivant ce projet, les troupes anglaises, embarquées secrètement sur les lacs, dans l'automne de 1797, auraient été mises à terre à l'extrémité méridionale du Michigan. La rivière des Illinois est peu éloignée de ce lieu de débarquement. Le corps d'invasion, en la descendant jusqu'à son embouchure dans le Mississipi, devait trouver partout les habitants prêts à le seconder. Il aurait, il est vrai, traversé en armes une partie du pays appartenant aux États-Unis; mais cette violation de leur territoire n'avait pas semblé à Blount une circonstance de grande importance. Les troupes arrivées au grand fleuve, y auraient trouvé des provisions en abondance et des bateaux en nombre suffisant, envoyés de l'Ohio par les habitants mêmes du Kentucky. Une navigation rapide les portait en peu de jours à la Nouvelle-Orléans. Cette place n'avait qu'une faible garnison espagnole, hors d'état de faire résistance. La capitale une fois occupée, tout le pays était au pouvoir des Anglais, et les Florides eussent été soumises avec la même facilité.

Blount s'ouvrit d'abord à M. Liston, envoyé

anglais aux États-Unis. Ce ministre, observateur prudent des usages de la diplomatie, sans accueillir ces confidences et sans les repousser, laissa comprendre au sénateur qu'il fallait s'adresser directement au Cabinet britannique, et c'est ce que fit l'intrigant. Obligé de remettre ses plans et ses mémoires à un agent intermédiaire, il se trahit lui-même par le soin qu'il prit de recommander un grand secret, et par le mystère qu'il mit à toutes ses démarches. Ses mémoires, avant d'être envoyés à bord du vaisseau sur lequel son messager devait s'embarquer, tombèrent entre les mains de l'armateur, qui crut de son devoir de les remettre au président des États-Unis ; c'était M. J. Adams qui venait de succéder en cette qualité à Washington. Il les communiqua au congrès qui les fit publier. L'envoyé Liston assura formellement qu'il était étranger à ce dessein, et les ministres américains déclarèrent dans des actes publics « qu'il n'était pas probable que « les Anglais en eussent eu connaissance. » Le délit commis par Blount n'était pas prévu par les lois. Un comité de la chambre des représentants proposa de le poursuivre pour crime de haute trahison ; il ne fut cependant pas mis en jugement, mais le sénat l'expulsa de son sein, non pas seulement par le vote des deux tiers au moins des membres présents, comme la constitution l'exige, mais à l'unanimité. On ne connaît qu'un autre exemple d'expulsion du sénat. Il n'y en a pas un seul dans la chambre des représentants, depuis 1787, que la constitution des États-Unis a été adoptée, jusqu'à ce jour.

Cette entreprise, quoiqu'avortée, n'en fut pas moins un avertissement pour l'Espagne. Ses moyens de défense en Amérique n'étaient aucunement proportionnés à la vaste étendue des domaines qu'elle y possédait, et la politique de l'Angleterre n'était pas un mystère.

Les Louisianais croyaient leur pays à jamais étranger aux mouvements de l'Europe, quand les événements de la révolution française et ceux qui troublaient les Antilles l'avaient rappelé à l'attention des autorités éphémères, qui alors gouvernaient la nouvelle république. Du comité de salut public, l'autorité était passée à un directoire encore plus incapable de manier les affaires d'un grand état. La guerre maritime entre la France et la Grande-Bretagne durait depuis huit à neuf ans. Les États-Unis allaient y être entraînés par un parti ami de l'Angleterre, malgré tous leurs efforts pour garder une neutralité dont ils tiraient d'immenses avantages. Mais la France et l'Angleterre s'appliquaient avec une égale ardeur à la rompre à leur profit, et comptaient chacune qu'en obtenant l'assistance de ces états neutres, leur propre commerce entrerait avec eux en partage des bénéfices. Le directoire, à force d'imprudences, rendit une rupture inévitable. Il avait suivi une marche opposée à la politique prévoyante qui, sans imposer aux États-Unis des conditions inégales et onéreuses, avait dicté les traités de 1778. Le congrès, à la suite des provocations les plus offensantes, prit, en 1798, le parti de déclarer ces traités dissous et rompus.

La France et les États-Unis étant séparés par de grandes distances, les armées de terre ne pouvaient s'atteindre, et il n'y eut même que quelques rencontres à la mer. Les hostilités n'en consistaient pas moins en ce que la guerre a de plus injuste et de plus méprisable. C'étaient les entreprises des corsaires sur ces navigateurs et commerçants désarmés, incapables de se défendre et dont la profession est, en faisant leurs affaires, d'entretenir des liaisons innocentes et paisibles avec tous les pays. La Louisiane avait plutôt gagné que perdu à cet état de choses favorable au commerce interlope, et les gouverneurs espagnols eux-mêmes se prêtaient volontiers aux atteintes continuelles portées au régime prohibitif. On en modérait aussi la rigueur dans d'autres colonies espagnoles, et il en résultait de si grands avantages que le cabinet de Madrid fermait les yeux sur les conséquences que pouvait avoir ce relâchement dans les maximes de son ancienne politique.

A la paix de 1763, l'Espagne n'avait recouvré la Havane, conquête faite par l'Angleterre, qu'en lui abandonnant les Florides en échange. Cette acquisition était alors importante pour les Anglais, parce qu'elle couvrait la Géorgie et les autres colonies continentales encore soumises à sa domination. L'Espagne s'en était de nouveau rendue maîtresse pendant la guerre de l'indépendance américaine, et l'Angleterre, à qui cette possession avait paru si avantageuse auparavant, la trouvait presque à charge depuis que les treize colonies avaient cessé de lui appartenir. Elle eût été un sujet de mésintelligence entre les États-Unis et le gouvernement britannique. Il en fit donc l'abandon à l'Espagne à la paix de 1783. Mais en s'agrandissant ainsi cette puissance était devenue attaquable sur un immense développement de côtes. Elle commençait aussi à prendre de l'ombrage de l'accroissement rapide des états confédérés. Les moyens de salut ne s'offraient d'aucun côté, lorsqu'un événement inattendu changea entièrement la face des affaires.

Le directoire de la république française, au milieu des difficultés sans nombre que son impéritie avait accumulées sur lui, après s'être mis en état de guerre avec les États-Unis, avait entièrement perdu de vue les colonies qui restaient encore à la France. Ce gouvernement incapable et lâche fut, presque sans faire résistance, dépouillé de son autorité par un général qui, à de grandes qualités militaires, joignait la plupart de celles qui constituent l'homme d'état. Jusqu'à ce jour il est incontestablement le premier parmi les hommes illustres; on peut douter si la postérité le placera parmi les grands hommes.

Bonaparte, en prenant la conduite suprême des affaires, trouva celles de la politique et celles de la guerre dans une extrême confusion. Cette situation ne l'étonna point et il crut pouvoir suffire à tout. Ce fut en effet du sein de ce chaos qu'il fit sortir et qu'il conduisit à une heureuse fin les plus importantes négociations. Jeune encore et déjà célèbre par plus de victoires que n'en ont remporté les plus fameux capitaines dans une longue carrière, il songea à un autre genre de gloire quand il se vit à la tête du gouvernement. Il ne considérait alors la paix que comme un moyen de donner au commerce, à la navigation, à l'industrie de la France le plus grand essor, et sa passion pour la guerre parut être passagèrement endormie. Les Anglais de leur côté, maîtres du commerce du monde, auraient voulu le garder sans rivaux. Pour tout le reste, les deux nations étaient disposées à un rapprochement sincère. Également distinguées par des progrès inouis dans les sciences et les arts, poursuivant avec un même zèle tout ce qui peut embellir et améliorer la société, il semblait qu'il ne restât aux deux gouvernements qu'à ne point contrarier ces bonnes dispositions. Les premières ouvertures de paix faites par la France furent cependant d'abord écartées à Londres, où le seul fantôme d'une république française active et puissante causait encore de l'effroi. Mais le cabinet de Madrid rassuré par son ignorance même, devait être plus disposé à négocier, et Bonaparte jugea l'occasion favorable pour réaliser le projet dans lequel le directoire avait échoué.

La cession que la France avait faite de la Louisiane à l'Espagne en 1763, avait été considérée dans toutes nos villes maritimes commerçantes, comme impolitique et nuisible aux intérêts de notre navigation ainsi qu'aux Antilles françaises, et on désirait assez généralement qu'il se présentât une occasion de recouvrer cette colonie.

Un des premiers soins de Bonaparte fut donc de renouer avec la cour de Madrid une négociation à ce sujet. Alors il était encore loin de penser que des contributions imposées par la force à l'Europe pussent tenir lieu de ces immenses tributs qu'elle paye volontairement à l'industrie et à la navigation des peuples commerçants.

La possession de la Louisiane lui semblait surtout favorable au projet qu'il avait formé de rendre la France prépondérante en Amérique. Il liait à ses vues un autre dessein qu'il tenta de réaliser depuis; c'était une ligue de toutes les puissances maritimes contre les prétentions de l'Angleterre, et il espérait pouvoir ainsi faire cesser l'empire qu'elle s'est arrogé sur les mers. « La France, disait-il, ne peut s'accommoder de « cette existence inerte, de cette tranquillité sta- « tionnaire dont l'Allemagne et l'Italie se con- « tentent. Les Anglais répondent avec dédain à « mes offres de paix, ils ont protégé les noirs « rebelles de Saint-Domingue jusqu'à les affran- « chir et les armer. Eh bien, je ferai de Saint- « Domingue entier un vaste camp, et j'y aurai « moi-même une armée toujours prête à porter « la guerre dans leurs propres colonies. »

La réflexion lui faisait bientôt abandonner ces projets chimériques, et profitant avec une grande habileté de l'ascendant que lui donnaient la victoire de Marengo et les événements heureux dont elle avait été suivie, il entama une négociation à Madrid, et il lui fut aisé de faire entendre au prince de la paix, ministre tout puissant du Roi catholique, que la Louisiane redevenue française, serait un boulevard pour le Mexique et un garant de la tranquillité du golfe.

Le 1er octobre 1800, un traité fut conclu à Saint-Ildephonse, et le troisième article est ainsi conçu : « Sa majesté catholique promet et s'en- « gage à rétrocéder à la république française, six « mois après l'exécution pleine et entière des con- « ditions et stipulations ci-dessus, relativement à

« S. A. R. le duc de Parme, la colonie ou pro-
« vince de la Louisiane, avec la même étendue
« qu'elle a actuellement entre les mains de l'Es-
« pagne, et qu'elle avait lorsque la France la
« possédait, et telle qu'elle doit être depuis les
« traités passés subséquemment entre l'Espagne
« et d'autres états. » Le traité de Madrid du 21
mars 1801 renouvelle ces dispositions, et l'article 1er contient le détail des conditions auxquelles la cession fut faite. C'était spécialement :
« que le duc régnant de Parme, en dédommage-
« ment de ce duché et de ses dépendances, et
« aussi à cause de la cession que le roi d'Espagne
« faisait de la Louisiane, serait mis en possession
« de la Toscane, sous le nom de royaume d'Étru-
« rie. » Ces stipulations qui ne purent être exécutées alors, devinrent ensuite la matière de beaucoup de griefs de la part des Espagnols, et la Louisiane resta quelque temps encore sous leur domination.

L'Espagne, réunissant en 1763 la Louisiane à ses vastes états d'Amérique, n'avait eu pour objet, ni d'étendre sa navigation, ni d'augmenter ses trésors. Elle suivait encore cette ancienne politique des nations barbares qui ne croyent leurs frontières en sûreté que quand de vastes solitudes les séparent des peuples puissants. Le voisinage de la France lui semblait moins à craindre que celui des États-Unis.

Les Anglais, les Américains cherchent les pays déserts pour s'y établir, et c'est par une population nombreuse que dans leurs colonies ils ont pourvu à la défense de leurs frontières. Mais la France était l'amie, l'alliée des Espagnols, et son contact n'était pas dangereux, puisque malgré des efforts continués pendant un siècle et demi, elle n'avait pu faire prospérer une seule colonie continentale.

L'Espagne, en consentant à la rétrocession, y mit pour condition, qu'elle aurait la préférence dans le cas où la France voudrait rétrocéder à son tour. On verra dans la suite les embarras qui résultèrent de cette stipulation.

Tandis que ces choses se passaient en Europe, la politique intérieure et extérieure des États-Unis venait d'éprouver un grand changement, et il eut tant d'influence sur le sort de la Louisiane, qu'il est nécessaire d'en faire connaître les principales circonstances.

Dès le temps de la présidence de Washington, deux systêmes de gouvernement avaient divisé les hommes d'état les plus distingués parmi les Américains : les uns, partisans outrés des principes de la démocratie, auraient voulu, en restreignant les pouvoirs du gouvernement supérieur, fortifier l'autorité de chacun des treize états, de toute celle qu'ils auraient enlevée à la confédération générale. Ce parti, appelé républicain ou démocrate, comptait dans ses rangs les hommes les plus capables. L'autre parti avait Washington pour chef, et ne pouvait en avoir un plus vertueux et plus digne de confiance. Ce grand homme se retira, après une présidence de huit années. Il eut pour successeur M. J. Adams, homme qui, peut-être trop persuadé de sa grande supériorité, avait fini par en persuader beaucoup d'autres. Mais parvenu à la présidence des États-Unis, il ne justifia entièrement ni sa propre confiance, ni celle du parti qui l'avait porté si haut. Il professait une grande admiration pour le gouvernement britannique ; on a même prétendu qu'il aurait vu sans en être alarmé la présidence des États-Unis transmise à vie au même président. Il ne dissimulait pas davantage son éloignement pour la nation française et le peu de cas qu'il faisait de son gouvernement. Le peuple américain cependant était loin de partager ses opinions. Une sorte d'instinct l'entraînait vers les doctrines et les principes que la révolution française avait adoptés, et dont la ferveur n'était pas encore ralentie.

C'est cette division entre les gouvernants et les peuples gouvernés qui perdit le parti d'Adams. Les fédéralistes, abusant du pouvoir pour éloigner les républicains de toutes les affaires, furent, après une régence de quelques années, décrédités dans la plupart des États de l'Union, et leurs efforts ne purent faire réélire M. John Adams à une seconde période de présidence.

M. Jefferson, le citoyen le plus distingué dans le parti républicain, lui succéda, et les affaires changèrent aussitôt de face.

M. Adams, malgré lui-même peut-être, mais cédant à l'opinion générale, avait entamé des négociations avec le directoire. Elles acquirent plus de consistance, lorsque Bonaparte eut pris les rênes du gouvernement. Cette négociation et celle de Madrid furent terminées en même temps. La convention avec les États-Unis fut signée à Paris le 30 septembre 1800, et le traité avec l'Espagne le fut à Saint-Ildephonse le lendemain, 1er octobre.

La guerre avec l'Angleterre durait encore. La cession de la Louisiane faite par l'Espagne à la France par le traité de Saint-Ildephonse, ne fut point encore rendue publique, et Bonaparte se garda bien de la divulguer par une prise de possession.

La paix maritime était pour la France la première condition d'une jouissance non contestée de cette acquisition ; mais il eût été embarrassant pour elle, en traitant de la paix avec l'Angleterre, de lui demander son consentement ou même une reconnaissance tacite ; la négociation en aurait été entravée, et peut-être elle eût été rompue. On ne peut douter que la Louisiane n'eût été attaquée par les Anglais et facilement conquise si, pendant la guerre, ils eussent été informés qu'elle était redevenue française. Dans de telles circonstances le secret était le plus sage parti que la prudence pût conseiller au cabinet des Tuileries qui venait de se former.

L'Angleterre s'était vue en effet dans la nécessité de prêter l'oreille à de nouvelles propositions de paix. Toutes les puissances s'empressaient de traiter avec Bonaparte, et les pacifications s'étaient succédé rapidement. Après avoir eu de nombreux alliés, la Grande-Bretagne était à la veille d'un entier isolement. On entama donc une négociation, dont le siège s'établit à Londres. Toutes les difficultés furent bientôt aplanies, et des préliminaires furent signés le 1er octobre 1801, un an après le traité de Saint-Ildephonse.

Le premier consul regardait alors la cessation de la guerre comme le plus sûr moyen d'affermir son autorité. Ceux qui observèrent de plus près sa conduite et entendirent ses discours, l'auraient cru animé d'intentions réellement pacifiques, si en même temps les conditions qu'il mettait à la paix définitive n'eussent été directement opposées aux maximes de la puissance avec laquelle il venait d'en signer les préliminaires. Il voulait une réciprocité entière et des tarifs égaux en matière de commerce. Il rappelait aux peuples de l'Europe que le nouveau droit maritime dont l'Angleterre prétendait dicter les articles, n'était qu'un abus de la force, et que toutes les autres puissances devaient s'unir pour en empêcher l'exercice. Il avait rehaussé leur courage par son propre exemple, et il espérait pouvoir ranimer cette ligue honorablement formée sous Louis XVI pour la libre navigation des neutres, et si malheureusement dissipée avant d'avoir acquis sa consistance. Disposé à faire une paix sincère, il n'en était pas moins persuadé de la nécessité d'user contre l'Angleterre elle-même des moyens par lesquels cette puissance entend soutenir sa suprématie sur les mers. Dans cet état de faiblesse où sont tombés tous les peuples que la navigation enrichissait auparavant, il était persuadé qu'en cas de nouvelles agressions, ils devaient s'accorder pour fermer aux vaisseaux anglais les ports du continent. C'est dans ces vues, encore mal développées, qu'il demandait que le traité assurât une navigation libre à tous les pavillons; que les forces navales des puissances maritimes fussent à la paix réduites à ce qu'exige la protection des côtes et des provinces que baigne la mer. Il voulait que leur destination, hors le temps de guerre, fût bornée à détruire les repaires et l'engeance des pirates, à cultiver la science navale plus utilement que ne peuvent le faire des navigateurs marchands, et enfin à donner au commerce l'assistance qui peut lui être nécessaire dans les circonstances difficiles.

Il y eut six mois d'intervalle entre les préliminaires et la paix d'Amiens, qui fut signée le 27 mars 1802. Cette lenteur contrariait l'impatience publique à Londres, où déjà des murmures s'étaient fait entendre. Cependant ces six mois avaient suffi pour apporter un grand changement dans la situation des affaires.

Un homme d'un génie élevé, d'un caractère absolu et tranchant, trop jeune pour avoir réfléchi sur les droits des autres nations et sur le danger de blesser leur indépendance, était sans cesse entraîné à ne rien omettre de ce qui pouvait augmenter sa propre gloire et rendre puissante et redoutée la nation dont il avait entrepris de diriger les destinées.

Les premiers actes de son gouvernement à la suite de ce traité, furent cependant d'un augure favorable pour la durée de la paix. L'amnistie générale pour fait d'émigration, fut comme un premier gage de sa sincérité (1). Des classes nombreuses de Français fugitifs, bannis et malheureux, furent peu à peu rappelées dans la patrie commune, malgré tant de lois menaçantes et barbares. Le besoin de relever les autels se

---

(1) Vingt avril 1802.

faisait sentir, et on y procédait sans intolérance comme sans fanatisme. Des lois sages furent proclamées et des traités de paix conclus avec diverses puissances. Dans cette même année, 1802, les finances de la France furent mises dans un état plus florissant qu'on ne les avait vues à aucune autre époque, et qu'elles ne furent vues ensuite.

Cette prospérité n'était point due à ces tributs étrangers qui depuis donnèrent au trésor une opulence passagère, source de haine et de représailles. On avait désarmé : loin de craindre de nouveaux impôts, on s'attendait à l'allégement des anciens et on comptait sur la durée de la paix, condition nécessaire du rétablissement de l'ordre.

La France trouvait dans la paix tous les avantages auxquels, depuis long-temps, elle avait aspiré; c'était, dans ses provinces du Nord, une frontière conforme aux grandes divisions que trace la nature, et qui, depuis des siècles, était le but de son ambition; c'était pour son commerce et sa navigation les plus justes espérances, si la possession de la Louisiane et la soumission de Saint-Domingue, agrandie de toute la partie qui avait appartenu à l'Espagne, lui eussent fait reprendre son rang parmi les puissances maritimes et les états commerçants.

La république, dans ces circonstances nouvelles, et sous un gouvernement sage et pacifique, pouvait, sans donner ombrage à ses voisins, atteindre un assez haut degré de prospérité. La paix, vivement désirée en Angleterre pendant les derniers temps de la guerre, y avait fait accueillir les préliminaires avec cette joie et cet enthousiasme qui sont l'expression de l'assentiment des peuples.

Mais ces sentiments de bienveillance ne furent pas de longue durée. On ne tarda pas à s'apercevoir que le génie de Bonaparte, si vigilant, si propre à concevoir et agir pendant la guerre, ne se résignerait pas pour long-temps au repos de la paix. Bientôt on le vit diriger son activité vers le commerce extérieur, et se porter avec ardeur vers la navigation et les colonies, qui, avant la révolution, assuraient à la France des avantages que la paix ne lui avait pas fait recouvrer. Alors cette ambition, toute légitime qu'elle était, éveilla dans le gouvernement anglais ces méfiances et ces craintes dont ne peuvent s'affranchir les ministres effectivement responsables.

Ce fut dans l'intervalle qui s'écoula entre les préliminaires et la paix définitive, que le consul se fit reconnaître président de la république italienne. Le ministère anglais ne crut pas devoir, pour cette cause, rompre les négociations, et il s'abstint même de faire des observations sur un acte aussi extraordinaire.

Bonaparte avait été nommé, dès 1799, premier consul pour dix ans. Le 8 mai 1802, un sénatus-consulte ajouta dix années aux premières. Trois mois après, il fut nommé à vie, avec le droit de désigner son successeur. L'Europe s'étonnait de ces nouveautés, quand d'autres sénatus-consultes répandirent des alarmes encore plus vives. Ces actes, d'une espèce nouvelle dans le droit public de l'Europe, réunirent successivement à la France diverses contrées, sans autre motif que le droit de convenance, et le premier consul dédaignait même d'entrer en explication sur ces entreprises hardies. C'est du parlement d'Angleterre que sa fierté reçut la première leçon.

Les opinions peuvent se manifester dans ces assemblées avec une publicité qui, si elle est quelquefois indiscrète, a l'avantage inestimable de tenir les gouvernements sans cesse en garde contre leurs propres fautes; de leur faire connaître les désirs et les sentiments des peuples; de leur apprendre tout ce qui se rapporte au bien du pays; et de les éclairer sur ses véritables intérêts. La vérité ainsi rendue publique profite à tous, et souvent même les censures dont les ministres se montrent le plus offensés, sont celles dont en secret ils espèrent tirer le plus de profit : c'est ce qui arriva dans cette conjoncture.

Les sessions du parlement, des années 1802

et 1803, furent remarquables d'abord par l'habileté de ceux qui attaquèrent les conditions de la paix (1) et de ceux qui la défendirent, et, plus tard, par l'accord de tous les partis dans les dispositions nécessaires pour recommencer la guerre. Nous ne rapporterons de ces discussions que ce qui est relatif à la Louisiane, et aux intérêts de la France et de l'Angleterre en Amérique.

L'adresse de la chambre des communes, à l'ouverture de la session de mai 1802, contenait ces paroles remarquables : « La chambre compte « sur la sollicitude de Votre Majesté pour em-« pêcher toute usurpation de nos richesses, de « notre grandeur et de notre puissance navale. »

Les premiers débats n'eurent rien cependant qui annonçât une rupture prochaine. Des hommes d'état distingués approuvaient la pacification. Ils croyaient qu'il est d'une mauvaise politique de tenir une nation rivale dans un état d'infériorité et dans l'impuissance de déployer les moyens de prospérité dont elle est redevable à son génie, ou qu'elle tient de la nature; qu'il n'y a point de réconciliation sincère s'il n'y a une utilité réciproque, et que c'est ainsi que la générosité profite à ceux mêmes qui l'exercent. « Souffrons, di-« saient ces hommes, souffrons que les Français

---

(1) Signée le 27 mars 1802.

« aient à cœur la gloire et le bonheur de leur
« pays, ainsi que nous désirons la gloire et le
« bonheur du nôtre. La France n'a obtenu par la
« paix que des avantages propres à sa situation;
« ils seront les plus sûrs garants de sa tranquillité,
« de sa modération au-dehors, et le gage du con-
« tentement et du repos des peuples au-dedans. »

C'est vers le même temps que le projet de re-
conquérir Saint-Domingue fut mieux connu ; il
contribua puissamment à réveiller la jalousie que,
si souvent, nos prospérités avaient inspirée à l'Angleterre. « Cette expédition, dit un orateur en
« s'adressant à la chambre des communes, est
« formidable, et l'archipel de l'Amérique n'en vit
« jamais de pareille. Elle semble menacer Tous-
« saint-Louverture; mais nous verrons peut-être
« les Français tourner les régiments noirs de ce
« chef vers la conquête de la Jamaïque. » Le
chancelier de l'Échiquier ne prévoyant que trop
aisément l'avenir, répondit : « Cette expédition
« devrait être pour nous un sujet de tranquillité
« plutôt que d'alarme; car l'usurpation de l'au-
« torité par les noirs est un événement vraiment
« à redouter, et qui compromet la sûreté et le
« repos de nos colonies occidentales. »

Plusieurs articles du traité donnèrent lieu à
des discussions plus vives, et les ministres, dont
la dernière paix était l'ouvrage, furent défendus
par leurs propres amis avec si peu de chaleur,

que dès-lors on se permit une imputation trop grave pour qu'elle puisse être légèrement accueillie. On condamna la facilité avec laquelle le général Cornwallis, homme de guerre estimé, mais nouveau dans les négociations, avait acquiescé, à Amiens, à plusieurs demandes de la France. C'était, disait-on, une preuve qu'on n'avait voulu que gagner du temps.

Ces détracteurs de la paix n'étaient pas aussi nombreux, mais ils étaient plus bruyants que ses partisans : ils voulaient établir, comme un point de droit public, qu'aucun changement de domination, aucune accession de territoire ne doit avoir lieu, soit en Europe, soit même en Amérique, sans l'acquiescement de l'Angleterre.

Déjà trente ans auparavant, et tandis que la Grande-Bretagne étendait sa domination sur les plus belles parties de l'Asie, sans qu'aucune puissance eût songé à lui demander compte de ses conquêtes, on avait vu sa jalousie portée jusqu'à vouloir faire la guerre à la France et à l'Espagne, pour empêcher cette dernière puissance d'occuper quelques îles entièrement désertes au voisinage du détroit de Magellan.

L'opposition blâmait lord Cornwallis de n'avoir pas exprimé une clause usitée, suivant laquelle tous les traités antérieurs étaient maintenus et confirmés, en tant qu'ils n'étaient pas contraires au dernier. Cette omission, disait-on, est une validation indirecte de l'abandon fait par l'Espagne à la France de la moitié de l'île Saint-Domingue, par le traité de Bâle. Le silence du traité d'Amiens est comme une confirmation de la réunion de la Belgique à la France; réunion bien menaçante pour l'Angleterre, puisque les rivages de cette province sont en face de la Tamise, et pour ainsi dire vis-à-vis de Londres même. En un mot, ne point rappeler les anciens traités, et notamment celui d'Utrecht, celui de Fontainebleau, c'est mettre en question les droits de l'Angleterre sur l'Acadie, le Canada et l'Ile-Royale. Ainsi les Anglais réclamaient alors les stipulations convenues à Utrecht, et peu d'années après ils tinrent pour abrogées celles du même traité qui avaient consacré les droits de la neutralité. Les clameurs, au sujet de la cession de la Louisiane à la France, étaient encore plus vives. « Elle blessait essentiellement, disait-on, « les intérêts de l'Angleterre. Les ports que la « France allait avoir à sa disposition facilite-« raient ses stations navales, et multiplieraient les « dangers des colonies anglaises en cas de guerre. « Le Canada, limitrophe de la Louisiane septen-« trionale, serait bientôt exposé aux entreprises « des Français. Ils finiraient par prendre sur les « États-Unis un ascendant, qui entraînerait tôt « ou tard ces républiques dans une alliance con-« tre la grandeur navale de l'Angleterre et la su-

« périorité de son pavillon. La Nouvelle-Orléans
« était la clef du Mexique; les deux Amériques
« devaient s'alarmer d'un changement qui me-
« naçait surtout les royaumes d'Espagne dans ce
« grand continent; et le cabinet de Madrid n'a-
« vait pu donner son consentement au traité de
« cession qu'en obéissant à la force. S'il eût été
« connu des chambres quand les préliminaires
« leur furent communiqués, elles se fussent ar-
« rêtées avant de les approuver. Mais les minis-
« tres eux-mêmes l'avaient connu avant de signer
« le traité définitif, et ils sont inexcusables de
« ne l'avoir pas considéré comme un obstacle à
« la pacification. »

Lord Hawkesbury crut devoir donner des explications, et sa réponse mérite d'être rappor-
tée. « Pour juger de la valeur de la Louisiane
« entre les mains des Français, dit-il, rappelons-
« nous que déjà ils l'ont possédée long-temps
« sans pouvoir la faire prospérer; et cependant,
« à la même époque, ils avaient tiré un très-grand
« parti de leurs colonies insulaires. A l'égard des
« États-Unis, ce changement ne les expose à au-
« cun danger. J'ai une trop haute idée de leur
« pouvoir et de leurs ressources, pour que ce
« voisinage me semble alarmant pour eux. Si ce-
« pendant il en était autrement, leurs alarmes
« ne pourraient que les conduire à s'unir plus
« étroitement avec nous. »

Ce ministre fit même entendre ces autres paroles, si étranges dans la bouche d'un homme d'état : « Nous n'avons voulu faire qu'un essai « de la paix (1). » Lord Hawkesbury s'exprimait ainsi immédiatement après la signature d'un traité, dont on s'était promis réciproquement d'exécuter tous les articles sincèrement et de bonne foi. De telles paroles échappent quelquefois à un orateur qui, voulant plaire ou persuader, oublie qu'elles retentiront ailleurs que dans la chambre à laquelle il s'adresse.

Cependant, l'explosion du mécontentement public en Angleterre ne permit pas au premier consul de se faire long-temps illusion. Il put, dès-lors, juger de l'effet que produirait la connaissance du dessein qu'il avait d'assurer à la France des prospérités commerciales en Amérique, et de lui créer de grands intérêts maritimes.

Les pacifications qu'il dictait à la suite de ses victoires le laissaient seul redoutable en Europe, et il était maître de les exécuter à son gré, tandis qu'il pouvait prescrire une obéissance pour ainsi dire muette aux autres puissances; cette situation forcée ne pouvait avoir de durée qu'autant qu'elles seraient hors d'état de la changer. Mais Napoléon, qui ne prévoyait pas alors un retour prochain de la guerre, entraîné au con-

---

(1) An experimental peace.

traire par son caractère vers les résolutions promptes et décisives, crut devoir procéder sans délai à l'exécution du plan qu'il avait formé. Il consistait à soumettre d'abord la colonie rebelle, en y faisant passer des forces si considérables qu'il fût autorisé à regarder le succès comme infaillible. Après la réduction des révoltés, une partie de l'armée devait être transportée à la Louisiane.

Les événements dont Saint-Domingue fut alors le sanglant théâtre, sont étroitement liés à l'histoire du traité de cession. Nous anticiperons donc sur la suite du récit principal, et nous dirons sommairement quelle fut l'issue de l'entreprise qui avait pour objet le rétablissement de la domination française dans cette île.

A la fin du dernier siècle et après d'affreuses catastrophes, fruits d'un affranchissement imprudemment proclamé, l'ordre avait commencé à se rétablir dans cette belle colonie. Mais bientôt l'ambition avait armé un homme de couleur et un noir, et la rivalité de ces deux hommes avait rallumé une guerre civile que la métropole n'avait point excitée, mais qu'elle vit peut-être sans mécontentement.

Les deux factions et les deux chefs professaient à l'envi leur attachement à la France, et il était difficile de ne pas y croire; car les uns et les autres avaient également contribué à l'expulsion des Anglais. Mais les caractères de leur fidélité se ressentaient de la différence de leurs castes. Rigaud, mulâtre libre de race, avait voulu, en remettant la colonie à la France, maintenir l'esclavage et conserver à son parti les habitations conquises sur les blancs, ou émigrés, ou alliés de nos ennemis. Il joignait à une capacité remarquable l'avantage d'une éducation soignée. Il s'était fait chef de tous les gens de couleur nés libres ou affranchis avant la révolution. Ces hommes, la plupart propriétaires de noirs, refusaient d'obéir aux lois de la convention, qui, en proclamant l'abolition de l'esclavage, ne leur laissaient qu'une terre sans valeur, et ils ne concevaient pas qu'elle pût être cultivée autrement que par les bras des esclaves. La liberté leur semblait d'ailleurs bien moins précieuse depuis que la multitude était admise à en jouir comme eux. Ce chef commandait dans le sud de l'île une armée composée d'environ six mille hommes mulâtres et noirs, et de quelques blancs. Cette troupe lui était fort attachée ; mais une haine, tantôt publique et déclarée, tantôt secrète et dissimulée, divisait ces mulâtres et ces noirs, encore que sous son commandement ils suivissent les mêmes drapeaux.

Toussaint-Louverture, noir et autrefois esclave, commandait au Cap et dans toutes les contrées du nord et du centre de la colonie. Il avait rappelé les anciens propriétaires émigrés, les avait protégés et leur avait rendu leurs terres, en exceptant seulement de la restitution quelques habitations envahies par ses amis et par lui-même. Mais il ne s'était montré généreux que dans les temps de tranquillité. Bien différent dans la guerre, et persuadé qu'il faut la faire sans miséricorde lorsqu'une fois l'épée est tirée, il poussait ses succès sans donner relâche à son adversaire, et, s'il éprouvait un revers, il croyait le venger par le pillage et l'incendie. Ses ennemis l'ont accusé d'hypocrisie et de dissimulation. Il fut, ont-ils dit, froidement cruel, et l'extermination des blancs entrait dans le plan qu'il avait formé pour rendre la colonie indépendante. Ses partisans en ont fait un héros et un homme d'état.

On peut juger Toussaint plus impartialement d'après sa vie. Forcé dans son enfance à l'obéissance d'un esclave, des événements imprévus le rendirent soudainement l'égal des blancs, et il le fut sans embarras, sans arrogance. Il oublia complètement ce qu'il avait souffert dans sa première condition, et on le vit généreux, même à l'égard de plusieurs dont il avait eu à se plaindre. Son activité et sa force étaient prodigieuses, et il se transportait, suivant la nécessité des circonstances, d'une extrémité de la colonie à l'autre avec une promptitude extraordinaire. Vigilant, sobre et tempérant, il quittait la table et renonçait à tout délassement aussitôt qu'une affaire demandait son attention. Juge intègre, sans science et sans étude; général habile le jour où il cessa d'être simple soldat, il était cher à son armée, et les nègres obéissaient avec une sorte d'orgueil à un homme de leur couleur qu'ils croyaient supérieur, ou au moins égal à l'homme le plus distingué de l'espèce blanche.

Il avait compris qu'une société sans travail et sans industrie tombe bientôt dans un état de barbarie, et il avait ranimé l'agriculture par des réglements qui avaient eu les plus heureux effets. Les produits privilégiés, aliment précieux d'un commerce florissant, étaient devenus presque aussi abondants qu'autrefois; mais leur destination était bien changée. Les habitations étaient séquestrées, et la plus grande partie des revenus étaient versés dans les caisses de la colonie au lieu d'être envoyés en France. Toussaint et son gouvernement ont donc disposé d'une richesse immense, et c'est ce qui l'a fait croire possesseur d'un grand trésor caché. Rien n'autorise suffisamment cette conjecture. Il exigeait du travail, non pour thésauriser, mais parce qu'il est une des conditions de l'état social. « J'entends, « disait-il souvent, unir la liberté et le travail. » Ce fut là le but de toutes ses actions. Aussitôt qu'il le vit compromis, cet homme, dont l'ame n'avait pas été sans élévation, devint soupçonneux et implacable. Il vit sans pitié couler le sang de quiconque fut convaincu d'avoir mis en danger cette liberté qui lui était si chère, pour lui et pour tous ceux de sa couleur, et il cessa de traiter les affaires avec la franchise et la bonne foi qui aplanissent toutes les difficultés. A l'entendre, ce fut le salut des noirs, ce fut son propre salut qui l'obligea d'opposer l'astuce à la perfidie; et les intelligences secrètes qu'il eut avec les émissaires du gouvernement de la Jamaïque, furent nécessitées par l'état où se trouvait Saint-Domingue quand il en fut reconnu le maître.

Son armée était composée, en 1800, d'environ douze mille noirs. La guerre entre les hommes que la couleur de la peau distingue les uns des autres, est toujours terrible, parce qu'ils finissent par se croire de deux espèces différentes; et si un mulâtre et un noir se rencontraient, chacun voyait un ennemi. Les moindres hostilités avaient donc un caractère d'extermination à peine connu parmi les sauvages. La trahison et les attentats secrets avaient détruit dans cette colonie, encore plus de créatures humaines que les combats. Rigaud, trop faible contre des adversaires infiniment supérieurs en nombre, avait cru devoir abandonner une partie inégale, et s'était réfugié en France. Toussaint fit une constitution pour la colonie; il l'envoya au premier consul qui en eut un vif mécontentement, et déclara qu'elle ne s'exécuterait jamais.

Tel était l'état des affaires quand Bonaparte, sur la foi des préliminaires de Londres et près de conclure la paix définitive, conçut le dessein d'envoyer à la colonie une flotte et une armée de débarquement sous le commandement du général Leclerc, son beau-frère. Dix-huit mille hommes de troupes furent d'abord embarqués sur trente vaisseaux de ligne; car on avait craint, en frêtant des navires de transport, de donner trop d'éclat à une expédition qu'on voulait tenir secrète. Elle fut cependant bien connue à Saint-Domingue, et les Anglais ne négligèrent pas d'en avertir les mulâtres et les noirs.

Les soupçons et la jalousie sont l'état ordinaire des cabinets entre eux, et au moment même où ils se donnent des témoignages d'une entière confiance, ils craignent, non-seulement les perfidies probables, mais encore toutes celles qui sont possibles. Quoique le premier consul ne fût que depuis peu de temps à la tête des affaires, on croyait le connaître, et on ne comptait pas assez sur sa probité politique pour qu'une simple déclaration rassurât sur ses intentions véritables.

D'autres forces de terre et de mer furent successivement envoyées. Il y avait eu une émulation extraordinaire parmi les officiers français pour être de cette expédition. Habitués à la gloire, compagne des grands succès, ils n'avaient pressenti aucun des dangers auxquels sont exposés ceux qui vont affronter le soleil, et même l'air de la nuit entre les tropiques. On avait regardé comme une haute faveur d'être de l'expédition, et le nombre des généraux et des officiers, comparé à celui des soldats, surpassait de beaucoup les proportions ordinaires. Une partie de ces forces était composée d'Espagnols et d'Allemands : on y comptait aussi des Polonais. Ces légions, qu'on avait tirées de leur pays pour concourir aux grands événements qui avaient changé la face de l'Europe, étaient devenues embarrassantes en France dans le nouvel état de paix. On imagina de les envoyer à Saint-Domingue. Ainsi ces soldats, dont plusieurs étaient à peine affranchis de la servitude, furent destinés à remettre dans les liens de l'esclavage des Africains avec lesquels ils n'avaient rien à démêler. Les troupes françaises débarquèrent le 3 février 1802. A l'arrivée de ces forces, le général noir Christophe mit le feu au Cap-Français, et cette belle ville fut en partie consumée. Les noirs se firent une loi de dévaster, de ruiner leur propre pays, de brûler les habitations, pour priver l'ennemi des ressources qu'il y aurait trouvées. Ces fureurs et ces incendies n'annoncèrent que trop les malheurs qui suivirent. On vit dès les commencements les européens, vainqueurs des noirs dans un grand nombre d'actions, vaincus par le climat, et c'est ainsi que les succès étaient balancés. Déjà il ne s'agissait plus de rébellion : c'était ce qui, entre deux peuples indépendants, est appelé la guerre.

Un grand changement avait suivi l'abolition de l'esclavage. Pendant un siècle et demi une terreur habituelle avait tenu les noirs dans la plus abjecte soumission envers leurs maîtres. Ils avaient alors une telle idée de la supériorité de l'espèce blanche, que dans les bois les plus épais et les plus solitaires, la vue d'un blanc eût suffi pour frapper vingt noirs d'épouvante. Ce pouvoir presque surnaturel, évanoui à la proclamation de la liberté, s'était tout-à-coup renouvelé à l'arrivée d'une armée nombreuse de troupes blanches, et pendant quelque temps il ne fallait qu'une simple patrouille pour mettre en fuite un bataillon de noirs. Quelques-uns cependant résistèrent avec succès ; et alors presque toutes les rencontres devinrent des combats. Ces blancs redoutés si long-temps comme des êtres d'une espèce supérieure, ne furent plus que des ennemis ordinaires quand les nègres eurent reconnu qu'il était si facile de les faire prisonniers ou de leur donner la mort. Ils se rassurèrent de jour en jour, et bientôt, partout où les Français étaient en petit nombre, on avait pour mot de ralliement : « tuons nos oppresseurs. » Les mulâtres et les nègres libres exerçaient d'atroces vengeances sur les blancs ; ils étaient à leur tour précipités par centaines dans la haute mer, et la vue de leurs cadavres rejettés par les flots sur le rivage, poussait cette race infortunée à d'horribles représailles. Là où ils ne pouvaient massacrer, ils incendiaient.

Leclerc commit encore plus de fautes dans sa conduite politique que comme général d'armée. On doute cependant si ces fautes ne doivent être imputées qu'à lui. On avait voulu de Paris gouverner toutes ses opérations. Ses instructions patentes portaient qu'il se servirait de l'influence des anciens libres pour ramener toute la population nouvellement affranchie à un état moyen qu'on voulait assimiler à la servitude de la Glèbe. Il avait aussi été autorisé à faire espérer que les propriétés seraient bientôt rendues aux anciens possesseurs. Il le proclama, et ses actions publiques furent d'abord conformes à ces proclamations ; elles ne satisfaisaient complètement aucun parti.

Mais un autre dessein dont le premier consul lui avait confié le secret, consistait à convertir les propriétés d'émigrés en bénéfices militaires, et à dédommager par ces richesses usurpées, les généraux et officiers à qui la paix d'Amiens avait fermé en Europe la carrière de la gloire et de la fortune. On est fondé à croire que plusieurs d'entr'eux n'eussent pas voulu profiter de cette spoliation; elle eût d'ailleurs été d'une exécution difficile. Les nègres, quoique déjà ramenés au travail par Toussaint et par ses lieutenants, eussent résisté à des maîtres nouveaux qui n'auraient eu sur eux que le droit de conquête. Celui de propriété, résultant d'un prix d'acquisition, était consacré par tant de siècles que l'esclave même avait fini par le croire respectable. On avait averti le premier consul, mais sans le convaincre, que s'il était un moyen de rétablir la discipline et même l'esclavage, c'était de rappeler sur leurs habitations les maîtres auxquels les noirs avaient si long-temps appartenu. A leur vue l'habitude, la crainte, l'affection, cette conscience dégradée qui, dans une condition abjecte avilit l'homme à ses propres regards, eussent rendu l'obéissance plus facile.

Leclerc entama l'exécution de l'injuste projet d'une distribution de terres à quelques officiers. Il fut presque aussitôt forcé d'y renoncer, parce qu'il n'eut qu'une possession courte et précaire des différentes parties de la colonie. Il eut recours à d'autres expédients. Mais toujours, au lieu de se résigner à des concessions sincères, on prodiguait des promesses fallacieuses ; on montrait tantôt de la modération, tantôt des rigueurs et jamais de franchise et de fermeté.

On avait persuadé au premier consul que si Rigaud retournait à Saint-Domingue, sa présence ferait éclater une scission entre les mulâtres et les noirs, et que suivant la maxime vulgaire, cette division accroîtrait l'autorité du gouvernement français. Il fut donc envoyé pour servir sous le général en chef; mais quand il partit de France, on ignorait le changement survenu dans les dispositions de Leclerc et de ses conseillers envers les mulâtres. Cette caste, qu'on avait feint d'abord de vouloir employer comme auxiliaire, était devenue l'objet des soupçons et de l'envie des familiers du général français. Rigaud, accueilli à son nouveau retour par tous les gens de sa couleur avec des transports de joie, inspira un grand effroi à la population blanche; Toussaint aussi s'alarma de la présence de cet ancien ennemi, et Rigaud fut rembarqué pour la France par les ordres de Leclerc. Les autres mulâtres s'aperçurent bientôt qu'après qu'on les aurait employés contre les noirs, ils seraient sacrifiés à leur tour. Fatigués par l'espionnage et les accusations, ils devinrent autant d'ennemis secrets. Toussaint-Louverture se tenait sur une défensive qui différait peu d'un état hostile. Il parut un moment se résigner à la retraite, mais il ne tarda pas à reconnaître que celui qui fut une fois tout puissant par les armes et chef souverain du gouvernement, ne peut sans danger retourner à l'obscurité. Les partis le recherchèrent, et il se rengagea dans des intrigues qui ne furent pas long-temps secrètes. Leclerc, après des hésitations, crut devoir ouvrir avec lui une négociation directe car déjà la guerre et le climat avaient fait périr 8000 européens.

On usa d'abord des plus grands ménagements envers Toussaint. Se fiant à des paroles d'amitié qu'on lui fit porter par ses enfants, il se rapprocha par degrés du général en chef.

Traitant encore de pair à pair avec les généraux français, il consentit à poser les armes, aux conditions suivantes : « Le domaine souverain de « l'île rendu à la France, le sol, les édifices et « les droits immobiliers aux anciens proprié- « taires ; la liberté aux esclaves en travaillant « moyennant salaire. » Ces propositions dont la sincérité parut douteuse, furent rejettées avec hauteur, et, après avoir renvoyé en France le chef des mulâtres, on conçut le dessein de priver les noirs d'un chef encore plus redoutable.

Une violence et des ruses, qu'en vain on a voulu justifier, mirent Toussaint au pouvoir de Leclerc. Ce général le fit embarquer pour France. Les noirs ne pressentirent que trop le sort qu'éprouverait l'idole qu'on enlevait ainsi à leur affection et à leur cause. Mais les blancs commencèrent à se rassurer. Ils purent croire, pendant quelques mois, que la colonie était rentrée sous l'obéissance de la république française. Le commerce se livrait à la confiance ; plusieurs propriétaires revenaient sur leurs habitations. Les noirs se voyant sans guide, paraissaient dans la stupeur; mais cette violation manifeste de la foi promise, avait répandu parmi eux une indignation secrète et le désir de la vengeance. On avait détruit la confiance des mulâtres par le renvoi de Rigaud : on excita le ressentiment des noirs quand on déroba Toussaint à leur affection. Bientôt ces ressentiments éclatèrent, le soulèvement fut général parce qu'il fut raisonné : la perfidie retomba sur les perfides dont toutes les proclamations passèrent dès lors pour d'insignes mensonges, et pas un seul noir ne resta fidèle aux Français.

La flotte et l'armée de terre avaient été au départ abondamment pourvues de tout ce qui était nécessaire pour six mois; ceux qui avaient conseillé l'armement, n'avaient pas manqué, pour écarter toutes les objections, de dire qu'il suffisait d'assurer ainsi les premiers approvisionnements; qu'une colonie aussi riche offrait d'immenses ressources, et que la guerre nourrirait la guerre. Mais bientôt on éprouva la difficulté de combiner de vastes opérations dans un pays dénué de la plupart des choses nécessaires à une armée venue d'Europe. Le commandant en chef s'était imaginé, qu'allié du premier consul, il pourrait, étant au lieu de sa destination, subordonner tous les intérêts à celui de faire réussir son entreprise. Les besoins allaient croissant de jour en jour. En pareille circonstance un général éloigné de quelques mille lieues de toute autorité supérieure à la sienne, pousse jusqu'à ses dernières conséquences ce principe : « Il faut « que je fasse vivre mon armée. » On revit ce qui, quarante ans auparavant, était arrivé au Canada et dans l'Inde. La colonie apprit à connaître les réquisitions contre lesquelles la France entière s'était soulevée ; les emprunts forcés, et tout ce qui pouvait l'irriter contre ses prétendus libérateurs. Les embarras ne furent point diminués par ces abus d'autorité, et dans la détresse que l'armée éprouvait, les chefs, en s'emparant de tout ce qui pouvait leur être utile, prirent le parti d'en faire le paiement en lettres de change sur le trésor de France. Destinées d'abord à satisfaire de véritables besoins, bientôt on les fit servir à récompenser les amis et à apaiser les mécontents. Ceux qu'on avait dépouillés à titre de réquisition, trouvaient ensuite moyen de régler à l'amiable le tarif de leurs marchandises et leurs dommages ; et comme les prix, ainsi stipulés, ne coûtaient que l'embarras de fabriquer des traites, elles furent données avec une telle profusion, que le trésor de France en vit présenter en peu de temps, pour plus de soixante millions. On envoya demander des secours et du crédit aux États-Unis. Tous ces moyens ne purent suffire; car dans un dessein avorté, le désordre n'a point de bornes.

D'autres chefs s'élevèrent à la place de Toussaint-Louverture. Dessalines, qui prit le commandement de l'armée noire, lui était fort inférieur en capacité. Il était doué cependant d'un caractère vigoureux et persévérant. Naturellement sanguinaire, il avait, par la terreur et les exécutions, pris une grande autorité sur les noirs. Son armée s'augmentait chaque jour de ceux qui abandonnaient les travaux des habitations. Le mois d'août, si funeste aux européens, était arrivé, et l'armée française s'affaiblissait par des pertes irréparables. Les équipages de plusieurs navires marchands furent réduits au quart. La débauche, des boissons fortes, des aliments malsains contribuèrent aussi à détruire l'armée, et une épidémie, plus meurtrière que le fer des nègres, porta ses affreux ravages dans les camps français.

Le général en chef, neuf mois après son arrivée, atteint d'une maladie mortelle, commençait à se reprocher les fautes que son inexpérience et des conseils intéressés lui avaient fait commettre. Il mourut le 2 novembre 1802 de chagrin autant que de l'insalubrité du climat.

Rochambeau prit le commandement après lui. Des renforts considérables furent envoyés; il obtint d'abord quelques avantages. Mais après une année de succès et de revers, il fut réduit à s'enfermer dans le cap avec les débris de son armée. Assiégé par les nègres du côté de la terre, bloqué du côté de la mer par une escadre anglaise, il eut recours à quelques mesures désespérées pour prolonger sa résistance. Il mit sur les habitants des contributions qui ne purent être levées que par des actes violents. Un négociant, qui peut-être avait épuisé tous ses moyens, prétendit qu'il ne pouvait payer la somme à laquelle il était taxé. Le général le fit fusiller, et les noirs eux-mêmes virent cette exécution avec horreur. Il capitula le 18 novembre 1803 avec Dessalines pour l'évacuation, et le 29 avec les Anglais pour leur livrer les vaisseaux et les bâtiments de guerre et du commerce. Six à sept mille blancs, habitants et soldats, reçus à bord de la flotte anglaise, s'estimèrent heureux d'être ainsi soustraits à la fureur des révoltés.

Ces exilés volontaires se réfugièrent à Saint-Domingo, à la Louisiane, aux États-Unis, à Cuba, à la Jamaïque: quelques-uns étaient dans le dénuement, et ils attendaient de meilleures circonstances qui n'arrivèrent jamais. D'autres avaient, dans un temps opportun, envoyé quelques esclaves avant eux dans ces différentes contrées ; ils y portèrent leur activité et leur expérience, et c'est ainsi que ces pays s'enrichirent de leur dispersion et de la ruine du plus riche établissement de culture et de commerce que le monde ait jamais vu.

Dessalines s'était fait nommer général en chef de l'armée. Plusieurs habitants blancs, se fiant imprudemment à ses promesses solennelles (1), étaient restés dans la colonie. Le 1er janvier 1804, environ un mois après l'évacuation et le départ des Français, il déclara l'indépendance. Il continuait à tenir un langage propre à rassurer les propriétaires blancs. Mais bientôt averti, ou prétextant qu'on préparait un mouvement et des insurrections contre lui, ses craintes, et encore plus sa férocité naturelle, le portèrent à d'épouvantables excès. Il répétait que, si jamais les Français étaient rétablis sur leurs habitations, ils seraient forcés, pour leur propre conservation, d'appesantir les fers de l'esclavage ; qu'il n'y avait plus de milieu pour les noirs entre la liberté et la plus horrible servitude, et que de l'entière extermination des blancs dépendait le salut de la colonie. De toutes parts alors, d'affreuses paroles retentirent et annoncèrent un massacre général. « Vengeons-nous sur ces tigres

---

(1) Proclamation de Dessalines, du 25 novembre 1803.

« altérés de notre sang : l'Éternel nous commande
« de répandre le leur. Si un seul d'entre nous
« éprouve quelque pitié, qu'il fuie, il est indigne
« de respirer l'air pur de la liberté auguste et
« triomphante. »

Il parcourut la colonie du sud au nord, marquant son passage par le massacre de tous les blancs qu'on pouvait découvrir. On les rassemblait par centaines, et lorsqu'ils étaient ainsi réunis, il prenait plaisir à les voir tués à coup de sabre, ou fusillés. Ces exécutions commencèrent aux Cayes, en février 1804, et furent continuées de ville en ville jusqu'au Cap, où il redoubla ses fureurs. Le massacre y dura depuis la fin d'avril jusqu'au 14 mai. Ni l'âge, ni le sexe ne furent épargnés; et les outrages à la pudeur précédaient souvent le meurtre. Le nombre de toutes ces victimes fut de 2,420.

J'ai réuni en peu de mots les circonstances principales des désastres de Saint-Domingue. La perte et la ruine de cette magnifique possession ont causé aux affaires commerciales de la France des dommages que l'industrie et l'activité intérieure pourront réparer. Mais une autre direction doit être donnée au commerce, et on y parviendra à l'aide d'un changement que l'état nouveau des anciens royaumes d'Espagne en Amérique rend facile. A ne considérer ces revers irréparables que sous le rapport du plan général que le premier consul avait formé, il suffit de dire que la Louisiane avait été destinée à approvisionner cette autre colonie, en vivres, en bestiaux, en bois; et puisque Saint-Domingue était perdu pour la France, la Louisiane perdait aussi une partie de son importance; mais ces malheurs n'étaient pas encore connus de Bonaparte. Il espérait faire servir une colonie à la conservation de l'autre, et il s'occupait de sa nouvelle acquisition avec une sorte de prédilection.

Il se plaisait à croire que, malgré une si longue séparation, les Louisianais avaient conservé leur affection pour leur ancienne patrie, et qu'ils s'estimeraient heureux de redevenir Français. Au souvenir des regrets manifestés lors de la cession faite à l'Espagne, trente-cinq ans auparavant, il se persuadait que le rétablissement de la domination française serait le sujet d'une allégresse générale. Il avait été induit dans cette erreur à la lecture de lettres écrites de la Nouvelle-Orléans par quelques-uns des colons de Saint-Domingue qui s'y étaient réfugiés. La cession ranimait toutes leurs espérances; car les deux colonies étant voisines, celle qui était tranquille pouvait faciliter dans l'autre le retour des noirs à la soumission, donner des secours, et surtout fournir des subsistances à l'armée envoyée pour en faire la conquête, et alors encore on conserverait l'espérance du succès.

Mais si ces colons, dépouillés de leurs richesses, avaient intérêt à attirer dans leur cause les habitants de la Louisiane, les Louisianais eux-mêmes avaient des intérêts contraires. Ceux-ci étaient fondés à craindre pour eux-mêmes les calamités qui, depuis plusieurs années, désolaient les autres colonies de la France. Saint-Domingue était la plus troublée et la plus malheureuse de toutes. Les colons répétaient avec effroi à la Nouvelle-Orléans, ces paroles, que le premier consul avait fait proclamer en son nom, dans la colonie révoltée, et qu'il y adressait à toutes les classes : « Habitants de St.-Domingue, « quelle que soit votre couleur et votre origine, « vous êtes tous libres, tous égaux devant Dieu « et devant la République. » Le général Leclerc, arrivant dans la colonie, avait dit : « Je promets « la liberté à tous les habitants. »

Il est vrai que peu de mois après, ces promesses avaient été rétractées par une loi, dont les dispositions entièrement contraires, rétablissaient l'esclavage et autorisaient la traite comme avant 1789.

Rien n'est plus propre à détruire la confiance que ces variations dans la volonté de ceux qui gouvernent, et que ces espérances données et retirées suivant les circonstances et les intérêts du moment. Les communications sont promptes et faciles entre le Cap-Français et la Nouvelle-

Orléans, et peu de semaines s'écoulaient sans qu'on fût informé de quelque malheur nouveau arrivé à Saint-Domingue.

Les blancs travaillent eux-mêmes à la terre dans quelques quartiers de la Louisiane : mais les grandes plantations et les plus riches sucreries sont cultivées par des esclaves noirs. Les libres les dirigent par des commandeurs esclaves, et l'esclavage des noirs est réputé une condition nécessaire de la richesse des blancs. Parmi les colons fugitifs, quelques-uns avaient transporté une partie de leurs ateliers noirs à la Louisiane, et ainsi à couvert, ils étaient loin de partager les vœux de ceux qui avaient tout perdu, et de désirer comme eux un nouveau déplacement. Ils firent aisément comprendre aux Louisianais le danger qu'ils allaient courir si la République française, souveraine législatrice, proclamait un jour l'affranchissement et la liberté dans leur colonie.

Ils annonçaient ce qui se vérifia plus tard, les terres données en grandes et petites portions à tous les noirs qui avaient porté les armes, depuis les généraux jusqu'aux simples soldats, et à tous les agents civils ; les nouveaux libres se vengeant avec fureur de leur ancienne abjection, les propriétés avilies, le nègre usurpateur et maître du sol qu'il avait fertilisé par ses sueurs ; mais vivant de peu, mettant le souverain bien dans le repos et ne faisant aucun cas des jouissances du luxe et des profits d'un commerce laborieux. Dès-lors on disait : « L'Africain devenu libre en « Amérique, travaillera encore moins que l'es- « clave en Afrique. » Et tous ces maux, les Louisianais espéraient s'en préserver si la domination du roi catholique n'était pas transférée à la République française.

Ajoutons à ces causes d'une juste inquiétude, la révolution qui, depuis trente ans s'était faite dans les esprits et qui avait pénétré jusqu'aux classes les moins éclairées. On ne croyait plus que les princes fussent en droit, hors le cas d'une guerre malheureuse, de disposer de leurs provinces à leur gré, de les engager, de les hypothéquer, de les échanger, d'en transférer la souveraineté à d'autres sans le consentement des peuples ; et des maximes, long-temps reçues comme appartenant au droit public, avaient perdu leur autorité.

Des scrupules de ce genre ne se présentaient pas même à la pensée du premier consul, impatient d'établir le gouvernement français à la Louisiane.

Il destina d'abord au commandement de la colonie un personnage distingué, c'était le général Bernadotte, dont il craignait l'ambition et l'activité. Cet emploi important l'éloignait de l'Europe d'une manière honorable, et le premier consul s'attendait à des témoignages de la satisfaction du général. Celui-ci, connu par un caractère ferme et hardi sans témérité, crut devoir, avant d'accepter cette mission, préparer les moyens de ne point compromettre ses succès. Il mit pour condition à son départ : qu'il emmènerait, outre trois mille soldats, un pareil nombre de cultivateurs, et qu'il serait d'ailleurs pourvu de tout ce qui était nécessaire dans un éloignement qui pouvait l'empêcher, pendant un temps plus ou moins long, de communiquer avec la métropole. Bonaparte répondit à ces propositions : « Je « n'en ferais pas autant pour un de mes frères; » et il nomma gouverneur le général Victor, en même temps que le préfet et le grand-juge.

Toujours inquiet cependant de la présence de Bernadotte, il résolut, au commencement de 1803, de l'envoyer aux Etats-Unis en qualité de ministre plénipotentiaire de France. C'était une espèce d'exil, et, pour en adoucir l'amertume, on lui fit connaître qu'il s'agissait de leur céder une partie de la Louisiane, et qu'on le chargeait de la négociation. Des avantages personnels lui étaient annoncés comme prix des succès qu'il obtiendrait.

Bernadotte accepta la mission. Il se rendit à la Rochelle, et la frégate qui devait le porter allait mettre à la mer, quand il apprit qu'une rupture entre la France et l'Angleterre était à la veille d'éclater. Il revint aussitôt à Paris sans attendre une autorisation, et il déclara fermement qu'il ne se chargerait d'aucunes fonctions civiles aussi long-temps que durerait la guerre. Il s'abstint même de voir le premier consul, qui avait témoigné beaucoup de mécontentement d'un retour qu'il n'avait point permis. Quelque temps s'écoula avant que des amis communs pussent les réconcilier.

Le général Victor, capitaine-général, Laussat, préfet, et Jean-Jacques Aymé, grand-juge, avaient été nommés. Un arrêté consulaire du 11 septembre 1802 avait réglé leurs fonctions. Victor se préparait à faire voile de Helvoett-Sluys avec la garnison destinée à la Nouvelle-Orléans, et avec les autres troupes qu'on envoyait à la colonie. Il prévoyait si peu un changement de destination, qu'il faisait acheter et charger à bord du vaisseau qui devait le porter, les présents qu'il se proposait de faire aux sauvages. Les hostilités entre la France et l'Angleterre commencèrent vers le même temps, et le général ne partit point.

M. Laussat avait reçu ses instructions et l'ordre de son départ le même jour qu'on apprit à Paris le mécontentement qui se manifestait dans le parlement d'Angleterre : il fit voile le 12 janvier 1803.

Il fut reçu à la Nouvelle-Orléans avec cordialité par le gouvernement espagnol, et, dès le lendemain, il annonça par une proclamation l'arrivée prochaine de ses deux collègues. Mais l'un d'eux, le général Victor, était le seul qui eût caractère pour recevoir la colonie des mains des officiers espagnols. Cette formalité devait précéder tous les autres actes, et comme il ne vint point, le préfet colonial se trouva sans fonctions et sans autorité. Il fit cependant publier quelques lois de la république propres à rassurer les colons, et particulièrement celle du 20 mai 1802 pour le maintien de l'esclavage et de la traite, comme avant 1789. Quelques officiers publics, partis avec lui, furent pareillement sans activité; et une somme de cent onze mille piastres, qui lui avait été remise à son départ, resta sans emploi.

Les événements dont il fut informé en débarquant n'étaient pas de nature à faire bien augurer du succès de sa mission. Un navire, arrivé du Cap-Français presque en même temps que lui, apporta la nouvelle des désastres de tout genre et des revers qui avaient suivi la mort du général en chef. A la même époque, un différend sérieux venait de s'élever entre les États-Unis et les administrateurs de la Louisiane. Les détails en seront racontés plus loin.

M. Laussat n'ayant pas encore qualité pour prendre part aux affaires, l'autorité du gouvernement resta dans les mains de don Manuel de Salcedo et du marquis de Casa Calvo. Dans une proclamation où ils prenaient le titre de *commissionnés par le roi* pour la cession de la province à la République Française, ils annonçaient ce changement, et rassuraient les habitants sur la conservation de leurs droits, sur la propriété des terres à eux concédées, et ils promettaient que les titres de concessions confirmés, et même non confirmés, seraient maintenus.

Ces anciens magistrats, de concert avec celui qui venait d'arriver, s'appliquaient de bonne foi à inspirer aux habitants des sentiments favorables à la nouvelle domination. Mais ceux qui étaient le plus en état de prévoir l'avenir, ne croyaient pas que la situation de cette population pût en être améliorée, ou que la France en pût retirer de véritables avantages. Les négociants eux-mêmes, si empressés à accueillir toutes les espérances flatteuses, ne se promettaient rien d'heureux de ce changement.

On ne fit donc point éclater ces marques de contentement qu'aurait produit en d'autres temps le retour des Français. Un témoin oculaire parlant des sentiments qui s'étaient manifestés à l'occasion de l'arrivée et de la réception de M. Laussat, s'exprimait en ces termes :

« On s'étonnera que des Français d'origine
« aient reçu sans émotion et sans aucun témoi-
« gnage d'intérêt, un magistrat français qui vient
« à nous entouré de sa jeune et belle famille et
« précédé de l'estime publique. Rien n'a pu di-
« minuer les alarmes que cause sa mission. Ses

« proclamations ont été entendues par quelques-
« uns avec tristesse, et par le plus grand nombre
« avec autant d'indifférence que l'aurait été l'an-
« nonce au son du tambour, de la fuite d'un
« esclave ou d'une vente à l'encan (1) ».

Que d'actions de grâces au contraire auraient été rendues au premier consul, si, au lieu de lois prohibitives, son envoyé eût proclamé la liberté du commerce, et s'il eût annoncé que la France renonçait pour toujours au système qui dans les temps modernes a été suivi pour l'établissement des colonies. Il eût été d'une politique éclairée de reconnaître solennellement que leur prospérité va croissant avec un régime libre, et que plus elles acquièrent de développements sans entraves, plus aussi elles auront de relations utiles avec leurs métropoles. Il fallait remplacer le privilège et le monopole par la meilleure qualité des marchandises, et les profits les plus modérés ; en un mot, à l'exemple des anciens, ne retenir la colonie que par des liens de bienfaisance, par le souvenir d'une origine commune, et l'affection qui dure long-temps quand la métropole et ses filles ont des habitudes, un langage semblable et des intérêts faciles à concilier.

---

(1) N° VII. Pièces justificatives.

Si un pareil plan eût pu être adopté au lieu des routines introduites depuis deux siècles, il réduisait l'Angleterre au silence, il calmait les inquiétudes des États occidentaux de l'Union, et la France eût trouvé d'inappréciables avantages dans ce retour aux principes anciens de la fondation des colonies.

En même temps la Louisiane eût contribué efficacement à la prospérité des colonies insulaires, et, si ces beaux établissements eussent pu être conservés, cette province, unie aux Florides, eût relevé la marine et ranimé la navigation française. Les maximes d'un commerce libre étaient bien éloignées de celles qu'on suivait alors à la Louisiane. L'intendant espagnol y avait rétabli depuis peu le régime prohibitif avec toutes ses rigueurs, et sa conduite avait répandu de vives agitations jusque dans le sein du congrès.

Vingt-cinq ans étaient à peine écoulés depuis que les États-Unis avaient pris place parmi les nations, et déjà leur population croissait avec une rapidité extraordinaire, surtout dans les contrées situées à l'ouest des monts Alléghanys. Le gouvernement fédéral n'était intervenu que pour donner à ces progrès une direction conforme à l'esprit de l'association générale, et en peu de temps les regards et les soins d'un gouvernement sage, avaient plus contribué à tou les genres d'amélioration que les métropoles européennes n'avaient pu en obtenir pendant trois siècles dans les colonies de leur dépendance. Les meilleures terres s'offraient de toutes parts aux cultivateurs, et les indigènes les cédaient sans grande résistance. Ils ne vivent que de leur chasse, et le gibier fuyant les lieux habités et dépouillés de leurs forêts par les défrichements, ils sont forcés de se replier avec les bêtes fauves sur d'autres déserts.

Tandis qu'en Europe l'occupation d'un village peut devenir un sujet de guerre, les Américains jetaient en liberté sur des territoires nouvellement explorés, les fondements de dix États nouveaux, dont un seul est égal en étendue au quart de la France. Rien n'arrête ces conquêtes paisibles. Si les naturels demandent que leurs droits soient reconnus, si même ils font une résistance sérieuse, quelques ballots d'étoffe, des présents de peu d'importance, une rente modique en argent suffisent le plus souvent pour les calmer. Loin qu'il y ait difficulté dans ces pays à trouver des terres propres aux agrandissements, leur étendue même alarme déjà les habitants des États anciens, intéressés à arrêter les émigrations qui ont lieu vers les États nouveaux. Il est en effet bien certain que l'accroissement du territoire de la confédération est une cause d'affaiblissement de chacune de ses parties anciennes. L'augmentation de la population, quelque grande qu'elle soit dans celles-ci, n'y compense point des sorties continuelles. Cet écoulement ne se ralentit que quand les bords des rivières qui coulent de l'occident des montagnes jusqu'au Mississipi sont occupés et cultivés. C'est là que, par une activité infatigable, le sol change sans cesse de face. Bientôt même les émigrants qui l'ont défriché, se trouvent trop à l'étroit dans un pays qui était désert il y a peu d'années. Les chefs de famille préfèrent à toutes les jouissances, celle de distribuer à chaque enfant, à chaque serviteur, des terres vierges et fertiles. Plusieurs vendent celles qu'ils ont défrichées pour aller s'établir plus loin. C'est un flux continuel sans reflux. Les terres les plus éloignées des pays déjà établis sont les moins chères. Il y en a d'excellentes qui valent à peine 10 francs l'acre; et plus les colons avancent, plus ils peuvent étendre les héritages de leur postérité. Mais la condition indispensable pour le succès de ces déplacements, c'était que de riches et abondantes récoltes eussent, par les bouches du Mississipi, accès à tous les marchés du monde. Il y avait vingt ans et plus, que déjà les Américains avaient réclamé, comme un droit incontestable, la libre navigation de ce fleuve jusqu'à la mer; et, ni l'Espagne, ni ensuite la France, ne s'étaient montrées disposées à cette concession contraire au régime exclusif. Assez puissantes alors pour refuser et pour soutenir efficacement leurs refus, elles ne croyaient pas que jamais le moment pût arriver où de nouveaux voisins seraient en état de leur faire la loi. Tout s'y préparait cependant, sans que les gouverneurs envoyés d'Europe eussent fait attention à ces progrès, et le changement était accompli, quand ils en remarquèrent les conséquences.

Dès la fin de l'année 1802, le congrès avait été informé de la cession de la Louisiane faite par l'Espagne à la France, et presque en même temps, il apprit que cette dernière puissance se disposait à en prendre possession. La nouvelle de ce changement excita de vives alarmes dans tous les établissements de l'Ouest. On craignait, et le congrès partagea cette appréhension, que le voisinage des Français ne fût pas aussi pacifique que celui des Espagnols.

Ceux-ci se regardaient néanmoins comme maîtres de cette province aussi long-temps que les formalités de la cession faite à la France n'étaient pas remplies. Les réglements sévères qui, dans les autres colonies espagnoles maintenaient le privilège de la métropole et protégeaient son commerce exclusif, n'avaient pas été observés à la Louisiane. Ce sage relâchement cessa soudainement. Ces systèmes absurdes qui, par des prohibitions plus ou moins rigoureuses, tiennent les finances et le commerce de deux états voisins l'un de l'autre comme en guerre, et quelquefois entraînent de véritables hostilités, furent tout-à-coup remis en vigueur dans cette province. Don Juan Ventura Moralès, intendant, disait avec une confiance ignorante : « Que les « colonies n'étaient utiles que sous le régime « prohibitif, et que si les denrées reçues en « transit n'étaient point assujéties aux droits « d'entrée et de sortie, cette indulgence aurait « tous les mauvais effets d'une contrebande au- « torisée. »

Un traité conclu le 27 octobre 1795, avec l'Espagne, avait accordé aux États-Unis « pour « trois ans le droit d'entrepôt à la Nouvelle- « Orléans, sauf à assigner aux négociants une « autre place, si celle-là ne pouvait leur être « conservée. »

L'intendant, après l'expiration de ce terme de trois années, n'avait pas interrompu les effets de cette concession ; et elle s'était prolongée comme en vertu d'un accord tacite. Mais en 1802, il imagina inopinément qu'une tolérance introduite pendant la guerre, aurait dû finir à la paix.

M. Moralès, contre l'avis même du gouverneur Espagnol, qui regardait comme une infraction au traité toute suspension de l'entrepôt sans équivalent, fit cesser une jouissance qu'il craignait de voir se perpétuer par une sorte de prescription. Il déclara par une proclamation du 16 octobre, que le droit d'entreposer n'existait plus.

Cette mesure répandit une grande consternation parmi les habitants et cultivateurs américains des contrées de l'Ouest. De tous les côtés arrivèrent au congrès des griefs et des plaintes. L'inquiétude redoubla aussitôt que les pétitionnaires eurent reçu la nouvelle de la cession faite à la France, et suivant l'opinion généralement répandue, la suspension n'avait lieu qu'à la demande de cette puissance (1). La Louisiane de« vait, aux termes du traité, lui être remise « dans son état présent (2). » Cet état présent, disaient-ils, était l'exclusion des Américains du port de la Nouvelle-Orléans. Ils en tiraient la conséquence que l'intendant n'avait pas agi sans ordre; que le retour au système prohibitif avait été concerté entre les deux puissances, et que c'était pour en assurer l'exécution que la France envoyait une armée.

Un dénombrement de la population des états nouveaux, à l'est du Mississipi, la portait à près de huit cent mille ames. Les états anciens y envoyaient par terre les marchandises nécessaires

---

(1) Mémoire de M. Monroe, pag. 7.
(2) Cédule du roi d'Espagne, du 30 juillet 1802.

à ces jeunes colonies. Les belles et nombreuses rivières qui coulent du nord-est, ont à l'occident leurs embouchures dans ce grand fleuve; il servait, avec le golfe Mexicain, à exporter les produits des exploitations nouvelles, et surtout leurs abondantes moissons de grains de toute espèce. Le commerce qui se faisait du continent par la mer du golfe, était même le seul moyen qu'eussent les planteurs des états nouveaux, situés à l'ouest des anciens, de payer tout ce qu'ils recevaient de ces autres états de l'Union-Américaine, d'où ils avaient émigré. Les rivières les plus fréquentées de l'Europe, ne le sont pas plus que le Mississipi et ses nombreux affluents. Gêner cette navigation, c'était étouffer ces jeunes sociétés et condamner de vastes contrées à la stérilité qui, après tant de siècles, venait d'être remplacée par une fécondité admirable. L'interdiction troublait cette prospérité, et les produits agricoles avaient soudainement perdu la moitié de leur valeur, tant à la Nouvelle-Orléans qu'à Natchez, bureau d'expédition. Déjà dans les états de l'Ohio, du Tennessee, du Kentucky, dans les territoires d'Indiana et du Mississipi, et même dans tous les États anciens dont les limites s'étendent au-delà des montagnes de l'Ouest, le cri d'alarme se faisait entendre, et il était répété par les nombreux émigrants accourus de tous les côtés au partage de l'héritage magnifique, si long-temps négligé par les tribus sauvages. Ces colons nouveaux comparaient la population faible et désarmée de la Louisiane, à leur propre multitude. Fiers de la supériorité de leurs forces, ils y trouvaient les fondements d'un droit incontestable. Il leur tardait de faire éclater une rupture et d'occuper la Nouvelle-Orléans. « Le « Mississipi est à nous, disaient-ils, par la loi de « nature; il nous appartient par notre nombre « et par nos travaux dans ces lieux déserts et « stériles avant notre arrivée. Nos innombrables « rivières le grossissent et coulent avec lui jusqu'à « la mer du golfe. Son embouchure est la seule « issue que la nature ait donnée à nos eaux, et « nous voulons qu'elles puissent porter nos na- « vires jusque là. Nulle puissance au monde ne « parviendra à nous priver de ce droit. Nous « n'empêchons pas les Espagnols et les Français « de remonter le fleuve jusqu'à nos villes et nos « villages. Nous voulons à notre tour descendre « sans le moindre obstacle, jusqu'à son embou- « chure, le remonter, exercer notre droit de « commercer et de naviguer où il nous plaira. Si « la plus entière liberté nous est contestée, rien « ne pourra nous empêcher de nous emparer de « cette capitale, et quand nous en serons maî- « tres, nous saurons nous y maintenir. Si le « congrès nous refuse une protection efficace, « s'il nous délaisse, nous prendrons les mesures

« que notre salut exige, dussent-elles mettre en
« danger la paix de l'Union et nous séparer des
« autres États. Sans protection, point d'allé-
« geance! »

Ces maximes ne sont pas en tous points celles des publicistes; mais de tels procédés et l'âpreté de ce langage convenaient à des hommes qu'environnaient encore les vestiges d'un état primitif où chaque individu croit avoir droit à tout ce qu'il juge nécessaire à sa conservation et à son bien-être.

Le pays des Natchez était passé sous la domination des États-Unis. M. Daniel Clarke y avait son habitation. Riche propriétaire, homme habile et actif, il n'avait rien négligé pour exciter le mécontentement. A la première nouvelle de la rétrocession faite aux Français, il s'était rendu en diligence à Paris, et par différentes pratiques, il avait cherché à semer la mésintelligence entre le général français, destiné au commandement, et le Préfet colonial. A son retour à la Louisiane, il trouva les esprits disposés à seconder ses desseins.

Dans l'incertitude où l'on était encore touchant le parti qui serait adopté, soit par la France, soit par l'Espagne sur la faculté d'entreposer les marchandises et les produits à la Nouvelle-Orléans, les Américains de l'ouest accueillirent une proposition que M. Clarke leur fit : C'était d'établir à Natchez l'entrepôt refusé. Ce poste est situé à la rive orientale du Mississipi, sur le territoire des États-Unis, à quarante lieues au-dessus de la Nouvelle-Orléans. On prétendait que la température du climat est plus douce aux Natchez. On faisait valoir l'avantage d'une situation plus à l'abri des insultes et des entreprises d'une puissance maritime. Mais les deux villes étant également exposées aux maladies épidémiques dont ces contrées sont affligées aussitôt que les défrichements s'étendent, ce projet n'eut point de suite.

Les esprits s'échauffaient aussi dans le congrès, et les partis travaillaient à s'en prévaloir. M. Jefferson était président, et pour maintenir l'état florissant de la confédération, ce magistrat s'appliquait à prévenir par tous les moyens possibles les troubles qui pouvaient résulter de ces circonstances. Elles lui parurent néanmoins s graves, que tout en rassurant le gouvernement du Kentucky, et ceux des autres états et territoires de l'Ouest, sur les suites des mesures prises par l'intendant espagnol, il porta, par un message du 22 décembre 1802, à la connaissance de la Chambre des représentants, ces faits qu'il qualifiait d'atteinte aux droits de la nation, « droits
« qu'il se proposait, ajoutait-il, de garantir par
« les moyens honorables et justes qui conve-
« naient au caractère des États-Unis. »

A ce message et à un autre qui suivit de près, la Chambre des représentants répondit en exprimant « sa confiance dans les mesures que « prendrait le gouvernement pour venger les « injures des États-Unis, et maintenir leurs « droits de naviguer et de commercer sur le « cours et par les bouches du Mississipi. »

On ignorait dans ces premiers moments si la France ne prétendrait pas assigner de nouvelles frontières à sa province, et faire revivre d'anciens titres contraires aux traités et aux intérêts des États-Unis. Tout paraît suspect aux peuples quand une fois ils ont conçu des inquiétudes. On se rappelait les entreprises des gouverneurs français aux frontières du Canada. Les armements que le premier consul préparait à Flessingue étaient, disait-on, destinés à usurper des territoires de l'Union, et à rétablir les anciennes limites de la Louisiane.

La proclamation de l'intendant espagnol exécutée avec rigueur, n'avait servi qu'à mettre en plus grande évidence des vérités que cet administrateur ne soupçonnait même pas, c'est que les priviléges exclusifs sont d'inutiles barrières contre les nécessités locales et naturelles, et qu'aucune résistance ne ferait fléchir les nations américaines sur ces deux points principaux : libre navigation du Mississipi, et faculté d'exporter et d'importer par ce fleuve leurs produits et les marchandises dont ils avaient besoin.

La prohibition fut bientôt funeste aux habitants de la Nouvelle-Orléans eux-mêmes. On cessa d'y apporter des farines et autres comestibles. La crainte d'une famine obligea l'intendant de permettre l'importation et la réexportation, d'abord sous des conditions presque aussi onéreuses que la prohibition même, et alors il fut forcé de fermer les yeux sur l'entière inexécution de son réglement (1).

Mais cette indulgence pouvait être précaire, et les Américains voulaient exercer des droits à l'abri de toute contestation. En vain on avait publié une lettre de M. Livingston, ministre à Paris, contenant des assurances que les traités avec les États-Unis seraient strictement exécutés. Ces explications n'avaient pas suffi pour tranquilliser les esprits, et les délais n'étaient plus de saison.

Il faut profiter des mois favorables pour naviguer sur le Mississipi. Dans les autres temps de l'année, les glaces fixes ou flottantes ne sont pas moins à redouter que les écueils cachés sous les eaux. Les arbres d'une prodigieuse grosseur que le fleuve entraîne quand le dégel est accompagné de débordements et d'inondations,

---

(1) Proclamation du 5 février 1803.

obstruent souvent la surface de son lit. Il redevient navigable à force de travaux, et les obstacles cessent au retour du printemps. On approchait du mois de mars, et à cette époque le fleuve et les rivières, grossis par la fonte des neiges, se couvraient tous les ans de bateaux, d'hommes et des produits de la terre. Mais la marche accoutumée du commerce était interrompue et les habitants se croyaient voués à une ruine certaine, si elle n'était prévenue par des dispositions vigoureuses. L'inquiétude fut si grande que des officiers de l'armée américaine proposèrent des plans, soit pour la défense, soit pour l'attaque. Ils étaient excités par un parti qui se montrait aussi ardent pour la guerre, que le parti contraire était zélé pour le maintien de la paix (1).

Le traité par lequel l'indépendance des treize colonies fut reconnue par la Grande-Bretagne, avait été, de la part de ce gouvernement, un acte de haute sagesse. Cependant il y avait dans les deux pays des gens si mal instruits de la disposition des esprits, qu'ils croyaient possible de ramener ces provinces, non sous le sceptre du roi d'Angleterre, mais sous une influence qui aurait pour l'ancienne métropole tous les avan-

---

(1) Mémoire de M. Monroe, pag. 7.

tages politiques de la domination. Leurs manœuvres avaient encouragé la formation de ce parti, appelé fédéraliste, dont la conduite et les actes eurent long-temps pour maximes : attachement à l'Angleterre et inimitié à la France.

Les principaux chefs n'avaient d'influence que dans quatre ou cinq états du Nord, et leur but secret était de les séparer de l'Union. « Les in-« térêts des états du Nord ne peuvent, disaient-« ils, se concilier avec ceux des états du Sud et « de l'Ouest. » Et en effet, le climat, la culture, la navigation, le maintien de l'esclavage, avaient introduit des habitudes fort différentes. Mais il n'y a point de pays d'une grande étendue où de telles différences n'existent, et elles n'empêchent pas que toutes les parties ne soient unies par un lien commun. Plusieurs fédéralistes avaient réellement le bien public pour objet, et on ne peut douter de la pureté de leurs intentions, quand on sait que Washington leur avait donné son appui. Mais on soupçonnait aussi, et avec trop de fondement, qu'il s'était glissé parmi eux des ambitieux, qui, sous des apparences de zèle pour la liberté, n'aspiraient qu'au pouvoir. Un traité avait été signé à Londres par M. Jay, plénipotentiaire américain ; il contenait des clauses favorables à l'Angleterre, préjudiciables aux États-Unis, et il ne fut pas ratifié sans difficulté.

Le gouverneur du Canada excitait secrètement

les fédéralistes, et il faut reconnaître que l'Angleterre aurait pu, en effet, profiter d'une scission qui, mettant cinq états sous son patronage, eût créé deux factions au sein de la puissance rivale, et rendu le cabinet de Londres, pour ainsi dire, arbitre de leurs différends.

Le parti connu sous le nom de républicain se montrait plus indépendant de toutes les intrigues européennes, et quoiqu'il ne fût dévoué ni à l'Angleterre, ni à la France, il voyait moins de danger à préférer l'amitié de cette dernière puissance, et il y trouvait une plus sûre garantie de l'indépendance commerciale et maritime de la confédération.

Les pratiques des ambitieux ne purent être long-temps cachées, et ils perdirent toute influence aussitôt que leurs véritables desseins furent connus. C'est même dans les états du Nord que l'opposition qu'ils rencontrèrent manifesta le plus d'énergie, et, au moment où nous écrivons, un grand changement est accompli. Les animosités, les haines se sont peu à peu dissipées. La concorde est maintenant l'ame de cette grande confédération. Du Newhampshire à la Louisiane, le principe qui domine, c'est que cette bonne intelligence doit être maintenue, au prix même de quelques sacrifices, et qu'elle sera la base de la tranquillité publique et de la prospérité de chaque état en particulier.

Les dénominations des partis sont presque toujours un artifice de ceux qui veulent qu'il y ait dans un même peuple, dans une même nation, deux nations ennemies, et elles perpétuent en effet les inimitiés. Aujourd'hui, les noms de fédéralistes et de républicains ne sont plus en usage. On continue cependant à donner le nom d'opposition à un parti qui n'est réellement composé que d'observateurs, et qui, loin d'être contraire au gouvernement, se borne à l'avertir quand il le croit engagé dans quelque erreur. Les nuances qui distinguent les deux opinions ne se remarquent plus que dans les élections des principaux magistrats, et alors on peut encore s'apercevoir que les fédéralistes n'ont pas entièrement renoncé à rendre leur influence prédominante. Pendant quarante-cinq ans, le congrès a fait une grande et honorable épreuve; il a constamment observé les lois fondamentales qui lui ont donné l'être, et il ne s'est presque jamais trouvé en opposition directe avec l'opinion des peuples. Ce qui n'avait été long-temps qu'une espérance et une théorie, est devenu une vérité de fait, c'est que la confédération a en elle-même le principe de sa force et de sa durée, et que les peuples y sont les seuls garants certains de leur repos et de leur bonheur.

FIN DE LA PREMIÈRE PARTIE.

SOMMAIRE

DE

LA DEUXIÈME PARTIE.

Politique du congrès, 1802, 1803. — Lettre de M. Jefferson à M. Monroe, 1803. — Le congrès se borne à l'acquisition de la Nouvelle-Orléans, 1803. — Infractions aux droits des gens sur les mers, 1798, 1799. — Bassesse et cupidité du Directoire, 1797. — Rupture du traité d'alliance, 1799. — Réconciliation de la France et des États-Unis, 1800. — La République française et celle des États-Unis réconciliées mais méfiantes, 1801, 1802, 1803. — Animosité contre la France, 1803. — Violence des opinions, 1803. — M. Jefferson temporise, 1803. — Intrigues, 1803. — Départ de M. Monroe, 1803. — État des partis en Angleterre, 1803. — Dispositions du premier consul à l'égard de l'Angleterre, 1803. — Inquiétudes des Anglais sur les desseins de Bonaparte, 1803. — Négociations, 1803. — Angleterre, France; méfiances réciproques, 1803. — Explications peu mesurées; présages d'une rupture, 1803. — Bonaparte et l'ambassadeur d'Angleterre, 1803. — Explications hautaines, 1803. — Vains efforts des cabinets pour se tromper réciproquement, 1803. — Droit des gens professé par le ministre anglais, 1803. — Sentiments du premier consul à l'égard de l'Angleterre, 1803. — Provocations réciproques, 1803. — Conférences de Bonaparte avec deux ministres, avant la cession, 1803.

— Bonaparte consulte et développe sa politique à l'égard de l'Angleterre, 1803. — Conseil secret tenu par Bonaparte, 1803. — Motifs pour la cession, 1803. — Motifs contre la cession, 1803. — Le premier consul se résout à la cession, 1803. — Une négociation définitive est entamée, 1803. — Conférences relatives à la cession, 1803. — Limites discutées, 1803. — Limites indéterminées, 1803. — Limites, 1803. — Limites, après la cession de 1803. — Suite de la négociation, 1803. — Stipulations relatives aux droits des indigènes, 1803. — Suite de la négociation, 1803. — Acquiescement de l'Espagne, 1803, 1804. — Explication relative aux Antilles, 1803. — Prix de la cession, 1803. — Conférences sur le prix de la cession, 1803. — Indemnité pour les captures induement faites, 1803. — Exécution des stipulations pécuniaires, 1803. — Suites et issue de la négociation, 1803. — La guerre avec l'Angleterre éclate immédiatement après la cession, 1803.

HISTOIRE
DE
LA LOUISIANE.

DEUXIEME PARTIE.

LA FRANCE CÈDE LA LOUISIANE AUX ÉTATS-UNIS.

Tandis que dans le sein même du congrès, une faction très-active travaillait sourdement à faire déclarer la guerre à la France par les États-Unis, les chefs de la fédération désiraient sincèrement de conserver la bonne intelligence. De son côté, le Gouvernement consulaire paraissait vouloir suivre envers cette République une marche opposée à celle du Directoire : la guerre entre la France et l'Angleterre semblait inévitable, et le cabinet américain comprit aisément que, dans le cas où elle viendrait à éclater, le premier consul serait dans la nécessité d'ajourner la prise de possession de la Louisiane. Le 18 décembre 1802, M. Jefferson adressait ces pa-

roles au congrès : « La cession de cette province
« a été faite à la France pendant la dernière
« guerre : si elle peut en prendre possession, il
« en résultera un changement dans nos affaires
« extérieures. » Les circonstances présentaient en
effet aux États-Unis des chances qui ne se re-
nouvelleraient jamais pour entamer la négociation d'une cession amiable des territoires qui
étaient à leur convenance. « D'ailleurs, » disaient
les amis de la paix, « nous ne sommes point pré-
« parés à la guerre. Dix années de repos sont
« nécessaires pour nous rendre respectables et
« puissants ; nous serons ensuite en état de faire
« face à tous les dangers. » Il fut résolu, qu'un
envoyé extraordinaire se rendrait en Europe,
qu'il traiterait d'abord avec le premier consul,
et que, s'il n'avait pas lieu d'être satisfait, il
entrerait en communication avec les cours de
Londres et de Madrid. M. Jefferson arrêta son
choix sur M. Monroe, ancien gouverneur de la
Virginie, homme zélé pour les intérêts de son
pays, jouissant d'une grande popularité dans les
états de l'Ouest, très-influent dans le parti républicain, et déjà connu avantageusement en
France où il avait résidé, comme envoyé, au
temps du Directoire. En 1786, M. Monroe, alors
membre du congrès, avait écrit un mémoire
pour prouver les droits des pays de l'Ouest à la
navigation du Mississipi. Le président confiait à
son ami l'acte le plus important de son admi-

nistration, et le regardait comme le négociateur le plus en état, par son expérience, d'en assurer le succès.

M. Livingston, ministre des États-Unis, à Paris, avait depuis plusieurs mois suivi cette affaire avec chaleur. Il avait alors remis au ministre des affaires étrangères, un mémoire dans lequel les raisonnements étaient appuyés d'insinuations presque menaçantes. Il ne s'y bornait pas à demander la cession de la Nouvelle-Orléans, il proposait aussi que la France cédât les vastes contrées qui sont au nord de la rivière des Arkansas, à la rive droite du Mississipi (1). Mais ses ouvertures étant restées sans réponse, les soupçons qu'il avait depuis long-temps conçus étaient devenus une sorte de certitude : c'est qu'on n'obtiendrait la Nouvelle-Orléans que par la force des armes, et sa correspondance officielle et privée pressait des résolutions extrêmes. On voit que M. Jefferson ne partageait pas ces dispositions hostiles.

Les lettres confidentielles par lesquelles il informa M. Monroe de sa nomination, ouvrent en quelque sorte la négociation, et font connaître les vues et la prévoyance de cet homme d'état. Elles méritent d'être conservées (2).

---

(1) Pièces justificatives, n° 8.
(2) Washington, 10 janvier 1803.

« La fermentation des esprits croît dans nos
« contrées de l'Ouest. Elle est stimulée par les
« intérêts mercantiles, et même par ceux de
« l'Union en général, au point de mettre la paix
« en danger. Dans notre situation prospère, nous
« devons prévenir ce malheur, le plus grand de
« tous, et vous demander un sacrifice tempo-
« raire. Je vais vous charger d'aller remplir une
« mission extraordinaire en France, et demain
« je fais connaître au sénat que je vous nomme.
« Vous ne pouvez refuser, car toute notre espé-
« rance est en vous. Attendez deux jours à
« Richmond ou Albemarle la décision du sénat.
« Passez la nuit et le jour à arranger vos affaires
« pour une absence, qui sera peut-être courte,
« peut-être longue. »

Le sénat sanctionna sans difficulté cette nomination.

Le 13 janvier, le président écrivit cette autre
lettre à son ami.

« Hier, n'ayant pas le temps d'écrire, je vous
« ai envoyé l'approbation donnée par le sénat,
« à votre nomination. La suspension de notre
« droit d'entrepôt à la Nouvelle-Orléans a porté
« l'agitation publique au plus haut degré. Elle
« est fondée dans le pays de l'Ouest, sur des
« motifs justes et naturels. Des remontrances,
« des mémoires circulent de tous côtés et sont
« signés par tous les habitants. Le parti que nous
« prenons n'étant pas connu, l'inquiétude ne se

« calme point. Il faut faire connaître quelque
« chose de positif pour apaiser ce trouble. Le
« dessein que nous avons formé d'acquérir la
« Nouvelle-Orléans et les Florides, peut recevoir
« tant de modifications qu'il n'est pas possible
« de les exprimer à notre ministre ordinaire en
« France, par des instructions et par une cor-
« respondance. Il importait donc de lui adjoindre
« un ministre extraordinaire, ayant des pouvoirs
« discrétionnaires, bien pénétré de notre dessein
« et en état d'entendre et de modifier en con-
« séquence toutes propositions qui lui seraient
« faites : cela ne peut avoir lieu que dans une
« suite de discussions orales. L'envoi d'un mi-
« nistre une fois arrêté, il ne pouvait y avoir
« deux opinions sur le choix de la personne.
« Vous possédez la confiance sans bornes de
« l'administration et celle des habitants de l'Ouest.
« Tous les yeux sont fixés sur vous : si vous
« n'acceptiez pas, le chagrin serait grand et por-
« terait atteinte à la haute considération dont
« vous jouissez. En vérité je ne sais rien qui pût
« produire autant de sensation; car de l'événe-
« ment de cette mission dépendent les futures
« destinées de cette république. Si nous ne pou-
« vons, au prix que coûterait l'acquisition qu'il
« s'agit de faire, nous assurer une paix perpé-
« tuelle et l'amitié de toutes les nations, il con-
« vient de nous préparer à la guerre; car elle
« ne peut être éloignée. Si vous veniez à échouer

« dans la négociation sur le continent, il serait
« peut-être nécessaire de passer en Angleterre.
« C'est alors que nous nous verrions embarrassés
« dans la politique européenne, aux dépens de
« notre bonheur et de notre prospérité. Cela ne
« peut être prévenu que par le succès de votre
« mission. Je sens qu'après être entré dans une
« autre carrière, vous avez à faire un grand sa-
« crifice. Mais il est des hommes nés pour le
« public. La nature en les formant pour rendre
« de grands services à la race humaine, leur a im-
« primé le sceau de leur destinée et de leur
« devoir. »

On voit qu'il ne s'agissait encore que de la Nouvelle-Orléans et des Florides. Cependant au moment où la possession de la Louisiane passait de l'Espagne à la France, il était naturel de demander à la République française, devenue souveraine de ce pays, le redressement d'un grief, dont l'intendant Moralès, semblait être le seul auteur, mais dont rien n'annonçait la cessation définitive. M. Monroe fut donc chargé de représenter qu'un traité solennel avec l'Espagne n'avait pas empêché un simple dépositaire de l'autorité royale d'ordonner de son chef une suspension de commerce, réciproquement préjudiciable; qu'il était dangereux et contraire à toutes les règles de la prudence, que des administrateurs éloignés de deux mille lieues du souverain, pussent, par des mesures arbitraires et capricieuses, compromettre la paix et la bonne intelligence entre des gouvernements désireux de la conserver; que le moyen le plus certain de prévenir tout différend serait une cession de la ville de la Nouvelle-Orléans, située sur la rive orientale du Mississipi, et que cette cession contribuerait à donner à la Louisiane occidentale, redevenue française, un plus prompt développement, et à la France une jouissance mieux assurée de sa nouvelle acquisition. Le Directoire n'existait plus, mais il avait trop fait connaître le désordre des finances de France, pour qu'on pût s'attendre à traiter autrement que l'argent à la main. Ainsi, M. Monroe était autorisé à offrir le prix de cette cession, et la somme déterminée par les deux chambres, était fixée à deux millions de dollars (1).

Jusqu'alors on se bornait à demander que le cours du Mississipi fût divisé par une ligne qui mettrait la Nouvelle-Orléans dans le domaine des États-Unis, et on déclarait que c'était le seul moyen de leur assurer la libre navigation du fleuve. Des projets de cession de la colonie entière n'étaient encore ni répandus, ni populaires. Il était même naturel de craindre que si la domination venait à s'étendre sur la rive droite du

---

(1) Dix millions trois cents trente-trois mille francs. La piastre et le dollar ont la même valeur. Ils ont cours pour 100 cent[es]. Voy. la convention, pièces justificatives, n° 2, article 3.

fleuve, l'unité d'intérêts, si nécessaire à la force d'une société, ne fût non-seulement retardée, mais encore arrêtée par des émigrations continuelles de l'est à l'ouest. Si on envisageait dans l'avenir les suites de l'accroissement de cette population nouvelle, on ne pouvait, sans démentir l'expérience et l'histoire, espérer d'embrasser dans le lien fédéral des contrées aussi éloignées, ni s'attendre que le congrès, en quelque lieu qu'il eût sa résidence, pût régir long-temps les pays situés à la rive droite du Mississipi. Il était au contraire hors de doute que ces annexes, devenues puissantes à leur tour, se détacheraient de leur souche au jour où leur intérêt le voudrait ainsi.

Ces observations se rapportaient à un avenir éloigné. Mais un objet présent qui touchait un grand nombre de commerçants et de navigateurs des États-Unis devait faire partie de la négociation dont M. Monroe était chargé : c'étaient les torts imputés au Directoire dont le gouvernement avait précédé immédiatement celui du premier consul, et l'envoyé avait ordre d'en exiger la réparation.

Il est nécessaire de revenir aux années précédentes pour bien connaître quel était l'objet de cette partie importante de la négociation.

Les intérêts du commerce, ceux des établissements coloniaux et de la navigation, ont apporté de grands changements aux relations des peuples de l'Europe entre eux. L'indépendance des États-Unis les a rendues encore plus compliquées. Mais de tels changements ne sont souvent remarqués par les hommes d'état eux-mêmes, que quand leur persévérance à suivre les vieux errements, leur a fait déjà commettre de grandes fautes.

Le Directoire égaré par de fausses notions sur la situation des colonies françaises, n'avait pas remarqué qu'elles ne pouvaient plus exister qu'autant que la bonne intelligence serait conservée entre la France et ce peuple nouveau. Au lieu de rétablir des rapports d'amitié avec l'Union américaine, il avait de plus en plus compromis, et enfin il avait rompu l'alliance, ce fruit précieux de la politique des conseils de Louis XVI. Les mécontentements réciproques n'avaient point d'abord éclaté en hostilités; mais il y avait eu, même en pleine paix, des prises faites par des corsaires portant pavillon français, et elles étaient la matière de justes griefs de la part des États-Unis. C'est aussi dans ce temps que les premiers désastres des colonies françaises en firent émigrer beaucoup de familles qui, d'une grande opulence, étaient tombées dans une profonde misère. Plusieurs se réfugièrent aux États-Unis. Jamais l'hospitalité ne fut exercée plus noblement qu'en cette circonstance; jamais des consolations plus sincères et plus efficaces ne furent offertes au malheur par la reconnaissance.

Cette générosité envers des fugitifs, objets des persécutions du Directoire, n'était pas pour les membres qui le composaient un motif de réconciliation avec la République américaine. Ils avaient hérité des haines de la Convention, et les colonies insulaires en furent les victimes. Ces établissements que la paix fait prospérer, sont exposés à toutes sortes de calamités dès que la guerre éclate. Les communications sont interrompues, une métropole, faible à la mer, ne peut ni les approvisionner, ni en exporter les produits, et le plus souvent ne peut les défendre; et, si on a recours aux neutres, ce relâchement du régime prohibitif habitue la colonie à des jouissances qui lui font voir avec indifférence le retour de la paix. Le Directoire, pour conserver les lois prohibitives, avait permis aux administrateurs de pourvoir à la conservation des colonies, en armant des corsaires, et ces agents les encourageaient à courir sus à tous les pavillons. Ils portèrent l'oubli des règles de la justice et du droit des gens jusqu'à faire condamner, comme prises légitimes, des navires entrés dans les ports avec des subsistances et des provisions destinées aux habitants des îles qu'ils gouvernaient. Victor Hugues, un de ces administrateurs, professait hautement et mettait en pratique cette maxime : « Dans le besoin, tout ce qui fait vivre est de « bonne prise. » Le congrès, avant de rompre avec la France, voulut épuiser tous les moyens pacifiques. Il avait envoyé trois ministres au Directoire, vers la fin de 1797. A leur arrivée à Paris, toutes sortes d'intrigues les avaient circonvenus. Leur correspondance est un monument de la bassesse avec laquelle le Gouvernement français maniait à cette époque les affaires de la politique. « La plus honteuse cupidité, « écrivaient-ils à leurs commettants, se montrait « sans voile à Paris ; elle s'irritait de ne pas trou- « ver des corrupteurs empressés. » Ils prétendirent même qu'on leur reprochait « d'être plus « scrupuleux envers la République française « qu'ils ne l'étaient envers les sauvages et envers « les régences de Barbarie dont les États-Unis « s'étaient rendus tributaires. »

Cette négociation avait duré six à sept mois; elle fut rompue quand on eut reconnu qu'il était impossible de la continuer sur de tels errements.

Le congrès, sans reconnaître un état de guerre, avait fait déclarer, le 28 mai 1798, par M. John Adams, alors président : « qu'attendu les dépré- « dations commises en violation du droit des gens « et des traités, par des vaisseaux armés, sous « l'autorité prétendue de la République fran- « çaise, les navires capturés pourraient être re- « pris et amenés, ainsi que les vaisseaux français « agresseurs, dans les ports des États-Unis. »

L'animosité ne fit que croître jusques en 1799; et alors le congrès, renonçant à de vains ménagements, proclama que tout commerce avec la France serait suspendu, que les traités avaient cessé d'être obligatoires, et que la capture des navires français était autorisée.

Dès le commencement du gouvernement consulaire, une politique plus sage avait arrêté toutes représailles ; une convention avait été signée le 30 septembre 1800 ; mais, suivant une stipulation sans laquelle la réconciliation eût été impossible, « des indemnités devaient être payées pour toutes « les prises indûment faites. » Des ministres avaient été ensuite envoyés de part et d'autre, et celui des États-Unis avait compté sur une prompte satisfaction. Les rapports qu'il adressait à son gouvernement la faisaient espérer; mais les espérances ne se réalisaient pas, et en effet les finances de la France commençaient à peine à sortir du chaos où les avaient plongées le mauvais gouvernement du Directoire.

Cette partie de la convention de 1800 demeurait donc sans exécution, et ce mépris des règles les plus ordinaires de la justice, avait mis le comble à l'irritation générale dans les États-Unis. Le président et son conseil, compromis par leur modération, commençaient eux-mêmes à faire entendre leurs reproches et parlaient de se faire la justice qu'on leur refusait. Le ministre américain, à Paris, avait eu ordre de faire connaître ce mécontentement, et ses notes étaient rédigées avec une fermeté à laquelle Bonaparte n'était pas accoutumé. Si une des puissances continentales de l'Europe eût osé se permettre de semblables communications, l'invasion de son territoire en eût été la suite. Le congrès, séparé par l'Océan Atlantique, pouvait sans danger se montrer menaçant, et le premier consul se garda bien de témoigner un ressentiment qui n'eût fait que manifester son impuissance. Mais les offices de l'envoyé Livingston, demeurant sans réponse, les marchands ou navigateurs lésés perdaient patience et murmuraient contre leur gouvernement. Les ennemis de la France dans les États-Unis, attentifs à ce mécontentement général, espéraient en tirer parti pour jeter la confédération dans l'alliance de l'Angleterre.

Ces matières se débattaient, non sans quelque chaleur, quand des nouvelles de l'Ouest augmentèrent beaucoup l'agitation des esprits (1). Non-seulement l'intendant espagnol avait remis en vigueur sa proclamation, mais des ordres nouveaux interdisaient toute communication entre les Louisianais et les Américains. Dans le nombre des colonies nouvelles, formées à l'occident des États-Unis, celle qui était dénommée, non sans intention, le territoire du Mississipi, située à la gauche de ce fleuve, n'était pas encore admise comme État dans la confédération ; elle était la

---

(1) Pièces justificatives, n°s 9 et 10.

plus voisine de la Nouvelle-Orléans : elle fit éclater des plaintes plus vives quand elle jugea la modération inutile. « Nous nous félicitons, disaient les « planteurs, dans une adresse au congrès, du 5 « janvier 1803, nous nous félicitons d'être les « citoyens heureux d'une République indépen- « dante. Un ordre du gouvernement de la Loui- « siane viole les traités sur la foi desquels nous « nous reposions; cet ordre respire des sentiments « hostiles contre les États-Unis, et nous, pleins de « confiance dans la sagesse du congrès, nous « offrons à notre pays nos vies et nos fortunes, « et nous comptons sur ses secours. »

Cette pétition fut l'occasion d'une proposition que le parti fédéraliste avait secrètement préparée. Au milieu de février 1803, M. Ross, sénateur, envoyé par la Pensylvanie, fit dans une séance publique, la motion d'armer, à l'effet de s'emparer de la Nouvelle-Orléans. « N'atten- « dons pas, dit-il, l'arrivée des Français, et puis- « qu'un traité solennel est violé, n'hésitons pas « à occuper des lieux qui doivent nous apparte- « nir. Les gens de l'Ouest sont tout prêts, et il y « aurait une excessive simplicité à compter que « cette ville nous sera cédée spontanément, ou « même en vertu d'un traité par le premier con- « sul. » A ces mots, un autre sénateur, envisageant le danger d'une discussion publique, demanda que les galeries et les tribunes fussent évacuées et les portes fermées. L'appel nominal

fut réclamé contre sa proposition, par ceux qui auraient voulu, ainsi que M. Ross, échauffer les esprits par la publicité. Mais le réglement du sénat, portant que la demande d'un seul membre suffit pour exclure les auditeurs, la séance devint secrète. M. Ross continua, et dit : « Qu'il
« ne fallait pas attendre plus long-temps l'effet
« incertain des correspondances, que la Loui-
« siane ne devait appartenir qu'aux États-Unis,
« que les peuples de l'Ouest étaient impatients
« de se faire justice, et que si on donnait aux
« Français le temps d'arriver, les Américains de
« ces contrées refuseraient de payer les taxes à
« un gouvernement trop faible pour les proté-
« ger. Jamais, ajouta ce sénateur, jamais l'occa-
« sion ne sera aussi favorable pour annexer à
« l'Union fédérale un pays sans lequel une
« moitié de nos États ne pourrait exister; il sera
« facile de s'en emparer puisque la France est à
« la veille d'entrer en guerre avec l'Angleterre ;
« les Anglais eux-mêmes ne négligeront rien pour
« gagner l'amitié des États-Unis : les avances
« qu'ils font pour avoir notre alliance prouvent
« qu'ils y mettent le plus haut prix et la croient
« indispensable pour le succès des nouvelles
« mesures qu'ils sont forcés de prendre. Il est
« temps, continua-t-il, d'apprendre au monde
« que la balance de l'Amérique est dans nos
« mains, que nous sommes dans cette partie du
« globe la puissance dominante, comme d'autres

« le sont en Europe, que nous n'en craignons « aucune, que notre adolescence est finie, que « nous entrons dans l'âge de la force et que nous « sommes prêts à en faire usage. » Il conclut par la proposition de mettre cinq millions de dollars à la disposition du président, et de lever cinquante mille hommes pour s'emparer de vive force de toute la Louisiane.

La chambre des représentants, de son côté, s'occupa de cette question, et ses délibérations furent pareillement secrètes. Lorsque les portes se rouvrirent, on annonça que le président était invité par cette chambre à correspondre avec les gouvernements des différents États, pour les engager d'une manière pressante à rassembler les milices et à les mettre sur le pied établi par les lois.

Le sénat continuait sa délibération. Après deux séances à huis-clos, il fut résolu que la motion de M. Ross serait discutée publiquement.

Gouverneur-Morris, qu'on avait vu en France, envoyé des États-Unis, au commencement de la révolution, était membre de cette assemblée. Il n'avait pas attendu cette publicité pour dire, « qu'il fallait prévenir l'arrivée des Français, que « les actes de l'intendant n'étaient point révoqués, « que la cédule du roi d'Espagne n'annonçait « aucune modification, que les troupes françaises « étaient déjà en mer, que les habitants des

« contrées menacées perdaient patience et qu'il
« était temps d'éclater. »

Ce sénateur passait pour être un des écrivains du parti appelé Anglais. On verra la main des Anglais dans la plupart des circonstances dont les récits vont suivre. Une élocution facile, élégante, beaucoup d'esprit et encore plus de suffisance et de hardiesse, avaient recommandé M. Morris, dès l'origine de la révolution des États-Unis, aux suffrages publics. De telles qualités donnent à ceux qui en sont doués, une sorte d'importance dans les temps d'agitation ; mais ces hommes sont rarement propres au maniement des affaires, et Gouverneur-Morris, qui alors jouissait de quelque crédit, en vit bientôt la fin. Il tomba dans une sorte d'obscurité aussitôt que les temps furent sans nuages.

Le ministre des États-Unis, à Paris, M. Livingston, était persuadé que les États-Unis ne posséderaient jamais la Nouvelle-Orléans en vertu d'un traité, et qu'il fallait l'occuper de force. Ses communications avec le ministère de France le confirmaient dans cette opinion (1), et il est probable que celles de MM. Ross et Gouverneur-Morris avaient leur origine dans leur correspondance avec cet envoyé ; mais le sage Jefferson persistait dans ses espérances, et il temporisait

---

(1.) Mémoire de M. Monroe, pag. 10.

pour ne pas risquer de prendre de fausses mesures au milieu de tant d'incertitudes. Comptant beaucoup sur la mission que M. Monroe allait remplir, il mettait le plus grand soin à empêcher les voies de fait au Mississipi.

Mais cet envoyé n'avait pas encore quitté l'Amérique ; la navigation, les distances ne permettaient pas d'espérer une prompte issue de tant de difficultés ; l'Angleterre faisait de son côté des propositions séduisantes, et ses amis pouvaient, pour les faire accepter, profiter des cinq ou six mois dont on avait besoin pour connaître à Washington le résultat de la négociation dont ce plénipotentiaire était chargé.

On apprit, le 20 février 1803, avant qu'il fît voile pour l'Europe, que le commandant de l'escadre, sur laquelle était embarquée la division des troupes françaises destinées pour la Louisiane, avait reçu ordre de suspendre pour quelque temps son départ. Cette nouvelle, fort agréable aux amis de la paix, déconcerta un moment les partisans de la guerre, ou des mesures extrêmes. Mais bientôt reprenant courage, ils eurent recours aux publications et aux divers artifices par lesquels il serait si facile d'exciter des troubles, si les presses libres qu'on emploie à faire le mal, n'étaient un instrument encore plus sûr pour le guérir, quand elles n'ont pu l'empêcher.

Les mécontents eurent recours à un stratagème qui ne leur réussit pas long-temps.

On imprima dans un Journal de l'État du Kentucky un écrit dans lequel les États de l'Est étaient accusés de sacrifier à leurs intérêts ceux des États de l'Ouest, et où l'on conseillait aux derniers de se séparer de l'Union et de contracter une alliance avec la République française.

L'auteur du libelle, habitant du Kentucky, portait un nom français. Une clameur générale l'obligea de se tenir caché. Son effigie et ses écrits furent brûlés par le peuple, en signe de l'horreur que lui inspiraient des conseils tendant à diviser le pays. A l'ouverture de la cour fédérale, le grand jury lui dénonça le rédacteur (1); elle seule pouvait connaître de cette affaire. Ces peuples n'ont jamais pensé qu'il dût y avoir une exception pour les crimes politiques, et que des tribunaux spéciaux pussent être établis pour en être juges. Ils savent que si une telle arme était entre les mains d'un parti, tout accusé du parti contraire comparaîtrait sous la funeste prévention d'être un mauvais citoyen.

La fuite de ce libelliste fit cesser les poursuites, mais il demeura prouvé que toute faction qui voudrait se fortifier de l'appui, soit de la France, soit de l'Angleterre, s'attirerait l'animadversion de tous les bons citoyens.

---

(1) Pièces justificatives, n° 11.

Au 3 mars 1803, le congrès s'ajourna après avoir reçu des différentes législatures les témoignages d'une entière confiance dans sa sagesse, et la promesse de le seconder par toutes les mesures de vigueur que les circonstances pourraient rendre nécessaires.

M. Pichon, chargé d'affaires de France, jugea cette crise si forte, qu'il prit sur lui d'écrire au gouverneur espagnol de la Louisiane, pour le conjurer de prévenir des hostilités, par la révocation des prohibitions dont l'intendant était le seul auteur.

Les esprits furent un peu calmés par les assurances successivement données par le marquis de Casa Yrujo, ministre d'Espagne, dans une note où il déclarait officiellement que l'intendant avait agi sans autorisation, et qu'en conformité du traité, un autre lieu que la Nouvelle-Orléans serait assigné pour le dépôt des marchandises (1).

M. Monroe fit voile de New-Yorck le 8 mars 1803. Mais le secret de sa mission étant encore gardé, les alarmes ne furent point calmées.

Le président Jefferson, rassuré par sa propre détermination, ne jugea point à propos de répondre à ceux qui l'accusaient de pusillanimité (2). Le

---

(1) Dix mars 1803.
(2) Pièces justificatives, n° 12.

premier consul informé du contenu des instructions publiques que M. Monroe avait reçues, croyait aussi que ce président s'en était remis à la prudence du plénipotentiaire pour entrer au besoin dans des stipulations plus étendues relativement à l'acquisition projetée. La possibilité d'une guerre entre la France et l'Angleterre avait suggéré à M. Jefferson les mesures qu'il venait d'adopter, et c'est à deux mille lieues de l'Europe que cet homme d'état avait pressenti cette rupture.

L'histoire de la négociation exige des détails touchant le différend qui s'éleva entre les cabinets des Tuileries et de Londres dès les premiers mois de 1803. L'Europe à la suite de tant de vicissitudes, respirait à peine. Elle vit alors recommencer une crise qui l'agita pendant dix années, et la plus violente peut-être qui ait jamais troublé son repos. Les événements que je vais rapporter marchent de front avec tout ce qui tient au traité de cession de la Louisiane.

Le parti auquel les Anglais ont donné le nom de Grenville, était composé d'hommes d'une grande capacité. Ils avaient à cœur l'accroissement de la prérogative royale, déjà fortifiée par la politique constante de M. Pitt : ils comptaient cet homme d'état dans leurs rangs, quoiqu'il affectât l'indépendance, se bornant à manifester cette haine pour la France, dont son père lui avait transmis l'héritage.

M. Fox était l'ame d'une opposition plus zélée pour le bien du pays qu'elle ne paraissait ambitieuse. Il se montra un digne rival de Williams Pitt, et il eût triomphé de cet adversaire, si sa conduite privée eût été mieux d'accord avec la probité de ses doctrines politiques.

Le ministère, ainsi qu'il arrive ordinairement, se tenait entre les partis. Il avait à sa tête M. Addington et lord Hawkesbury, connu ensuite sous le nom de lord Liverpool. On a élevé des doutes sur la sincérité de leurs intentions lorsqu'ils conclurent la paix d'Amiens; mais nous croyons que M. Addington désira véritablement qu'elle pût être durable. On a prétendu que le premier consul fit d'abord peu de fond sur cette durée, et ne regarda la paix que comme une trêve. Il poursuivait sans relâche ses desseins dans la Haute-Italie, et réunissait à la France, sous des dénominations équivoques, ces contrées si long-temps contestées entre elle et l'Autriche. Quand ces changements et ceux qu'il opérait en Hollande et en Suisse lui eurent donné une grande prépondérance dans les affaires de l'Europe, il sentit que pour affermir ce nouvel ordre de choses et pour exercer cette vaste suprématie, il avait besoin à son tour de conserver la paix. Mais il la voulait à condition d'être en quelque sorte le dictateur universel, et il était d'autant plus éloigné de toute concession, que la révocation d'un seul des actes de sa puissance, aurait été suivie des exigences de ses rivaux pour la révocation de tous les autres.

Comme tous les conquérants, ce grand capitaine avait mis son bonheur et sa gloire à transporter d'un pays à l'autre une jeunesse guerrière, à mettre les masses des populations en mouvement, à étonner le monde par la promptitude et les succès avec lesquels il exécutait les desseins les plus vastes et les plus compliqués. Mais on eut alors sujet de croire que ces convulsions des empires avaient moins d'attrait pour lui; il en parlait avec une sorte de dédain, et il semblait porter la prodigieuse activité de son génie sur les travaux qui, dans la paix, embellissent la société et donnent aux peuples des jouissances tranquilles.

Donner à la France de meilleures lois civiles, méditer d'avance la réforme des codes, rétablir l'ordre dans les finances, ranimer le commerce et l'industrie, tels étaient les objets auxquels, assisté d'habiles conseillers, il consacrait son temps, en prolongeant ses travaux jusqu'au milieu des nuits. Si avec ces généreux sentiments il eût pensé que la liberté, sous de bonnes lois, était le plus beau présent qu'il pût faire aux hommes, le siècle où nous vivons serait appelé de son nom. Détourné pour un temps, qui dura peu, des desseins d'une guerre continentale, il ne concevait pas que sa République pût être florissante sans une marine commerçante, soutenue et protégée par de grandes forces navales. Il répétait souvent les maximes suivantes : « Sans « liberté des mers point de bonheur pour le « monde. Mais, pour obtenir cette liberté, il faut « que les puissances continentales frappent les « Anglais d'une crainte sérieuse pour leur com- « merce. Au lieu d'opposer à leurs forces mari- « times des forces impuissantes, au lieu de cons- « truire des vaisseaux de guerre, qui tôt ou tard « augmentent la marine anglaise, il faut aux « premières apparences d'hostilités armer des « corsaires qui, de tous les ports du continent « de l'Europe, iront à la poursuite des navires « marchands, et seront protégés par leur multi- « tude et par leur dispersion même. Les Anglais « ne pourront user de représailles, car ils se sont « emparés de presque toutes les branches du « commerce. Nous laissent-ils quelques colonies, « c'est afin de nous épuiser en vaines dépenses « pour leur conservation, et c'est pour nous « rendre, malgré nous, pacifiques par la crainte « de les perdre. Enfin, ajoutait-il, la liberté des « mers doit être odieuse aux Anglais, parce « qu'elle les réduirait à n'avoir que leur part « naturelle dans la prospérité générale. »

On ne faisait qu'entrevoir alors ce qui fut certain vingt-cinq ans plus tard. C'est que la possession des colonies est un fardeau dangereux pour un État à qui l'Océan est fermé aussitôt qu'une guerre maritime commence.

Les deux puissances étaient encore en paix, lorsqu'au milieu de janvier 1803, on reçut la nouvelle de la mort du général Leclerc, et le premier consul, persistant néanmoins dans ses premiers desseins, n'avait ralenti qu'à regret ses diligences pour le départ des nouvelles forces qu'il voulait envoyer en Amérique.

Ces armements n'avaient eu que St.-Domingue et la Louisiane pour objet; mais rien n'était plus éloigné de la politique habituelle de Napoléon que les demi-mesures et les tentatives timides. Il n'y avait jamais eu d'exemple, pendant la paix entre les puissances de l'Europe, d'un envoi de forces aussi considérables dans des pays éloignés. L'inquiétude des Anglais pour leurs colonies du golfe, pouvait être aisément justifiée, et quoi que le premier consul pût dire pour les rassurer, les ministres et les ambassadeurs furent excusables de ne pas ajouter une entière confiance à des protestations de ce genre. Elles étaient sincères, nous le croyons; mais la France une fois agrandie, fortifiée et toute puissante dans ces mers, qui pouvait répondre de l'avenir et garantir la sûreté de la Jamaïque et des Antilles anglaises? Par quels moyens pourrait-on empêcher les Français de s'emparer de tout le commerce des royaumes d'Espagne en Amérique? La modération dure rarement quand la force a pris un grand développement.

Après la pacification de 1802, l'Égypte et le

Cap de Bonne-Espérance furent évacués par les Anglais : mais ils continuaient à occuper l'île de Malte. Le premier consul en demandait aussi l'évacuation, en exécution du dernier traité. Il prétendait encore, qu'en vertu de la loi contre les étrangers, on fît sortir d'Angleterre des journalistes qui l'outrageaient périodiquement; et enfin, il se plaignait des complots tramés contre lui jusques dans Londres, et sous la direction d'hommes qui exerçaient de hautes fonctions.

Le Gouvernement anglais irrita encore plus son ressentiment en faisant intervenir les tribunaux dans ces querelles. Bonaparte s'offensa de la modération des peines prononcées contre les auteurs des libelles.

Le parlement avait été ouvert le 23 novembre 1802, et dès-lors on avait pu s'attendre, tant par le discours du roi, que par les débats auxquels il donna lieu, que l'opposition ferait tous ses efforts pour rendre la guerre inévitable.

« Le dernier traité de paix, » avait dit lord Grenville, « a été ratifié en mai, et la réunion du
« Piémont a eu lieu dès le mois de juin suivant.
« Parme et Plaisance ont eu le même sort, et la
« Louisiane a été arrachée, par un traité, à l'Es-
« pagne. Notre ennemi naturel et invétéré, » dit M. Canning, « poursuit sans relâche les
« projets qu'il a formés contre notre com-
« merce et notre navigation. Les desseins hostiles

« de la France, à l'égard de ce pays, ne peuvent
« plus être douteux. »

On était des deux côtés loin de s'entendre, et les difficultés ne firent que croître par divers actes publics. Le premier consul fit porter au corps législatif l'exposé de la situation de la République (1). Il s'y plaignait avec amertume d'un parti qui, en Angleterre, avait juré à la France une haine implacable, et de ce que depuis onze mois le cabinet de Londres refusait d'exécuter le traité d'Amiens. On y lisait ces lignes : « Cinq cent mille hommes doivent être,
« et seront prêts à défendre la République et à la
« venger. »

Le Gouvernement anglais se montra résolu à ne pas rétrograder d'un pas, et manifesta sa résolution par une démarche du plus grand éclat. Le roi d'Angleterre adressa, le 8 mars, aux chambres un message dans lequel il faisait pressentir une rupture prochaine. « Je suis, » disait le roi, « je suis informé des préparatifs considéra-
« bles qui se font dans les ports de Hollande et
« de France, et quoiqu'on m'assure qu'ils ont
« les colonies françaises pour objet, j'ai dû
« prendre des précautions pour la sûreté de mes
« domaines, l'honneur de ma couronne et les
« intérêts de mon peuple. »

---

(1) Vingt février 1803.

Deux jours après, les chambres reçurent un autre message, il portait : « Qu'en conséquence « des armements formidables préparés dans les « ports de France et de Hollande, pendant le « cours des négociations, le roi croyait néces- « saire d'appeler sans délai, et d'incorporer les « milices du royaume. »

Ce premier cri d'alarme jeté par les ministres, fut regardé en France comme un avant-coureur d'hostilités prochaines. Les Gouvernements des deux pays envisageaient cependant la guerre avec une sorte d'effroi à mesure qu'elle était plus certaine. Le premier consul lui-même, quoique résolu à ne céder sur aucun point, regrettait, après s'être autant avancé, de ne pouvoir sortir d'embarras avec honneur. Mais bientôt, suivant son usage, il prétendit que cette rupture était un bienfait de la fortune, et qu'arrivée deux ou trois ans plus tard, la vigueur de ses armées eût été amortie par le repos.

Les deux messages du roi d'Angleterre avaient été suivis d'un vote de dix mille hommes de mer. Le courroux du premier consul fut au comble. Le ministre des affaires étrangères reçut l'ordre de s'expliquer sans le moindre déguisement avec l'ambassadeur d'Angleterre, et les explications suivantes ne servirent qu'à faire pressentir que la rupture était près d'éclater.

« Il est connu de tout le monde, » dit M. de Talleyrand à lord Whit-Worth, « que l'expédition

« navale que nous préparions à Helvoet-Sluys,
« était destinée pour l'Amérique, et qu'elle était
« à la veille de faire voile. Cependant l'embar-
« quement de nos troupes et le départ de notre
« flotte ont été contremandés en conséquence du
« message du roi d'Angleterre. »

Cette promptitude à arrêter un armement commencé à grands frais, n'était pas dans le caractère du premier consul; mais, dans le fait, il n'accordait rien. Avant même d'avoir connaissance du message du 8 mars 1803, il avait regardé une guerre comme inévitable; il avait, sans hésiter, renoncé à un envoi de troupes en Amérique, trop bien averti que la flotte aurait été prise dans le trajet et conduite en Angleterre. Ainsi, ce que M. de Talleyrand promettait entrait dans le plan nouveau qui venait d'être arrêté.

Après avoir fait cette facile concession, le ministre français avait ajouté : « Nous avons
« voulu donner des preuves de notre empresse-
« ment à calmer les inquiétudes du Gouverne-
« ment Britannique, et nous espérons qu'il nous
« donnera à son tour une réponse satisfaisante
« sur ses préparatifs. Si notre attente est trom-
« pée, il sera nécessaire que le premier consul
« fasse entrer vingt mille hommes en Hollande;
« une suite naturelle de ce mouvement sera la
« formation d'un camp sur la frontière du pays
« d'Hanovre : il y en aura un à Calais. La pru-

« dence la plus ordinaire exigera même que l'ar-
« mée française soit mise sur le pied de guerre,
« et que des embarquements soient préparés
« pour mettre la France en état d'attaque et de
« défense. Le premier consul était à la veille de
« retirer les troupes de la Suisse; mais il est dans
« la nature des choses qu'il les y fasse rester, et
« même qu'il envoie de nouvelles forces en Italie.
« Réfléchissez, milord, sur cet état des affaires ;
« s'il n'est pas hostile, il est bien près de l'être. »
Enfin, on parlait même d'occuper Tarente, poste
aussi important que Malte pour une nouvelle
invasion de l'Égypte.

A la suite de cette conférence, le premier
consul envoya Duroc à Berlin, Colbert à Péters-
bourg, et ses plus intimes confidents à d'autres
cours pour leur faire part des mesures que le
message du 8 mars avait nécessitées.

Un incident particulier et presque domestique
fut fort remarqué alors, et nous le rapporterons
à cause de la gravité des circonstances où on se
trouvait.

Bonaparte ne s'était point assujetti, comme
d'autres princes peu initiés aux mystères de leur
propre politique, à ne traiter avec les ambassadeurs et les envoyés que par l'organe d'un
ministre. Il les entretenait tête-à-tête, ou même
publiquement, et souvent il usait avec trop peu
de ménagements de l'avantage qu'il avait de
parler au nom d'une nation puissante. Peu de

jours s'étaient écoulés depuis la date des deux messages du roi d'Angleterre. Les ambassadeurs respectifs n'en étaient pas moins assidus aux audiences et aux réceptions d'étiquette. A Paris, ces assemblées se tenaient aux Tuileries ; elles étaient nombreuses, et les ministres étrangers y étaient mêlés à la foule des courtisans. Un soir on y vit entrer le premier consul entouré de son cortège ordinaire ; il paraissait soucieux et rêveur. Il abrégea le tour qu'il était dans l'usage de faire dans le salon, et s'approchant de l'ambassadeur d'Angleterre, il lui dit à haute voix : « Vous êtes donc déterminés à la guerre ? — Non, « répondit lord Whit-Worth, nous connaissons « trop les avantages de la paix. » A ces paroles mesurées, le premier consul, sans être contenu par la présence de tant de personnages attentifs et curieux, répliqua avec véhémence : « Nous « nous sommes fait la guerre pendant quinze ans ; « l'orage grossit à Londres et paraît nous me-« nacer. Contre qui prenez-vous des précautions ? « Pourquoi vos armements ? Est-ce qu'on veut « quinze autres années de guerre ? Je n'arme « point. Ma bonne foi est manifeste. Rempli de « confiance dans un traité dont l'écriture est en-« core fraîche, je n'ai prêté l'oreille à aucun rap-« port malveillant, et j'ai banni ces inquiétudes « qui rendraient la paix aussi détestable que la « guerre. Je n'ai pas un seul vaisseau de ligne « armé dans mes ports, point de dispositions

« hostiles. La supposition contraire est une im-
« posture insigne. Je suis pris au dépourvu et
« j'en fais gloire. Si les Anglais sont les premiers
« à tirer l'épée, je serai le dernier à la remettre.
« S'il faut voiler d'un crêpe noir des traités so-
« lennels, si ceux qui ont signé la paix veulent
« la guerre, ils en répondront devant Dieu et
« devant les hommes. »

C'est par ces menaces hautaines, plutôt que par de bons raisonnements, c'est avec cette éloquence âpre et sans méthode que Napoléon entendait établir ses droits ou faire craindre ce qu'il n'avait pas encore entièrement résolu.

Mais les Anglais pouvaient défendre leurs entreprises par des raisonnements semblables, et ils n'étaient pas plus justes dans leurs actes. Des deux côtés cependant on avait en effet désarmé, et des deux côtés aussi, on prétendait n'agir que par représailles.

L'agitation était concentrée à Paris, dans le palais et dans les ministères. A Londres, elle avait éclaté parmi le peuple et dans le parlement. Les ministres se voyaient entraînés plus loin qu'ils n'avaient prévu ; le message du 8 mars avait rendu l'opposition triomphante, et elle flattait l'orgueil national en lui donnant l'espérance de restituer incessamment à l'Angleterre le premier rang qu'elle avait perdu.

Les conquêtes de Bonaparte avaient substitué aux formes et aux discussions diplomatiques, des décisions brusques, prises, pour ainsi dire, sur le champ de bataille. L'Angleterre, si long-temps en possession d'intervenir dans toutes les affaires, apprenait tout-à-coup, et sans avoir été préalablement consultée, qu'une province, qu'une vaste contrée avait changé de maître et de constitution. Elle se récriait sur les bouleversements de l'Europe, sur l'acquisition faite par la France de la partie espagnole de Saint-Domingue, de la Louisiane; et tandis qu'elle se plaignait, d'autres accroissements troublaient de plus en plus l'ancien état.

Le ministère anglais avait long-temps refusé d'articuler clairement ses griefs. Enfin, le 16 mars, lord Hawkesbury envoya une note à l'ambassadeur anglais à Paris, avec ordre de la communiquer. Elle était ainsi conçue : « Les traités et conven-
« tions se rapportent à l'état actuel de possession
« des parties contractantes, ainsi qu'aux traités
« ou engagements publics par lesquels ces par-
« ties sont liées à l'époque de la conclusion; de
« sorte que si cet état de possession et ces en-
« gagements sont altérés assez matériellement par
« les actes de l'une des parties pour affecter le
« pacte lui-même, l'autre partie a droit, suivant
« les lois des nations, à une satisfaction ou une
« compensation pour tout changement essentiel
« que de tels actes auraient subséquemment causé
« dans leur situation respective. Si la conduite de
« la France à l'égard des Hollandais, dont l'in-

« dépendance était garantie dans le traité de paix,
« si les acquisitions qu'elle a faites en divers lieux
« et particulièrement en Italie, ont accru sa puis-
« sance, Sa Majesté Britannique serait fondée à
« réclamer des équivalents. Ainsi, avant d'éva-
« cuer Malte, le roi a droit de demander des ex-
« plications propres à le satisfaire sur les divers
« points qui avaient excité des plaintes; et Malte
« ne pourra être évacué que quand il aura été
« pourvu à la sûreté des choses qui sont en
« péril. »

D'une et d'autre part donc on prétendait par la spoliation des tiers contenir ou châtier un rival; mais il est manifeste que dans cette carrière d'injustices, Bonaparte avait, du moins en Europe, fort dépassé l'autre puissance.

Ces grands objets furent discutés aux Tuileries, dans une de ces conférences intimes où le premier consul, entraîné par l'abondance de ses idées, exposait énergiquement les torts de ses adversaires, sans convenir qu'il en eût lui-même.

« Les principes d'une suprématie maritime, » dit-il à ses conseillers, « sont subversifs d'un des
« plus beaux droits que la nature, la science et
« le génie aient assurés aux hommes : c'est le
« droit de traverser les mers du monde avec au-
« tant de liberté que l'oiseau qui fend les airs ;
« de jouir des ondes, des vents, des climats, des
« productions du globe; de rapprocher par une

« navigation hardie des peuples séparés depuis
« la création; de porter la civilisation dans des
« contrées en proie à l'ignorance et à la barbarie.
« Voilà ce que l'Angleterre veut usurper sur tous
« les autres peuples. »

Un des ministres présents était en possession
de lui parler librement. Il lui dit : « Les Anglais
« n'ont-ils pas autant de motifs de redouter une
« suprématie continentale, et de s'alarmer de
« votre grande influence sur toute l'Europe? » Il
parut réfléchir; mais au lieu de répondre à un
raisonnement aussi direct, consultant les extraits
qu'il faisait faire des débats de la chambre des
communes d'Angleterre, il y lut un passage dont
il se montra fort irrité. C'était le discours d'un
des membres du parlement les plus distingués.
« La France, disait cet orateur, nous oblige de
« nous ressouvenir de l'injure qu'elle nous a faite,
« il y a vingt-cinq ans, en s'alliant avec nos colonies
« révoltées. Jalouse de notre commerce, de notre
« navigation, de notre opulence, elle veut les
« anéantir. Les entreprises du premier consul à
« la suite d'une paix trop facilement faite, nous
« forcent de nouveau d'en appeler aux armes.
« L'ennemi s'approprie par un trait de plume,
« des territoires plus étendus que toutes les con-
« quêtes de la France pendant plusieurs siècles.
« Il hâte ses préparatifs. N'attendons pas qu'il
« nous attaque; attaquons les premiers. »

« Maintenant, » reprit le premier consul, « pro-

« posez vos théories et vos abstractions, et voyez
« si elles peuvent résister aux entreprises de ces
« usurpateurs du domaine des mers. Laissons le
« commerce et la navigation en la possession
« exclusive d'un seul peuple, et le globe sera
« assujetti par ses armes et par cet or qui lui
« tient lieu d'armées. » Il ajouta ensuite ces paroles, où l'on trouve une première indication de
sa politique à l'égard des États-Unis et qu'une
sorte d'incorrection rend encore plus énergiques. « Pour affranchir les peuples de la tyran« nie commerciale de l'Angleterre, il faut la
« contrepoiser par une puissance maritime qui
« devienne un jour sa rivale: ce sont les États-
« Unis. Les Anglais aspirent à disposer de toutes
« les richesses du monde. Je serai utile à l'uni-
« vers entier si je puis les empêcher de dominer
« l'Amérique comme ils dominent l'Asie. »

Des circonstances, en apparence moins importantes que les conférences avec les ambassadeurs, et que les discours tenus dans le parlement, contribuaient à redoubler l'irritation
habituelle du premier consul.

Hors des deux chambres on s'exprimait avec
plus de véhémence encore que dans les débats
parlementaires. On lisait dans ces feuilles où se
manifeste l'opinion publique, qu'on ne tarderait
pas à reconnaître combien avait été funeste à
l'Angleterre la politique de ceux qui avaient affermi, par un traité solennel, l'établissement

d'une République puissante en Europe, et que la liberté une fois acclimatée dans un pays aussi heureusement situé que la France, y ferait des progrès dont l'Angleterre aurait tôt ou tard lieu de se repentir.

Un Journal français, qui se publiait à Londres, se distinguait des autres par l'extrême violence avec laquelle il était écrit. L'intention de pousser à la guerre s'y montrait à découvert, et les injures dirigées contre le chef du Gouvernement français ne permettaient pas d'en douter. On savait combien il était facile de l'irriter, et on l'outrageait jusque dans les personnes de sa famille. Les feuilles qui s'imprimaient à Paris n'étaient pas plus modérées à l'égard de l'Angleterre et de la maison régnante, et elles excitaient d'autant plus d'attention, qu'on savait que le premier consul n'était pas étranger à leur rédaction. L'opinion des Anglais n'était pas unanime en faveur de la reprise d'armes. Ceux qui firent alors le plus d'attention aux griefs élevés contre le traité, remarquèrent aisément que la jalousie commerciale et les intérêts maritimes y avaient la plus grande part. Tout accord durable semblait impossible entre deux peuples dont les prétentions étaient aussi peu conciliables. L'un veut faire exclusivement le commerce du monde entier; l'autre veut en avoir sa part.

La guerre devait trancher ces discussions, et Bonaparte qui ne comptait que sur lui-même pour la faire avec succès dans le continent, n'ignorait pas que les colonies ne pouvaient être défendues que par des forces navales; mais une si grande révolution dans l'ordre de sa politique extérieure ne fut pas soudaine. On peut voir dans la correspondance même du ministre des affaires étrangères à cette époque, par quelle gradation le changement s'opéra, et comment après un long silence, M. de Talleyrand renoua les communications avec M. Livingston (1). Bonaparte n'avait qu'une marine fort réduite à opposer à la plus formidable puissance qui jamais ait eu la domination des mers. La Louisiane était à la merci des Anglais, qui avaient une armée navale dans ces parages et de bonnes garnisons à la Jamaïque et aux îles du vent. On pouvait présumer qu'ils ouvriraient la campagne par cette facile conquête, et elle eût fait taire dans le parlement les voix qui demandaient que la paix fût conservée. Il conclut de cet état de choses qu'il fallait se hâter de changer de politique relativement à St.-Domingue, à la Louisiane et aux États-Unis. Les irrésolutions lui étaient insupportables, et avant que la rupture fût déclarée, il prit le parti d'agir comme si elle eût été certaine.

Il ne lui restait plus, en abandonnant ses

---

(1) Pièces justificatives, n° 13.

projets sur la Louisiane, qu'à empêcher que la perte que la France allait faire ne tournât à l'avantage de l'Angleterre. Cependant à ce moment même il crut devoir s'éclairer avant de se détacher de cette acquisition, la seule qu'il n'eût point faite l'épée à la main, et le fruit de ses propres négociations.

Plein de confiance en lui-même et dans l'habitude qu'il avait de porter un jugement prompt et hardi sur les affaires de l'État, il consultait cependant volontiers ceux qui en avaient une expérience pratique, et il se fiait trop à sa propre force pour craindre de s'engager dans une discussion. Quelquefois aussi il faisait entrevoir le parti vers lequel il penchait, et il n'était pas au-dessus de ce petit artifice, ordinaire à ceux qui, en demandant conseil, ont d'avance une opinion qu'ils désirent de voir triompher.

Il voulut avoir l'avis de deux ministres qui avaient connu ces contrées, et à l'un desquels l'administration coloniale devait être familière. Il était dans l'usage de s'expliquer sans préparation et sans réserve avec ceux en qui il avait confiance.

Le 10 avril 1803, dimanche de Pâques, après avoir donné son temps à la solennité du jour et aux exigences du cérémonial, il appela ces deux conseillers, et leur parlant avec cette véhémence et cette passion qu'il portait surtout dans les affaires politiques. « Je connais tout le prix de

« la Louisiane, dit-il, et j'ai voulu réparer la
« faute du négociateur français qui l'abandonna
« en 1763. Quelques lignes d'un traité me l'ont
« rendue, et à peine je l'ai recouvrée que je dois
« m'attendre à la perdre. Mais si elle m'échappe,
« elle coûtera plus cher un jour à ceux qui me
« forcent à m'en dépouiller qu'à ceux à qui je
« veux la remettre. Les Anglais ont successive-
« ment enlevé à la France, le Canada, l'Ile-Royale,
« Terre-Neuve, l'Acadie, les plus riches parties
« de l'Asie. Ils travaillent et agitent St.-Domingue.
« Ils n'auront pas le Mississipi qu'ils convoitent.
« La Louisiane n'est rien en comparaison de leurs
« agrandissements par tout le globe, et cependant
« la jalousie que leur cause le retour de cette
« colonie sous la domination française, m'an-
« nonce qu'ils veulent s'en emparer, et c'est
« ainsi qu'ils commenceront la guerre. Ils ont
« vingt vaisseaux dans le golfe du Mexique, ils
« parcourent ces mers en souverains, tandis que
« nos affaires à St.-Domingue empirent chaque
« jour depuis la mort de Leclerc. La conquête
« de la Louisiane serait facile s'ils prenaient seu-
« lement la peine d'y descendre. Je n'ai pas un
« moment à perdre pour la mettre hors de leur
« atteinte. Je ne sais s'ils n'y sont pas déjà. C'est
« leur usage, et pour moi, si j'étais à leur place,
« je n'aurais pas attendu. Je veux, s'il en est en-
« core temps, leur ôter jusqu'à la pensée de pos-
« séder jamais cette colonie. Je songe à la céder

« aux États-Unis. A peine même pourrai-je dire
« que je la leur cède, car elle n'est point encore
« en notre possession. Pour peu que je laisse de
« temps à nos ennemis, je ne transmettrai qu'un
« vain titre à ces républicains dont je recherche
« l'amitié. Ils ne me demandent qu'une ville de
« la Louisiane; mais je considère déjà la colonie
« comme perdue tout entière, et il me semble
« que dans les mains de cette puissance nais-
« sante elle sera plus utile à la politique, et même
« au commerce de la France, que si je tentais de la
« garder. Dites-m'en l'un et l'autre votre pensée? »

L'un de ces deux ministres avait servi dans l'armée auxiliaire envoyée par la France aux États-Unis pendant leur révolution. L'autre avait, pendant dix ans, rempli des fonctions publiques, soit comme secrétaire de la légation française, près du congrès, soit comme administrateur de Saint-Domingue.

« Il ne faut pas hésiter, dit ce dernier, à faire
« le sacrifice de ce qui va nous échapper. La
« guerre contre l'Angleterre est inévitable; pour-
« rons-nous défendre la Louisiane contre cette
« puissance avec des forces navales très-infé-
« rieures? Les États-Unis, justement mécontents
« de nos procédés, ne nous offrent pas un seul
« hâvre, pas un asile en cas de revers. Ils vien-
« nent, il est vrai, de se réconcilier avec nous,
« mais ils sont en querelle avec le Gouvernement
« espagnol, et ils menacent la Nouvelle-Orléans

« dont nous n'aurons qu'un moment la posses-
« sion. Au temps de la découverte de la Louisiane,
« elle n'eut que des voisins aussi faibles qu'elle :
« aujourd'hui ils sont puissants et elle est encore
« dans l'enfance. Le pays est à peine habité, vous
« n'y avez pas cinquante soldats. Où sont vos
« moyens d'y envoyer des garnisons? Pourrons-
« nous relever les fortifications ruinées, cons-
« truire une longue chaîne de forts sur une
« frontière de 400 lieues? Si l'Angleterre vous
« laisse entreprendre ces choses, c'est parce
« qu'elles tariront vos ressources, et elle vous
« verra avec une joie secrète vous épuiser par
« des efforts qui ne profiteront qu'à elle. Vous
« enverrez une escadre; mais, pendant qu'elle
« traversera les mers, la colonie aura succombé
« et l'escadre à son tour sera en péril. La Loui-
« siane est ouverte aux Anglais, du côté du nord,
« par les grands lacs; et si, au midi, ils se mon-
« trent aux embouchures du fleuve, la Nouvelle-
« Orléans tombera aussitôt en leur pouvoir.
« Qu'importe aux habitants à qui ils resteront
« soumis si leur pays ne doit pas cesser d'être
« une colonie? Cette conquête serait encore plus
« facile aux Américains; ils arrivent au Missis-
« sipi par plusieurs rivières navigables, et pour
« être maîtres du pays, il leur suffira d'y entrer.
« L'un de ces deux voisins croît chaque jour en
« industrie et en population, et l'autre a des
« moyens maritimes suffisants pour s'emparer de

« tout ce qui peut agrandir son commerce. La
« colonie existe depuis plus d'un siècle, et mal-
« gré des efforts et des sacrifices de tout genre,
« les derniers recensements attestent sa faiblesse.
« Si, devenue colonie française, elle prend des
« accroissements et de l'importance, il y aura
« dans sa prospérité même un germe d'indépen-
« dance qui ne tardera pas à se développer. Plus
« elle fleurira, moins nous aurons de chances de
« la conserver. Rien n'est plus incertain que le
« sort à venir des colonies des Européens en
« Amérique. Le droit exclusif que les métro-
« poles exerçaient sur ces établissements éloignés
« est de jour en jour plus précaire. Les peuples
« sont comme humiliés d'être dans la dépendance
« d'un petit pays d'Europe et s'en affranchissent
« aussitôt qu'ils ont le sentiment de leur force.

« Les Français ont tenté d'établir des colonies
« dans diverses parties du continent de l'Amé-
« rique. Partout leurs essais ont avorté. Les
« Anglais sont patients, laborieux; ils ne redou-
« tent point la solitude et le silence des pays
« nouvellement défrichés. Le Français, spirituel,
« actif, veut de la société : il aime à s'entretenir
« avec des voisins. Il se livre volontiers à des es-
« sais; mais, au premier contre-temps, il quitte la
« bêche ou la hache pour devenir chasseur. » Le
premier consul, interrompant ce discours, demanda comment il se faisait que les Français,
incapables de réussir dans une colonie conti-

nentale, eussent toujours fait des progrès dans les Antilles : « C'est, lui dit le ministre, parce « que les esclaves font tout le travail. Les « blancs, que le climat et la chaleur épuise- « raient bientôt, ont toujours la vigueur de tête « et de corps nécessaire pour diriger. — Je « suis de nouveau, dit le consul, irrésolu tou- « chant le maintien ou l'abolition de l'esclavage. « Par qui la terre est-elle cultivée à la Louisiane ? — L'esclavage, dit le ministre, a peuplé la Loui- « siane de la moitié de ses habitants. On a com- « mis une imprudence inexcusable en donnant « soudainement aux esclaves de St.-Domingue « une liberté à laquelle ils n'avaient pas été pré- « parés. Les blancs et les noirs ont été victimes « de cette grande faute. Mais, sans examiner au- « jourd'hui comment il conviendra de la réparer, « reconnaissons que les colonies où l'esclavage « est conservé, sont plutôt à charge qu'utiles à « la France. En même temps, néanmoins, gar- « dons-nous de les abandonner ; elles n'ont pas « les moyens de se gouverner elles-mêmes. Les « créoles sont Français, ils ont été encouragés à « ces cultures, à ce régime qui fait aujourd'hui « leur malheur. Préservons-les de nouvelles ca- « lamités. C'est à nous à pourvoir à leur défense, « à l'administration de la justice et aux soins du « gouvernement. Mais à quoi bon vous jeter « dans des embarras encore plus grands à la « Louisiane. Vous y mettriez les lois coloniales

« incessamment aux prises avec celles de la mé-
« tropole. De tous les fléaux qui ont affligé l'es-
« pèce humaine, l'esclavage est le plus détes-
« table : mais l'humanité même exige de grandes
« précautions dans l'application du remède, et
« vous ne pourrez l'appliquer si la Louisiane re-
« devient française. Les gouvernements résis-
« tent encore à demi à l'émancipation : ils tolè-
« rent en secret ce qu'ils condamnent ostensi-
« blement, et ils sont eux-mêmes embarrassés
« de la fausse position dans laquelle ils se trou-
« vent. La disposition générale des esprits est
« favorable à l'affranchissement : c'est envain que
« les colons et les planteurs veulent aller à l'en-
« contre d'un mouvement que la raison publique
« approuve. L'occupation de la Louisiane, colo-
« nie à esclaves, nous causera plus de dépenses
« qu'elle ne nous donnera de profits.

« Mais il est un autre genre de servitude dont
« cette colonie a perdu l'habitude, c'est celle du
« régime exclusif. Espérez-vous le rétablir dans
« un pays qui confine à celui où le commerce
« jouit de la plus grande liberté ? Le règne des
« lois prohibitives est fini quand une population
« nombreuse a résolu d'en secouer le joug. D'ail-
« leurs les produits, si long-temps possédés exclu-
« sivement par quelques peuples commerçants,
« cessent d'être privilégiés. On cultive partout
« la canne à sucre et le caféyer, et on les cultive
« à peu de frais. Chaque peuple entend récolter

« pour son propre compte toutes les denrées
« propres à son territoire et à son climat. Il y a
« sur le globe, entre les tropiques, des terres
« mille fois plus étendues que nos îles, et sus-
« ceptibles des mêmes cultures. Le monopole est
« devenu impossible quand les produits sont aussi
« multipliés, et les Louisianais ne souffriront pas
« qu'il enchaîne leur commerce. Voudrez-vous à
« main armée dompter les résistances? Les mé-
« contents trouveront de l'appui dans le voisi-
« nage, et vous rendrez ennemis de la France les
« États-Unis, avec lesquels des intérêts récipro-
« ques doivent nous lier pour des siècles. N'es-
« pérez aucun attachement des Louisianais pour
« votre personne. Ils rendent hommage à votre
« renommée, à vos exploits; mais l'amour des
« peuples n'est que pour les princes qu'ils regar-
« dent comme les auteurs de leur félicité, et
« quelle que soit votre sollicitude à cet égard,
« elle sera long-temps et peut-être à jamais sté-
« rile. Ces colons ont perdu le souvenir de la
« France; ils sont de trois ou quatre nations
« différentes, et à peine regardent-ils la Loui-
« siane comme une patrie. Des lois qui varient
« sans cesse; des chefs qui ne peuvent connaître
« ceux qu'ils vont gouverner et qui n'en sont
« pas connus; des changements opérés au gré
« des intérêts mobiles de la métropole ou de
« l'inexpérience des ministres; le danger conti-
« nuel de devenir parties belligérantes dans des

« querelles qui leur sont réellement étrangères,
« telles sont les causes qui, depuis cent ans, ont
« éteint dans les cœurs tout sentiment d'affection
« envers des maîtres éloignés de deux mille lieues,
« qui les échangeaient ou se les transmettaient
« comme un effet de commerce. Pour qu'il existe
« une patrie et des citoyens, il faut qu'au senti-
« ment du bien-être se joigne la certitude de sa
« stabilité. Les Louisianais, en apprenant qu'ils
« redevenaient Français, se sont dit : *Ce chan-*
« *gement n'aura pas plus de durée que les autres.*
« Citoyen consul, vous qui, par un des premiers
« actes de votre gouvernement, avez assez fait
« voir l'intention de donner ce pays à la France,
« si vous renoncez à le garder, il n'y a personne
« qui ne convienne que vous ne faites que céder
« à la nécessité, et bientôt nos commerçants eux-
« mêmes reconnaîtront que la Louisiane libre
« leur offre plus de chances de profit que la
« Louisiane soumise au monopole. Des comptoirs
« sont aujourd'hui préférables à des colonies, et
« même, à défaut de comptoirs, laissez faire le
« commerce. »

L'autre ministre fut d'un avis entièrement op-
posé. « Nous sommes encore en paix avec l'An-
« gleterre, dit-il, la colonie vient de nous être
« cédée, il dépend du premier consul de la con-
« server. Il ne serait pas de sa sagesse d'aban-
« donner, dans la crainte d'un danger douteux,
« le plus important établissement que nous puis-

« sions former hors de France, et de nous en
« dépouiller sans autre cause que la possibilité
« d'une guerre : autant et mieux vaudrait qu'elle
« nous fût enlevée par les armes. Si la paix est
« maintenue, la cession ne pourra être justifiée,
« et cet acte prématuré d'une inquiétude mal
« fondée, sera le sujet des plus vifs regrets. La
« conservation sera au contraire pour le com-
« merce et la navigation une ressource d'un prix
« inestimable, et dans nos provinces maritimes
« le sujet d'une joie universelle. Les avantages
« que nous avons retirés des colonies sont en-
« core présents à tous les esprits. Dix villes flo-
« rissantes ont été créées par ce commerce; et
« cette navigation, cette opulence, ce luxe qui
« embellissent Paris, sont les effets de l'industrie
« coloniale. Point de marine sans colonies; point
« de colonies sans une marine puissante ! Le
« système politique de l'Europe ne se conserve
« que par une résistance habilement combi-
« née de plusieurs contre un seul. Elle est néces-
« saire à la mer comme à la terre, si on ne veut
« subir la tyrannie d'une domination universelle
« du commerce et la perte des avantages im-
« menses d'une navigation libre. Vous ne la su-
« birez point, vous ne reconnaîtrez point par
« votre résignation que l'Angleterre est maîtresse
« souveraine des mers, qu'elle y est invulnérable
« et qu'on ne peut posséder des colonies que
« sous son bon plaisir. Ce n'est pas à vous qu'il

« convient de redouter les rois d'Angleterre. S'ils
« s'emparaient de la Louisiane, comme on vou-
« drait vous le faire craindre, le Hanovre serait
« aussitôt dans vos mains un gage certain de res-
« titution. La France privée de sa marine et de
« ses colonies, est dépouillée de la moitié de sa
« splendeur et d'une grande partie de sa force.
« La Louisiane peut nous dédommager de toutes
« nos pertes. Il n'existe pas sur le globe un seul
« port, une seule ville susceptible de devenir
« aussi importants que la Nouvelle-Orléans; et
« déjà le voisinage des États de l'Amérique en
« fait une des plus commerçantes du monde. Le
« Mississipi n'y arrive qu'après avoir reçu vingt
« autres rivières, dont plusieurs surpassent en
« grandeur les plus beaux fleuves de l'Europe.
« Le pays est enfin connu, les principales dé-
« couvertes sont faites, les dépenses n'ont pas
« été épargnées : l'Espagne surtout en a fait de
« grandes. Des forts existent, des terres fertiles
« et propres aux plus riches cultures sont déjà
« en plein rapport; d'autres n'attendent que des
« bras, et cette colonie ouverte à l'activité des
« Français les dédommagera bientôt de la perte
« de l'Inde.

« Le climat est le même que celui de l'Indostan,
« et il n'y a que le quart du chemin. La naviga-
« tion aux Indes, en doublant le Cap de Bonne-
« Espérance, a changé la marche du commerce
« de l'Europe et ruiné Venise et Gênes. Que sera-

« ce si l'isthme de Panama, si un simple canal s'ou-
« vre un jour pour passer d'un Océan dans l'autre ?
« Alors la révolution qu'éprouvera la navigation
« sera encore plus grande, et le tour du monde
« deviendra plus facile que les grands voyages
« d'aller et de retour qu'on fait aujourd'hui. La
« Louisiane sera sur cette route nouvelle et on
« reconnaîtra que cette possession est d'un prix
« inestimable.

« Un pays sans limites est à nous, et les sau-
« vages n'y ont qu'un droit imaginaire. Ils par-
« courent de vastes déserts, l'arc en main, à la
« poursuite des bêtes fauves. Mais l'état social
« veut qu'on possède, et ces chasseurs errants
« ne sont point des propriétaires. Le sauvage n'a
« droit qu'à sa subsistance et nous y pourvoi-
« rons à peu de frais.

« Toutes les productions des Antilles convien-
« nent à la Louisiane. Cette variété de produits
« a déjà introduit de grands capitaux dans ces
« contrées si long-temps désolées et désertes. S'il
« faut renoncer à Saint-Domingue, elle nous en
« tiendra lieu. Considérez aussi les maux qu'elle
« peut nous faire si elle devient notre rivale pour
« les cultures, dont nous avons depuis si long-
« temps le privilége. On a tenté d'y introduire
« la vigne, l'olivier, le mûrier, et ces essais, que
« l'Espagne n'a pu empêcher, n'ont que trop bien
« réussi. Si la colonie devient libre, il faut que
« la Provence, que nos riches vignobles se pré-

« parent à la concurrence redoutable d'un pays
« neuf et sans limites. Si, au contraire, elle est
« soumise à nos lois, toute culture nuisible aux
« nôtres sera prohibée.

« Il faut, pour l'avantage de l'Europe même,
« que la France soit riche. Aussi long-temps
« qu'elle a partagé avec l'Angleterre le com-
« merce de l'Amérique et de l'Asie, les princes,
« les cabinets qui consentaient à être soudoyés,
« profitaient de l'enchère que l'une mettait sur
« l'autre. Quelle différence pour tous, s'il n'y
« avait plus de concurrence et si l'Angleterre ré-
« glait seule ce tarif de l'amitié entre les princes!
« Seule riche elle ferait seule la loi.

« Enfin, la France, après ses longues agita-
« tions, a besoin d'une telle colonie pour sa pa-
« cification intérieure; elle sera pour notre pays
« ce que furent pour l'Angleterre, il y a un
« siècle, les plantations que les émigrés des trois
« royaumes ont élevées à un si haut degré de
« prospérité; elle sera l'asile de nos dissidents
« politiques et religieux; elle guérira une partie
« des maux que la révolution a faits; et conci-
« liateur suprême de tous les partis qui nous di-
« visent, vous y trouverez ces remèdes que vous
« cherchez avec tant de sollicitude. »

Le premier consul mit fin à la conférence sans
faire connaître ses intentions. La délibération
s'était prolongée jusque dans la nuit. Les ministres la passèrent à Saint-Cloud, et le lende-

main, dès la pointe du jour, il appela celui qui avait conseillé de céder la Louisiane et lui fit lire des dépêches arrivées de Londres. Son ambassadeur l'informait qu'il y avait des préparatifs et une activité extraordinaires pour tout ce qui se rapportait à la guerre, soit de terre, soit de mer.

« Les Anglais, dit Napoléon, me demandent
« Lampédouse qui ne m'appartient pas, et en
« même temps ils veulent garder Malte pendant
« dix ans. Cette île où le génie militaire a épuisé
« toutes les ressources de la défense des places
« dans une perfection qu'on ne peut concevoir
« si on ne l'a vue, serait pour eux un autre Gi-
« braltar. La leur laisser, serait leur livrer le
« commerce du Levant, et en dépouiller mes
« provinces méridionales. Ils veulent garder cette
« possession et que j'évacue immédiatement la
« Hollande.

« Les incertitudes et la délibération ne sont
« plus de saison. Je renonce à la Louisiane. Ce
« n'est point seulement la Nouvelle-Orléans que
« je veux céder, c'est toute la colonie sans en
« rien réserver. Je connais le prix de ce que j'a-
« bandonne, et j'ai assez prouvé le cas que je
« fais de cette province, puisque mon premier
« acte diplomatique avec l'Espagne a eu pour
« objet de la recouvrer. J'y renonce donc avec
« un vif déplaisir. Nous obstiner à sa conserva-
« tion serait folie. Je vous charge de négocier

« cette affaire avec les envoyés du congrès. N'at-
« tendez pas même l'arrivée de M. Monroe :
« abouchez-vous dès aujourd'hui avec M. Li-
« vingston; mais j'ai besoin de beaucoup d'argent
« pour cette guerre, et je ne voudrais pas la
« commencer par de nouvelles contributions. Il
« y a cent ans que la France et l'Espagne font
« à la Louisiane des dépenses d'amélioration dont
« le commerce ne les a jamais indemnisées. Des
« sommes ont été prêtées aux Compagnies, aux
« agriculteurs, et elles ne rentreront jamais au
« trésor. Le prix de toutes ces choses nous est
« bien dû. Si je réglais mes conditions sur ce
« que ces vastes territoires vaudront aux États-
« Unis, les indemnités n'auraient point de bornes.
« Je serai modéré en raison même de l'obligation
« où je suis de vendre. Mais retenez bien ceci :
« Je veux cinquante millions, et à moins de cette
« somme, je ne traiterai pas; je ferais plutôt
« quelque tentative désespérée pour garder ces
« belles contrées. Vous aurez demain vos pleins
« pouvoirs. » Le nouveau plénipotentiaire fit en
ce moment quelques observations générales sur
la cession des droits de souveraineté et sur l'a-
bandon de ce que les Allemands appellent les
ames, comme si elles pouvaient être l'objet
d'un contrat de vente ou d'échange. Il eut pour
réponse : « Voilà bien dans toute sa perfection
« l'idéologie du droit de la nature et des gens.
« Mais il me faut de l'argent pour faire la guerre

« à la nation qui en a le plus. Envoyez votre doc-
« trine à Londres ; je suis sûr qu'elle y sera le
« sujet d'une grande admiration, et cependant
« on n'y regarde pas de fort près quand il s'agit
« de s'emparer des plus belles contrées de l'Asie. »

« Peut-être aussi m'objectera-t'on que les
« Américains pourront être trouvés trop puissants
« pour l'Europe dans deux ou trois siècles ; mais
« ma prévoyance n'embrasse pas ces craintes éloi-
« gnées. D'ailleurs on peut s'attendre pour l'ave-
« nir à des rivalités dans le sein de l'Union. Les
« confédérations qu'on appelle perpétuelles, ne
« durent qu'autant qu'un des contractants ne
« trouve pas son compte à les rompre, et c'est
« aux dangers présents auxquels nous expose la
« puissance colossale de l'Angleterre, que je veux
« porter remède. »

Le négociateur désigné ne répliqua point. Le
premier consul continua ainsi : « M. Monroe est
« sur le point d'arriver. Ce ministre partant pour
« aller à deux mille lieues de ses commettants,
« le président a dû, après avoir défini l'objet de
« sa mission, lui donner des instructions secrètes
« plus étendues que l'autorisation ostensible du
« congrès pour les paiements à stipuler. Ni ce
« ministre, ni son collègue ne s'attendent à une
« résolution qui surpasse infiniment ce qu'ils
« vont nous demander. Commencez sans détour
« par leur en faire l'ouverture. Vous m'informe-
« rez jour par jour, heure par heure des pro-

« grès que vous ferez. Le cabinet de Londres
« est instruit des résolutions prises à Washington,
« mais il ne peut se douter de celle que je prends.
« Observez le plus grand secret, et recomman-
« dez-le aux ministres américains ; ils n'y ont pas
« moins d'intérêt que nous. Vous correspondrez
« avec M. de Talleyrand, qui seul connaît mes
« intentions. Si je l'en croyais, la France borne-
« rait son ambition à la rive gauche du Rhin et
« ne ferait la guerre que pour protéger les faibles,
« et pour n'être jamais démembrée. Mais il recon-
« naît aussi que la cession de la Louisiane n'est
« pas un démembrement de la France. Tenez-le
« informé des progrès de cette affaire. »

Les conférences commencèrent le même jour entre MM. Livingston et Barbé-Marbois, à qui le premier consul confiait cette négociation. Mais le ministre américain n'avait pas les pouvoirs nécessaires. Il résidait depuis environ deux ans à Paris. Sa mission avait d'abord eu pour objet l'indemnité réclamée par ses compatriotes pour des prises faites par les Français dans un état de paix. Des réponses vagues et même des espérances données, n'avaient été suivies d'aucun effet. La fierté républicaine avait été irritée, et M. Livingston, devenu méfiant, craignait que les ouvertures relatives à la Louisiane ne fussent un artifice pour gagner du temps. Il reçut, sans une entière confiance, l'ouverture qui lui fut faite par Marbois d'une cession de toute la province.

Cependant, après quelques débats sur une somme vaguement énoncée, il s'arrêtait à trente millions, sauf à augmenter ce marché par l'indemnité pour les prises faites en temps de paix sur les Américains. Il ne voulut même convenir d'un prix aussi élevé qu'avec la clause de ne faire de paiement qu'après la ratification du congrès.

Ces préliminaires étaient à peine entamés, et on ne pouvait en présager le résultat, quand on apprit que M. Monroe avait débarqué au Hâvre.

M. Livingston toujours livré à des méfiances, que tant de manquements de parole semblaient justifier, lui écrivit aussitôt qu'il sut son arrivée, que le moyen de réussir dans sa négociation serait : « de pouvoir déclarer que déjà les États-« Unis s'étaient mis en possession de la Nouvelle-« Orléans (1). » M. Monroe arriva le 12 avril à Paris, et eut aussitôt avec son collègue un entretien peu propre à lui faire espérer le succès de sa mission. « Je voudrais, lui dit M. Livingston, « que l'on eût adopté la proposition faite par « M. Ross au Sénat, et je suis à peu près cer-« tain que nous n'obtiendrons pas la Nouvelle-« Orléans par la voie des négociations. Il faudra « y employer la force. Mettons-nous d'abord en « possession, nous négocierons après (2). »

---

(1) Pièces justificatives, n° 14.
(2) Journal de la mission, par le colonel John Mercer. Mémoire de M. Monroe.

M. Monroe inquiet, mais non découragé, entra dès le lendemain en communication avec M. de Marbois.

Jusqu'à cette époque le litige avait eu ses branches au Mississipi, à Washington, à Paris et à Madrid. Ces deux cours, distraites par beaucoup d'autres affaires, ne correspondaient même pas sur celle-ci avec leurs ministres à Washington, et ces envoyés, laissés à eux-mêmes, étaient dans la nécessité d'agir comme au hasard. L'arrivée de M. Monroe changeait cet état de choses. Les pouvoirs dont il était porteur, lui étaient communs avec M. Livingston. Les négociateurs français et américains avaient également intérêt à ne pas laisser languir la négociation; elle avait enfin un centre, et elle fit des progrès rapides.

Les premières difficultés furent aplanies par une circonstance qui se rencontre rarement dans les congrès et conférences diplomatiques. C'est que les plénipotentiaires, se connaissant depuis long-temps, étaient disposés d'avance à une confiance réciproque.

M. Livingston, chancelier de l'État de New-Yorck, avait été membre du congrès et ministre des affaires étrangères. Il était chef d'une de ces familles patriciennes qui, par d'anciens services, une conduite honorable et une grande fortune bien employée, font l'ornement des États auxquels elles appartiennent. M. Monroe, ancien gouverneur de l'État de Virginie, est le même qui fut depuis président des États-Unis pendant huit ans, et justifia dans ces hauts emplois la confiance de ses concitoyens. Marbois, chargé de négocier avec eux, avait eu depuis trente-cinq ans part à beaucoup d'affaires publiques d'une grande importance, où toute son habileté n'avait été qu'un sens assez droit et un caractère constamment indépendant. Il avait pendant toute la guerre de la révolution d'Amérique résidé auprès du congrès. Les affaires de cette puissance nouvelle lui étaient depuis long-temps familières, et celles du continent méridional l'étaient devenues pareillement par une circonstance particulière. Le Directoire de France dont il avait toujours combattu les fausses mesures, s'était vengé en le bannissant à Sinnamari, et deux ans et demi d'exil lui avaient fait connaître encore mieux les besoins et l'état des colonies.

Les trois négociateurs avaient vu naître la République américaine, et depuis long-temps, leurs fonctions diverses avaient établi entre eux des communications relatives aux affaires publiques, et une intimité, qui n'a pas toujours lieu entre les ministres envoyés et ceux de la puissance qui les reçoit. Ils ne pouvaient se revoir sans se rappeler qu'ils avaient déjà été associés à un dessein conçu pour le bonheur des hommes, approuvé par la raison et couronné, après de grandes vicissitudes, par un glorieux succès. Cette bonne intelligence des plénipotentiaires ne les empêchait pas de regarder comme un devoir de traiter de part et d'autre aux conditions les plus avantageuses pour leur pays.

M. Monroe encore frappé des méfiances de son collègue, n'entendit pas sans surprise les premières ouvertures franchement faites par M. de Marbois. Au lieu de la cession d'une ville et de son petit territoire, une vaste partie de l'Amérique était en quelque sorte offerte aux États-Unis. Ils demandaient un simple droit de navigation sur le Mississipi, et les plus grands fleuves du monde allaient accroître leur domaine. Ils franchissaient une frontière intérieure pour porter leurs limites au grand Océan-Pacifique.

La délibération succéda à l'étonnement. Les deux co-plénipotentiaires, sans demander à se concerter hors de la présence du négociateur français, entrèrent aussitôt en explication et les conférences se succédèrent rapidement.

La négociation avait trois objets : premièrement la cession, ensuite le prix, et enfin l'indemnité due pour les prises et pour les cargaisons. Après s'être communiqué les prétentions respectives sur ces différents points, on convint de les traiter séparément, et même de faire trois actes ou traités distincts. On s'occupa d'abord de celui de cession. Les pleins pouvoirs des ministres américains ne s'étendaient qu'à régler ce qui regardait la rive gauche du Mississipi en y comprenant la Nouvelle-Orléans. Il était impossible de recourir au congrès pour avoir des instructions plus amples. On était à la veille des hostilités. Les plénipotentiaires américains n'eurent pas à réfléchir long-temps pour reconnaître que les circonstances dont la France subissait la loi, étaient les plus heureuses pour leur pays.

Dans l'espace de vingt-cinq ans, les États-Unis s'étaient, par des traités avec les puissances de l'Europe et avec les sauvages, successivement avancés jusqu'au Mississipi. Par la cession proposée, de vastes régions à l'Ouest allaient leur appartenir sans contestation. Elle les dispensait de construire des forts et d'entretenir des garnisons à une frontière française. Tandis que l'ambition, la passion des conquêtes exposent les nations de l'Europe à des guerres continuelles, le commerce, l'agriculture, des lois équitables et une sage liberté devaient garantir aux États-Unis tous les avantages de l'état social sans aucun de ses dangers. Une lutte sérieuse mais pacifique pouvait enfin s'engager entre l'industrie éclairée et savante des vieilles nations et la richesse territoriale d'un peuple nouveau, et cette rivalité utile au monde allait s'exercer dans la plus vaste carrière qui ait jamais été ouverte aux efforts de l'homme.

En même temps une observation d'un autre ordre se présentait à la pensée des négociateurs. On allait disposer encore une fois de la Louisiane, sans que ses habitants eussent été seulement consultés, sans qu'ils pussent se douter qu'à deux mille lieues on prononçait sur leurs plus chers intérêts. Les trois ministres en exprimèrent des regrets sincères. Mais un préliminaire de cette nature était rendu impossible par les circonstances, et différer la cession, c'eût été faire de la Louisiane une colonie de l'Angleterre; c'eût été rendre cette puissance prépondérante en Amérique, et affaiblir pour des siècles celle que le monde entier doit désirer de voir s'élever et s'agrandir dans cette partie du globe. Cette difficulté insoluble fut d'abord écartée.

Dès que la négociation fut engagée, les ministres américains déclarèrent qu'ils étaient prêts à traiter sur le pied de la cession de la colonie entière, et ils n'hésitèrent pas à prendre sur eux la responsabilité d'une augmentation de la somme qu'ils avaient été autorisés à offrir. Le projet du traité principal leur fut communiqué. Ils en avaient rédigé eux-mêmes un autre; mais ils consentirent à prendre provisoirement pour texte des conférences celui du négociateur français, et l'on tomba aisément d'accord de la déclaration suivante contenue dans le premier article. « La « colonie ou province de la Louisiane est cédée

« par la France aux États-Unis avec tous ses
« droits et appartenances, ainsi et de la manière
« qu'elle a été acquise par la République fran-
« çaise en vertu de l'article III du traité conclu
« avec S. M. Catholique à Saint-Ildephonse, le
« 1er octobre 1800. » Des termes aussi généraux
semblaient cependant rendre nécessaires des explications relatives à la véritable étendue de la
Louisiane. Les Américains insistèrent d'abord
sur ce point. Ils liaient la question de cette délimitation à la demande d'une garantie de la part
de la France, tant de la prise de possession que
de la mise en jouissance.

Dans les traités de cession d'un territoire, la
garantie de la part du cédant est une clause ordinaire. Des publicistes prétendent même que
quand elle est omise, elle n'en est pas moins de
droit.

Il y eut quelques recherches historiques et
diplomatiques sur la première occupation et sur
les premiers actes de souveraineté. Mais il n'en
résulta que ce qui arrive souvent en pareille
matière, c'est que les voyageurs et les historiens
n'avaient laissé à ce sujet que des notions vagues
et générales; ils n'avaient raconté que des accidents de navigation, des prises de possession
auxquelles des actes contradictoires pouvaient
être opposés. Suivant d'anciens documents, l'évê-
ché de la Louisiane devait s'étendre jusqu'à
l'Océan Pacifique, et la délimitation diocésaine,

ainsi exprimée, était à l'abri de toute contestation. Mais c'était tout au plus comme espérance, et les sauvages de ces pays ne se sont jamais doutés de la juridiction spirituelle qu'on prétend exercer sur eux. D'ailleurs elle n'avait rien de commun avec le domaine et la propriété. Un point important était cependant hors de toute discussion, c'est que d'après les traités existants alors, le cours du Mississipi, en descendant ce fleuve jusqu'au 31e degré, formait la ligne de séparation, laissant aux États-Unis ce qui est à sa rive gauche; à la droite au contraire, de vastes contrées étaient sans frontières bien reconnues, quoique la France en eût autrefois compris une grande partie dans ce qu'elle appelait Haute Louisiane; c'étaient plus particulièrement les contrées qui sont au sud du Missouri.

Les limites entre la Louisiane et la Floride au Sud du 31e degré, n'étaient pas à l'abri de quelques contestations. Elles avaient de l'importance, à cause du voisinage de la mer et de l'embouchure des fleuves; cependant ce pays, dédaigné par les puissances de l'Europe qui le possédèrent successivement, fut à peine mentionné dans les conférences. La France n'en avait eu que la moindre partie. Le seul nom de Floride n'eût pas été inséré au traité sans préparer pour l'avenir de grandes difficultés.

La limite au Nord et au Nord-Ouest était encore moins facile à décrire. Le cours du Mis-

sissipi pouvait même donner lieu à des querelles de voisinage, car ce grand fleuve, au-delà du 43ᵉ degré, reçoit plusieurs affluents regardés alors comme des sources. Une carte géographique était sous les yeux des plénipotentiaires. Ils négociaient avec une entière bonne foi ; ils convenaient franchement que ces matières étaient remplies d'incertitudes, mais ils n'avaient aucun moyen de les faire cesser. Le négociateur français dit : « Cette carte même nous avertit que
« beaucoup de ces pays ne sont pas mieux connus
« aujourd'hui que quand Colomb aborda aux
« Lucayes : ils ne sont à personne. Les Anglais
« eux-mêmes n'y ont pas encore pénétré. Les
« circonstances sont trop pressantes pour qu'on
« puisse se concerter à cet égard avec la cour de
« Madrid. On serait trop long-temps avant d'en
« finir, et peut-être voudrait-elle consulter le
« Vice-Roi du Mexique. Ne vaut-il pas mieux,
« pour les États-Unis, s'en tenir à une stipula-
« tion générale, et puisque ces contrées sont
« encore aujourd'hui, pour la plus grande partie,
« dans la possession des Sauvages, s'en remettre
« pour l'avenir aux arrangements ou traités que
« les États-Unis feront avec eux et avec l'Es-
« pagne. En cédant le Canada aux Anglais, à la
« paix de 1763, nous n'avons étendu la cession
« qu'aux contrées que nous possédions. C'est ce-
« pendant à la suite du traité que l'Angleterre a
« porté ses occupations de territoire à l'Occident

« jusqu'à l'Océan boréal. » Soit que les plénipotentiaires américains eussent désiré eux-mêmes ce qui leur était proposé, soit que ces mots devinssent pour eux un trait de lumière, ils déclarèrent qu'ils s'en tenaient aux termes de l'article III du traité de Saint-Ildephonse qui fut inséré en entier dans l'article premier du traité de cession (1).

M. de Marbois qui proposait le projet, dit à plusieurs reprises : « l'article 1er pourra avec le « temps faire naître des difficultés ; elles sont in- « surmontables aujourd'hui ; mais si elles ne vous « arrêtent pas, je désire au moins que vos com- « mettants sachent que vous en avez été avertis. »

Il importe en effet de ne pas introduire dans les traités des clauses ambigues ; cependant les plénipotentiaires américains ne firent plus d'objections, et si, en paraissant se résigner à ces termes généraux comme à une nécessité, ils les trouvèrent en effet préférables à des stipulations plus précises, il faut convenir que l'événement a justifié leur prévoyance. Les côtes de la mer de l'Ouest n'étaient certainement pas comprises dans la cession ; mais déjà les États-Unis y sont établis.

Le négociateur français rendant compte au premier consul de la conférence, lui fit remar-

---

(1) Pièces justificatives, n° 15.

quer l'obscurité de cet article et les inconvénients d'une stipulation aussi incertaine. Il eut pour réponse à son observation : « si l'obscurité n'y « était pas, il serait peut-être d'une bonne poli- « tique de l'y mettre. »

Nous avons rapporté cette réponse, pour avoir occasion de dire que l'article se trouve mieux justifié par les circonstances, et que la saine politique désavoue toutes les stipulations obscures. Si elles sont quelquefois commodes au moment d'une négociation difficile, elles peuvent être pour l'avenir la matière de plus grands embarras.

Avant de passer aux autres articles du traité, nous épuiserons ce qui se rapporte aux limites.

Les négociations qui eurent lieu plusieurs années après avec l'Espagne relativement aux limites de la Louisiane, furent longues et difficiles. Le gouvernement des États-Unis, au lieu de reconnaître franchement qu'il y avait matière à des doutes raisonnables, prétendit établir des droits incontestables. Les ministres du roi catholique mirent aussi en avant ces maximes, qui en apparence appartiennent au droit des gens, mais qui sont sans efficacité quand elles n'ont que des publicistes pour champions. On lisait ce qui suit dans une note remise par D. Louis de Onis au secrétaire d'État le 5 janvier 1813, dix ans après la cession : « En principe, la pro- « priété d'un lac ou d'un détroit de mer et celle

« d'un pays quelque étendu qu'il soit, est ac-
« quise par l'occupation des principaux points,
« pourvu qu'aucune autre puissance ne soit éta-
« blie dans l'intérieur. » Ainsi parlait ce ministre.

Peu d'années après, les vastes royaumes que l'Espagne avait possédés en Amérique, s'étaient soustraits à son obéissance.

La cession des Florides, en confondant les territoires, mit fin à une discussion jusqu'alors inextricable sur les limites de l'Est; et, quant à celles de l'Ouest, il fut d'autant plus facile de les régler ensuite, que déjà l'Espagne se trouvait dans la nécessité d'écarter tout ce qui pouvait compliquer ses intérêts dans ces contrées, et le traité conclu le 22 février 1819, fit cesser un des embarras dans lesquels cette puissance se trouvait engagée. Il y fut convenu que la Sabine séparerait les deux dominations.

Ce même traité détermine leur ligne de séparation, en allant des sources de l'Arkansas jusqu'à la mer Pacifique. Elle est tracée en remontant de ces sources jusqu'à la rencontre du 42e degré de longitude, et de là jusqu'à la mer en suivant ce parallèle.

Un ukase de l'empereur Alexandre du $\frac{4}{16}$ septembre 1821, porte que les droits de la Russie à la côte Nord-Ouest de l'Amérique, s'étendent de l'extrémité Nord de ce continent jusqu'au 51e degré de latitude en allant au Sud. C'est aussi à ce terme que les États-Unis, à partir du

42e degré, bornent leurs prétentions au Nord sur cette côte. Ils se sont même montrés disposés à s'arrêter au 49e degré.

L'Angleterre et les États-Unis n'ont pu s'accorder sur leurs occupations dans ces contrées. Une convention du 20 octobre 1818 porte que le territoire respectivement réclamé, sera ouvert au commerce des uns et des autres pendant dix ans. Ce terme vient d'expirer et le réglement est peut-être terminé. Quatorze jours avant la signature du traité de Gand, l'établissement de Colombie avait été remis par les Anglais aux États-Unis.

La cession de la Louisiane était un garant certain de la grandeur future des États-Unis et opposait un obstacle insurmontable au dessein formé par les Anglais de dominer en Amérique. Ils crurent ensuite que les négociations ouvertes à Gand pour la paix leur offraient les moyens de recouvrer des avantages perdus. Leurs plénipotentiaires renouvellèrent la prétention d'une libre navigation sur le Mississipi. Ils demandèrent, comme condition absolue, qu'un territoire neutre indien fût pris sur celui des États-Unis eux-mêmes, à l'effet de séparer les puissances contractantes par des limites entre lesquelles toute acquisition des terres indiennes serait interdite, et leurs déclarations à ce sujet étaient énoncées comme irrévocables. On répandait même qu'ils auraient voulu que la Louisiane fût rendue à l'Espagne (1). Mais il ne fut pas fait mention dans les conférences d'une si étrange prétention.

La Charte donnée par Louis XIV à Crozat, comprenait tous les pays arrosés par les eaux qui se déchargent directement ou indirectement dans le Mississipi. Le Missouri entre dans cette description, et ce fleuve a ses sources et plusieurs de ses affluents à peu de distance des monts rocheux. Le 1er article du traité de cession aux États ne signifie rien de plus; mais l'occupation intérieure qui en est résultée et celle qui eut lieu par la mer de l'Ouest, se sont mutuellement fortifiées.

L'acquisition de la Louisiane, celle des Florides, et l'extinction de quelques concessions ou titres originaux ont coûté aux États-Unis environ 160,000,000 de francs; les terres acquises contiennent 300,000,000 d'Acres. Il n'y en a qu'environ 18,000,000 de vendues. Ce qui reste encore à vendre aura, dans moins d'un siècle, une valeur de plusieurs milliards pour les États-Unis : celle que ces mêmes terres auront dans les mains des particuliers ne peut être calculée.

La cession fut suivie d'explorations savantes et hardies. Des expéditions furent envoyées par le congrès, et d'autres furent tentées par des

---

(1) Lettres de M. Monroe aux ministres plénipotentiaires américains; 25 juin 1814; 19 août 1814.

voyageurs et commerçants. Ils arrivèrent aux côtes occidentales à travers des pays jusqu'à ce jour inconnus aux peuples civilisés. Ils trouvèrent des nations hospitalières et pacifiques, et ils ne furent contrariés que par les obstacles naturels. Ces lieux sont plus étendus que tous les États-Unis ne l'ont été primitivement. Il y a de l'espace pour de nombreuses républiques, et des siècles pourront s'écouler avant que la population et la civilisation y aient accompli leur développement. Il serait oiseux d'examiner quelle forme de gouvernement sera adoptée par ces sociétés; quels liens les uniront, soit entre elles, soit avec une métropole. C'est assez de prévoir que celles qui se formeront sur le modèle des États-Unis, seront certainement heureuses, et le nouveau monde verra, ce que ne vit jamais l'ancien : des sociétés fondées pour l'avantage de tous les individus, et non pour celui des fondateurs, ou pour augmenter leurs richesses, accroître leur puissance, ou les repaître d'une vaine gloire. Même en se détachant de la confédération, elles resteront unies par des lois conservatrices de la paix, et par tout ce qui assure la félicité publique.

Suivant le deuxième article, « les terrains va-
« cants, les emplacements, places et bâtiments
« publics, les forts et fortifications et autres
« édifices qui ne sont la propriété d'aucun
« individu, étaient compris dans la cession. Les

« archives, papiers et documents directement
« relatifs au domaine et à la souveraineté de la
« Louisiane, devaient être laissés aux États-Unis,
« et des expéditions en bonne forme de tous ces
« papiers et documents nécessaires, être remises
« aux magistrats et administrateurs locaux. »

Les plénipotentiaires, tous trois plébéiens,
tombèrent aisément d'accord des stipulations de
l'article III, fondées sur une parfaite égalité entre
les habitants des pays cédés.

« Elles assurent à tous l'incorporation dans
« l'Union, aussitôt qu'il sera possible, d'après
« les principes de la constitution fédérale; et,
« en attendant, ils sont maintenus et protégés
« dans la jouissance de leurs libertés, pro-
« priétés, et dans l'exercice de la religion qu'ils
« professent. »

Ces dispositions préparaient un grand changement dans la constitution de la Louisiane, ou plutôt lui garantissaient l'avantage d'avoir enfin une constitution, des lois, et de se gouverner elle-même. Il n'y avait pas une seule famille de la colonie qui ne dût profiter tôt ou tard de cette révolution.

Le premier consul, laissé à ses dispositions naturelles, se portait toujours vers une justice élevée et généreuse. Il avait préparé lui-même l'article qu'on vient de lire. Les paroles dont il s'était servi à cette occasion sont consignées dans le journal de la négociation, et elles méritent

d'être conservées. « Que les Louisianais sachent,
« avait-il dit, que nous nous séparons d'eux à
« regret, que nous stipulons en leur faveur tout
« ce qu'ils peuvent désirer, et qu'à l'avenir, heu-
« reux de leur indépendance, ils se souviennent
« qu'ils ont été français et que la France, en les
« cédant, leur a assuré des avantages qu'ils
« n'auraient pu obtenir sous le gouvernement
« d'une métropole d'Europe, quelque paternel
« qu'il pût être. Qu'ils conservent donc pour nous
« des sentiments d'affection, et que l'origine com-
« mune, la parenté, le langage, les mœurs per-
« pétuent l'amitié. »

Le caractère des sauvages était bien connu des négociateurs. Trois siècles d'efforts et de dépenses n'ont pu changer les habitudes de ces races, elles s'obstinent à fuir la civilisation. Loin d'aimer une patrie, ainsi que quelques écrivains l'ont prétendu, elles abandonnent, sans grande résistance, le sol natal, dès que les hommes blancs s'établissent au voisinage. Elles préfèrent leur propre dispersion, leur anéantissement même à des améliorations qui leur imposeraient quelque contrainte et les assujettiraient au travail; mais elles ne veulent pas être dépouillées par la force.

Ces Indiens que nous traitons de barbares et d'hommes féroces, quand ils défendent leurs lacs, leurs rivières, leurs forêts; à qui nous reprochons la perfidie quand ils opposent les stratagêmes et la ruse à une tactique et à des armes supérieures, ont été quelquefois nos amis. Mais ils nous traitaient en ennemis ou en usurpateurs lorsque nous venions troubler leurs paisibles jouissances. S'ils étaient rassurés par de meilleurs traitements, ils appelaient le roi de France leur père, et ce titre parmi eux attribue encore plus d'autorité que celui de roi. Ces peuples, toujours enfants, veulent en effet être gouvernés paternellement. Ils préféraient les Français aux autres nations et ils les affiliaient volontiers à leurs tribus. Toujours prêts à user librement de ce qui, dans nos tentes et nos cases, se présentait à leur convenance, et même à se l'approprier, ils étaient, malgré cette communauté familière, dociles à nos commandements. Ils nous rendaient volontiers des services, et même ils venaient comme guerriers joindre leurs armes aux nôtres.

Parmi tant de traités conclus entre les puissances de l'Europe depuis la découverte de l'Amérique, il y en a qui disposent des territoires des nations Indiennes ou sauvages sans aucune réserve de leurs droits. Cette fois on fit plus d'attention aux intérêts de ces peuples. Le traité de cession nous en séparait pour jamais. Les trois négociateurs les voyaient comme des peuplades innocentes, qui, même sans intervenir à la cession, devaient y être rappelées.

Par l'article VI. « Les États-Unis promettent

« d'exécuter les traités et articles qui pourraient
« avoir été convenus entre l'Espagne et les na-
« tions indigènes. » — « Cette stipulation nous con-
« vient, avait dit M. Monroe, quoique ces peuples
« doivent à jamais ignorer le soin que nous pre-
« nons de leurs intérêts. »

Cet article prépara la bonne intelligence qui existe maintenant entre eux et les États-Unis. Ils sont traités avec humanité : on désire, il est vrai, de les éloigner des lieux établis ; mais quelques tribus résistent. Les Cherokees se sont même donné une constitution qui paraît leur avoir été dictée par des blancs établis parmi eux (1). Ce simulacre de gouvernement n'a pas semblé mériter grande attention. Le mélange avec les blancs a cependant introduit dans la peuplade un commencement de civilisation.

Le VIIe article contenait une réserve qu'on jugeait alors importante pour le commerce de la France et de l'Espagne, c'était « la faculté de por-
« ter, des ports de ces deux royaumes, ou de
« ceux de leurs colonies, dans ceux de la Loui-
« siane, leurs marchandises et produits pendant
« douze années, sans être soumis à d'autres ou
« de plus grands droits que ceux qui sont payés
« par les citoyens des États-Unis. »

Le commerce de ces pays s'était fait jusqu'a-

---

(1) Dix-huit juillet 1827.

lors presque exclusivement par les Français sous pavillon espagnol. L'article VII eût conservé ce privilège à la France, si la paix d'Amiens n'eût été rompue à l'époque où le traité de cession fut signé. La guerre dura près de douze années, pendant lesquelles ce commerce passa aux Anglais et aux Américains; et la perte de Saint-Domingue mit le sceau à la séparation. On ne croit pas qu'un seul navire français ait pu profiter des dispositions de cet article.

L'article VIII qui assure aux navires français le traitement de la nation la plus favorisée, a donné lieu à des discussions, et nous ne devons point anticiper sur leur résultat.

Telles sont les principales stipulations du traité de cession (1).

Les contractants auraient désiré que l'Espagne pût concourir à cette négociation, et, comme cette puissance s'était réservé par le traité du 1er octobre 1800 un droit de préférence en cas de cession, son acquiescement préalable était sans doute nécessaire. D'un autre côté, le moindre retard était accompagné de beaucoup de dangers, et la distance de Paris à Madrid, la lenteur ordinaire des délibérations de ce cabinet, auraient fait manquer la négociation. Ce n'est donc qu'après la conclusion du traité que la communica-

---

(1) Pièces justificatives, n° 1.

tion en fut donnée au ministère espagnol. Il se plaignit amèrement du mépris qu'on avait fait d'un droit incontestablement réservé à l'Espagne, et pendant près d'une année, il fut impossible d'obtenir de cette cour qu'elle approuvât le traité. Ses plaintes étaient justes. Ce ne fut que le 10 février 1804, que don Pedro Cevallos écrivit à M. Pinkeney, ministre des États-Unis, « que l'opposition « de S. M. catholique à l'aliénation de la Louisiane « était levée malgré les raisons solides sur lesquelles « elle était fondée, et qu'elle avait voulu en cette cir- « constance donner une nouvelle preuve de sa bien- « veillance et de son amitié pour les États-Unis. »

Le projet que les plénipotentiaires américains avaient d'abord proposé eux-mêmes, contenait un article suivant lequel le premier consul devait interposer ses bons offices auprès du Roi d'Espagne, à l'effet d'obtenir la cession des territoires situés à l'est du Mississipi et voisins de leur frontière méridionale. Ces stipulations de bons offices ne sont point rares dans les traités : mais leur exécution entraîne presque toujours des embarras, et le négociateur français obtint que les Américains se contenteraient de l'assurance que, le cas arrivant, le premier consul leur donnerait l'appui qui dépendrait de lui.

L'Espagne avait témoigné en plusieurs circonstances qu'elle redoutait beaucoup d'approcher les États-Unis de ses colonies continentales ou insulaires. Marbois fit part aux ministres amé-

ricains des inquiétudes de cette puissance, et il ajouta que beaucoup de politiques s'alarmaient aussi pour les Antilles françaises et prétendaient que tôt ou tard les États-Unis aspireraient à les posséder, et finiraient par les conquérir. Livingston lui dit : « Notez bien la réponse que je vais
« vous faire; je crois pouvoir assurer qu'elle sera
« confirmée par l'événement. Les Antilles fran-
« çaises sont loin d'aspirer à une indépendance
« qui bientôt livrerait à la population esclave les
« Européens qui y résident, et qui sont en trop
« petit nombre pour résister. Les blancs ont
« besoin d'être administrés, protégés, défendus
« contre cet ennemi intérieur; mais il serait con-
« traire à nos institutions, à nos intérêts même,
« de nous charger de cette défense. Le princi-
« pal commerce de ces îles nous appartiendra
« tôt ou tard à cause de la proximité, et toute
« la prudence des gouvernements de l'Europe ne
« retardera pas d'un demi siècle ce changement.
« Si ces colonies voulaient un jour se donner à
« nous et entrer dans l'union, nous ne pourrions
« les y recevoir; nous pourrions encore moins
« les posséder comme dépendantes et soumises.
« Je ne prévois pas ce qui arrivera si, dans leurs
« crises, elles se bornent à recourir à notre bien-
« veillance et à notre protection. Mais ne craignez
« pas que jamais nous fassions la conquête de
« ce que nous ne voudrions pas même accepter
« en don. »

Deux conventions importantes, signées le même jour que le traité, y étaient annexées et rappelées pour avoir la même valeur que si elles y eussent été insérées, et pour avoir même exécution.

La première était relative au paiement du prix de la cession. On en avait fait un acte séparé du traité, parce qu'on avait éprouvé quelque embarras à exprimer qu'on faisait à la fois un abandon du domaine souverain et une vente à prix d'argent de l'utile de ce domaine.

Au reste la nécessité de la cession étant reconnue, il était facile d'en justifier les conditions. Les motifs qui la déterminèrent avaient été indiqués par le premier consul lui-même, et nous les rapporterons ici.

Depuis un siècle, l'établissement et l'administration de la Louisiane avaient exigé de la part des gouvernements français et espagnols des avances dont les droits sur le commerce ne les avaient jamais indemnisés. Les églises, les fortifications, les forts construits sur les rives du fleuve et des rivières, un grand nombre d'autres édifices publics, avaient été élevés aux frais des deux puissances. Il y avait des magasins, des arsenaux; des fonds avaient été avancés au commerce et à l'agriculture; une foule d'autres dépenses avaient eu pour objet l'avantage de la colonie. Les actes de la cession faite à l'Espagne en 1764, contenaient des dispositions relatives au mobilier concédé. On lisait ce qui suit dans une lettre de Louis XV à M. D'Abadie (1) : « Mon intention est surtout qu'il soit « donné un inventaire signé double entre vous « et le commissaire de Sa Majesté catholique, de « toute l'artillerie, effets, magasins, hopitaux, bâ- « timents de mer, etc., qui m'appartiennent dans « ladite colonie, afin qu'après avoir mis ledit « commissaire en possession des bâtiments et « édifices, il soit dressé ensuite un procès-verbal « d'estimation de tous les effets qui resteront « sur les lieux et dont le prix sera remboursé « par Sa Majesté catholique sur le pied de ladite « estimation. » Le même remboursement est exigé dans une lettre écrite le 15 octobre 1802, par le roi d'Espagne au capitaine général, pour lui ordonner de remettre la province de la Louisiane au commissaire du gouvernement français. Ces réserves, il faut en convenir, étaient peu considérables et ne furent d'ailleurs qu'une stipulation de forme. Mais le premier consul considérait sous un autre point de vue la condition d'un prix. Cette évaluation en argent d'un droit souverain, si familière autrefois aux princes de l'Europe, étant une clause nécessaire du marché, il voulait du moins qu'elle ne fût jamais à charge au pays même qui était cédé. Le prix, quel qu'il

---

(1) Du 21 avril 1764.

fût, ne pouvait être stipulé pour un bien tel que celui de l'indépendance, et il en aurait terni l'éclat. La somme était payée par les États-Unis, non pas uniquement comme aux précédentes cessions et rétrocessions pour des effets mobiliers, mais comme prix des vastes territoires qu'ils acquéraient et du grand accroissement de puissance qui en résulterait pour l'union générale. La cession ne faisait rien perdre à la France; elle avait d'immenses avantages pour les États-Unis.

Le premier consul, croyant porter fort haut son évaluation, avait dit qu'il comptait sur cinquante millions. Le plénipotentiaire français, sans s'expliquer avec lui, jugea cette estimation beaucoup trop faible, et aussitôt que le prix fut devenu l'objet de la conférence, il dit qu'il était fixé à quatre-vingts millions et qu'il serait inutile de proposer une réduction (1).

Les plénipotentiaires américains n'avaient pu prévoir que la négociation dont le congrès les avait chargés deviendrait d'une aussi grande importance, et ils étaient sans pouvoirs spéciaux pour consentir à payer le prix demandé. « Nos « concitoyens, dit M. Livingston, ont une grande « aversion pour les dettes publiques; comment « pourrions-nous, sans encourir leur disgrâce,

---

(1) Pièces justificatives, n° 16.

« les charger de l'énorme contribution de quinze
« millions de dollars ? »

M. de Marbois, de son côté, insistait sur sa première demande de quatre-vingt millions, et dit : que pour les États-Unis c'était une somme bien inférieure à la véritable valeur de ces immenses contrées. Les négociateurs eux-mêmes les connaissaient très-imparfaitement; mais ils savaient qu'en passant à la rive droite du Mississipi, les Américains trouveraient des peuplades inconnues ou des déserts que la culture ne pouvait manquer d'enrichir, qui n'avaient jusqu'alors tenté l'ambition ou la cupidité d'aucune nation européenne, et qu'ils allaient successivement les annexer au territoire de l'Union. Ces domaines adventices auraient le privilège particulier d'acquérir chaque jour une plus grande importance et une plus haute valeur, sans autre soin de la part du souverain que d'en ordonner l'exploration et les travaux topographiques.

Les deux plénipotentiaires donnèrent enfin leur acquiescement (1), à condition que vingt millions prélevés sur les quatre-vingts, seraient employés d'une manière réglée par une convention particulière. Celle-ci devint le troisième instrument de cette négociation, et nous entrerons à ce sujet dans quelques développements relatifs à l'origine de cette créance.

---

(1) Pièces justificatives, n° 2.

La convention du 30 septembre 1800, avait eu pour objet d'assurer une satisfaction réciproque aux citoyens des deux États et de prévenir, autant qu'il était possible, tout ce qui pourrait à l'avenir troubler la bonne intelligence. On y retrouvait ce principe, dont une seule nation au monde conteste la sagesse et la légitimité : « que les bâtiments libres assurent la liberté des « marchandises, quand même elles appartien- « draient aux ennemis d'une des deux parties « contractantes. »

On avait spécialement promis de payer les créances résultant de réquisitions, de saisies et de captures de navires faites hors l'état de guerre ; mais l'exécution n'avait point suivi le traité. Depuis deux ans et demi le ministre des États-Unis réitérait ses réclamations et demandait en vain la réparation de ces dommages.

La cession de la Louisiane donna le moyen de réaliser des promesses si long-temps illusoires. Les Américains consentirent à payer quatre-vingts millions de francs, à condition que vingt millions, pris sur ce fonds, seraient destinés à payer ce qui était dû par la France aux citoyens des États-Unis.

Les deux ministres fixèrent cette condition d'une indemnité à vingt millions de francs, et peut-être s'attendaient-ils qu'on leur demanderait à connaître les bases de cette fixation pour les débattre et parvenir à une réduction. Mais aucune observation ne leur fut opposée, et il fut convenu à l'instant même que cette somme serait déduite de celle de quatre-vingts, pour les captures indûment faites. L'intention d'éteindre pour le passé toutes réclamations, était sincère des deux parts. La somme ronde de vingt millions était évidemment un aperçu formé sur des conjectures raisonnables, et ne pouvait être un résultat absolu établi sur pièces. Mais les négociateurs américains tombèrent d'accord que, s'il y avait quelque différence, elle était plutôt en excédant des réclamations qu'en insuffisance, et le plénipotentiaire français donna l'assurance que dans aucun cas cet excédant ne serait réclamé par la France. Ainsi les demandes respectives furent facilement consenties. Une franchise réciproque fut toute l'habileté des contractants et elle aplanit toutes les difficultés dont les négociations les plus simples ne sont pas toujours exemptes.

La manière de procéder au paiement, présenta d'abord quelques difficultés : il paraissait naturel que le trésor de France débiteur, après avoir reconnu sa dette, l'acquittât lui-même avec les vingt millions. D'un autre côté les Américains créanciers étant mieux connus dans leur pays qu'ils ne pouvaient l'être en France, les litiges entre les réclamants étaient plus faciles à vider devant leurs propres tribunaux. Ajoutons que les liquidations ou les réglements de créances faits sous l'autorité du gouvernement français, n'inspiraient pas alors une entière confiance. Il parut plus convenable de nommer respectivement des commissaires, qui reconnaîtraient chaque dette particulière, et d'en laisser faire ensuite le paiement en Amérique par la trésorerie des États-Unis.

Cette troisième convention, juste dans son but, se liait encore au traité de cession par un grand intérêt politique; c'était d'anéantir toute cause de mécontentement entre les deux nations, et d'éteindre cette animosité que fait toujours naître le refus d'acquitter une dette légitime. Des temps arrivent où l'on se repent de n'avoir pas fait à propos un acte de justice qui coûte plus cher quand on est forcé de réparer l'omission. Les rapports d'amitié et de bonne foi pour lesquels on n'a point attendu le moment du danger, fondent la confiance entre les peuples et en assurent la durée. Ceux qui connaissaient bien l'importance d'une intelligence parfaite entre les deux pays, mettaient un plus haut prix aux vingt millions ainsi employés, qu'aux soixante qui furent versés dans le trésor de France (1).

Le paiement de cette dernière somme se fit d'une manière qui mérite d'être mentionnée. La guerre entre la France et l'Angleterre ne pouvait plus être douteuse. Aucun banquier français

---

(1) Pièces justificatives, n° 3.

ne voulut se rendre intermédiaire d'une affaire pécuniaire aussi considérable. La Banque de France, à laquelle la proposition en fut faite, s'y refusa, sous prétexte que de telles affaires n'étaient pas dans ses attributions, et peut-être aussi parce que les régents de cette banque craignaient de la rendre dépendante d'une autorité trop prompte à intervenir dans des affaires dont une confiance réciproque doit être la base.

D'un autre côté, les ministres américains avaient à cœur que les paiements se fissent par l'entremise de la plus forte maison de l'Europe. Elle avait ses associés établis à Amsterdam et à Londres. Des banquiers de ces deux villes ne se firent pas attendre, et se trouvèrent même à Paris comme à jour fixe. Ils s'empressèrent à recueillir les profits dédaignés par les banquiers français, et le premier consul ne vit aucun inconvénient à leur en faire l'abandon. On croit que de son côté le ministère anglais vit sans peine que, malgré la certitude de la guerre, une maison anglaise se chargeât d'une négociation aussi profitable pour elle. Les termes convenus, tant pour le paiement de ce qui était dû au trésor, que pour l'indemnité des commerçants américains, furent ponctuellement observés. Les États-Unis qui portaient encore le poids d'une partie des dettes contractées pendant la guerre de la révolution, ne furent point embarrassés d'un accroissement de quatre-vingts millions de francs aux charges publiques; et ce peuple, dont le travail et l'économie font la richesse, acquitta ses engagements avec une ponctualité qui aurait fait honneur à la maison de banque la mieux accréditée. Les paiements devaient se faire à des échéances successives; mais les États-Unis avaient inspiré une entière confiance dans leur fidélité, et la maison de banque fit d'avance tous ceux qui lui furent demandés; elle les fit sans se faire solliciter, sans exiger des bénéfices extraordinaires; et sans doute elle trouva son propre avantage dans ce témoignage de la confiance qui lui était due (1).

Au moment de signer, les Américains demandèrent que les trois instruments fussent rédigés en anglais et en français. Ils reconnurent cependant qu'il était impossible d'avoir deux textes originaux en deux langues, et on déclara, en adoptant la formule qui termine les traités d'alliance de 1778, *que l'original avait été rédigé et arrêté en langue française*. La traduction exigea trois jours, et cet incident fut cause que les traités, conclus le 30 avril 1803 et qui en portent la date, ne furent effectivement signés que quatre jours après. Il n'y avait pas deux mois que M. Monroe avait fait voile de New-Yorck pour se rendre à Paris.

---

(1) MM. Hope et La Bouchere, d'Amsterdam, et Baring, de Londres.

Les rédacteurs de ces actes solennels qui règlent le sort des peuples, ne peuvent être insensibles à la gloire d'avoir fait des choses utiles à leur pays. Un sentiment supérieur à la gloire même semblait animer les trois ministres, et jamais peut-être des négociateurs ne goûtèrent une joie plus pure que la leur. Aussitôt qu'ils eurent signé, ils se levèrent, se donnèrent la main, et Livingston, exprimant la satisfaction de tous, dit : « nous avons long-temps vécu, et
« voilà la plus belle œuvre de toute notre vie.
« Le traité que nous venons de signer n'a point
« été surpris par la finesse ou dicté par la force :
« également avantageux aux deux contractants,
« il changera de vastes solitudes en des pays
« florissants. C'est d'aujourd'hui que les États-
« Unis sont au nombre des puissances du pre-
« mier rang; toute influence exclusive sur les
« affaires de l'Amérique échappe sans retour aux
« Anglais. Ainsi va cesser une des principales
« causes des rivalités et des haines européennes.
« Cependant, si les guerres sont inévitables, la
« France aura un jour dans le Nouveau-Monde
« un ami naturel, croissant en force d'année en
« année, et qui ne peut manquer de devenir
« puissant et respecté sur toutes les mers du
« monde. C'est par les États-Unis que seront ré-
« tablis les droits maritimes de tous les peuples
« de la terre, aujourd'hui usurpés par un seul.
« C'est ainsi que ces traités deviendront comme

« une garantie de la paix et du bon accord entre
« les états commerçants. Les actes que nous ve-
« nons de signer ne feront point couler de larmes ;
« ils préparent des siècles de bonheur pour des
« générations innombrables de créatures hu-
« maines. Le Mississipi et le Missouri les verront
« se succéder et croître au sein de l'égalité, sous
« des lois justes, affranchies des erreurs de la
« superstition, des fléaux des mauvais gouver-
« nements et vraiment dignes des regards et des
« soins de la Providence. »

Le premier consul avait suivi avec un vif intérêt les progrès de cette négociation. On se rappellera qu'il avait énoncé cinquante millions comme le prix qu'il mettait à la cession, et il est permis de croire qu'il ne s'attendait pas à obtenir une aussi grande somme. Il apprit que quatre-vingts millions avaient été convenus ; mais qu'ils étaient réduits à soixante par le prélèvement stipulé pour acquitter la dette de la France envers les Américains. Oubliant alors, ou feignant d'oublier le consentement qu'il avait donné, il dit avec vivacité au ministre français : « Je veux que ces vingt millions soient
« rendus au trésor. Qui vous a autorisé à dis-
« poser des deniers de l'État? Les droits des
« réclamants ne viennent qu'après les nôtres. »
Ce premier mouvement fut calmé aussitôt qu'on l'eut fait souvenir qu'il avait préalablement consenti à traiter pour une somme beaucoup

moindre, et que le trésor en recevait une plus grande, sans y comprendre les vingt millions d'indemnité pour les prises. « C'est vrai, s'écria-
« t-il, la négociation ne me laisse rien à désirer :
« soixante millions pour une occupation qui ne
« durera peut-être qu'un jour ! Je veux que la
« France jouisse de ce capital inespéré, et que
« ce soit par des travaux dont sa marine puisse
« profiter. » A l'instant même il dicta un décret pour l'exécution de cinq canaux dont les projets l'occupaient depuis quelque temps. Mais d'autres soins firent, peu de jours après, oublier ce décret. Cette négociation heureusement terminée, avait exigé si peu d'habileté et d'efforts, qu'on trouverait exagérés les témoignages du contentement de Napoléon, si l'histoire pouvait s'arrêter à ces détails.

Les paroles suivantes font assez connaître quelles pensées dominaient alors le premier consul. « Cette accession de territoire, dit-il, affermit
« pour toujours la puissance des États-Unis, et je
« viens de donner à l'Angleterre une rivale mari-
« time qui tôt ou tard abaissera son orgueil. »

Quinze jours après la signature, M. Monroe partit pour Londres; il y resta près d'un an et travailla sans succès à un réglement d'articles de navigation et de neutralité.

La guerre était inévitable : les soixante millions furent dépensés pour les apprêts d'un débarquement qui ne devait jamais s'exécuter, et ces démonstrations suffirent pour obliger le gouvernement anglais à faire des dispositions de défense qui lui coûtèrent beaucoup au-delà de cette somme.

L'arrivée de M. Monroe à Paris avait excité l'attention de l'ambassadeur anglais. On ne connaissait à Londres l'objet de la mission de cet envoyé que par le contenu des résolutions du congrès. Le secret des conférences fut bien gardé, et lord Whit-Worth ne soupçonna même pas qu'elles avaient eu pour résultat une cession de toute la Louisiane. Cette affaire étant terminée, le cabinet français cessa de temporiser. Le gouvernement britannique de son côté jugeait les incertitudes hors de saison. Cependant les ambassadeurs respectifs, après avoir reçu leur rappel, eurent encore quelques communications qui semblaient pacifiques. Le 4 mai, le lendemain de la signature du traité de cession, et quatre jours après sa conclusion, le premier consul fit transmettre à lord Whit-Worth une note par laquelle il demandait que Malte fût remise en dépôt à l'Autriche, à la Russie et à la Prusse, qui seraient garantes de l'indépendance de l'île. La note finissait par ces mots : « Si cette proposition est rejetée, il sera mani- « feste que l'Angleterre n'a jamais voulu exé- « cuter le traité d'Amiens, qu'elle n'a même été « de bonne foi dans aucune de ses demandes. »

L'Angleterre proposa de ne garder Malte

que pendant le temps nécessaire pour mettre l'île de Lampedouse sur le pied d'une station navale; mais elle voulait que la France s'engageât par un article secret à ne requérir l'évacuation qu'au bout de dix années, et que la Suisse et la Hollande fussent évacuées un mois après la ratification de la convention. Les chevaliers aidés par toutes les puissances chrétiennes avaient employé deux siècles et demi à fortifier Malte, et les Anglais s'en étaient rendus maîtres sans efforts et sans frais. On entendit, à ce sujet, ces paroles du premier consul : « Ils ne rendront « jamais cette île que de force, fût-elle réclamée « par les chevaliers. » Dès-lors aussi leur persévérance dans la résolution d'en rester possesseurs, fit présumer qu'ils aspiraient à dominer dans la Méditerranée comme dans les autres mers, et plus souverainement qu'aucun des États qui en occupent les rivages. Peut-être même des communications plus promptes et plus faciles avec l'Inde, entrèrent, dès cette époque, dans les desseins de l'Angleterre.

Le roi de la Grande-Bretagne demandait aussi pour le roi de Sardaigne, une indemnité en Italie, et, à ces conditions, il consentait à reconnaître les Républiques italienne et ligurienne.

La France, en rejetant ces ouvertures, offrait d'accepter la médiation proposée par la Russie. Ces communications, en apparence pacifiques, étaient peu sincères, et on savait de part et d'autre qu'elles ne seraient point acceptées. La négociation fut rompue, les ambassadeurs quittèrent, l'un la France, et l'autre l'Angleterre le même jour, 17 mai 1803.

La guerre fut le résultat de cette politique jalouse et de cette passion de s'agrandir qui entraînaient les deux puissances. Elle se ralluma avec une ardeur, inspirée d'un côté par le besoin de propre conservation, de l'autre par l'orgueil égarant le génie.

Ici, on voyait les talents militaires dans le plus haut degré, une vaste capacité, une audace et une volonté ferme et persévérante qui présageaient de longs et brillants succès; mais en même temps une passion immodérée pour la gloire, une ambition effrénée et l'oubli des droits d'autrui. Quelques hommes dont la prévoyance semblait pusillanime, redoutèrent dès-lors les plus déplorables catastrophes.

Il y avait en Angleterre des conseils plus habiles, des affaires mieux ordonnées, une administration amie d'une sage liberté, forte de l'estime et de la confiance des peuples, et supérieure par leur appui à toutes les factions. En même temps les hommes d'état qui étaient à la tête des conseils britanniques, dissimulaient mal la résolution de conserver la direction des affaires de l'Europe, et de s'agrandir toujours en Asie et en Amérique.

Les hostilités commencèrent le 22 mai par la prise des bâtiments du commerce français. Le même jour Bonaparte donna sa ratification au traité de cession, sans attendre celle des États-Unis. Il importait que l'accomplissement de cette formalité de la part de la France ne laissât aucun motif de considérer la colonie comme étant encore française. Les ratifications et l'échange ne pouvaient éprouver de retard à Washington. Après ces actes et la mise en possession, toute entreprise des Anglais contre la Louisiane eût été dirigée contre une province de l'Union américaine et eût donné lieu à de justes réclamations de la part de la confédération entière.

FIN DE LA DEUXIÈME PARTIE.

SOMMAIRE

DE

LA TROISIÈME PARTIE.

Exécution du traité et des conventions, 1803. — Obstacles à l'exécution de la part des Espagnols, 1803. — Difficultés d'exécution, M. Jefferson les écarte, 1803. — Débats à ce sujet dans le congrès, 1803. — Situation des partis à la Louisiane, 1803. — La cession de la Louisiane est faite par l'Espagne à la France, 30 novembre 1803. — Possession passagère au nom de la France, 1803. — Cession faite par la France aux États-Unis, 19, 20 décembre 1803. — Formalités de la cession aux États-Unis, 1803. — Derniers adieux des Français à leur métropole, 1803. — État de la Louisiane après la cession, 1803, 1804. — Constitution de la Louisiane, 1812. — Noms; limites, 1812. — Limites nouvelles; Florides, 1812. — Sauvages; monuments. — Trapistes venus d'Europe, 1812. — Choses naturelles. — Exploration. — Population. — Culture. — Produits. — Progrès rapides. — Habitudes. — Mœurs; religion. — Voyages; découvertes. — Progrès à la Louisiane. — Embarras de l'Angleterre, 1808. — L'Angleterre veut regagner son ascendant en Amérique, 1809. — Injustices et violences réciproques des Anglais et des Français sur les mers, 1810. — Troubles dans les opérations du commerce maritime, 1810. — Les États-Unis mal préparés pour la guerre, 1809. — Intrigue d'un gouverneur du Canada pour mettre la division dans les États-Unis, 1809. — Henry découvre l'intrigue au président du congrès, 1812. — La modération du président calme les mécontents, 1812. — Le congrès déclare la guerre à l'Angleterre, 1812. — Guerre de l'Angleterre et des États-Unis, 1812. — La Louisiane est menacée, 1813. — La Nouvelle-Orléans est sans défense, 1814. — Jackson ranime le courage des Louisianais, 1814. — Pirates de Barataria, 1811, 1812, 1813. — Les commandants anglais recherchent leur alliance, 31 août, 1er septembre 1814. — Sont détruits par les Américains, 11, 19 septembre 1814. — Forces de terre et de mer dirigées contre la Nouvelle-Orléans, 1814. — Défense courageuse de la Nouvelle-Orléans, 1815. — Dispositions de défense, 1815. — Le siége est levé; le pays évacué, 1815. — Jackson remercié solennellement, 1815. — Suites de la paix de Gand, 1815. — La Louisiane après la paix de Gand, 1815. — Races françaises chez les Indiens. — Champ-d'Asile, 1817, 1818. — Des officiers français se réfugient et sont accueillis à la Louisiane. — La colonie du Champ-d'Asile est dispersée, 1819. — Sort des émigrants d'Europe.

HISTOIRE

DE

LA LOUISIANE.

TROISIEME PARTIE.

EXÉCUTION DU TRAITÉ DE CESSION DE LA LOUISIANE. — ÉVÉNEMENTS AUXQUELS CETTE CESSION DONNE LIEU.

La prévoyance du premier consul et ses inquiétudes touchant le parti que l'Angleterre prendrait dans cette circonstance, furent justifiées. Les ministres anglais informés de l'objet de la mission de M. Monroe, avaient jugé qu'il n'était plus temps d'entreprendre la conquête de la Louisiane, à moins d'en être d'accord avec les États-Unis. Ils en firent la proposition à M. Rufus-King, l'envoyé américain à Londres, faisant entendre qu'on pourrait la leur rétrocéder à la paix. Peu de jours après la signature du traité, les deux plénipotentiaires américains à Paris furent instruits de cette ouverture par M. King. Il leur fut facile de présumer par combien de sacrifices leur pays aurait eu à payer la rétrocession annoncée, si l'Angleterre une fois en possession eût toujours été disposée à l'effectuer ; ainsi des offres qu'ils n'étaient plus maîtres d'accepter, ne leur causèrent point de regrets. D'un autre côté, il importait que le gouvernement britannique connut le résultat de la négociation, et cette communication lui fut donnée sans retard.

La guerre avec la France étant commencée, les Anglais avaient intérêt à conserver la bonne intelligence avec les États-Unis. La proposition de s'emparer de la Louisiane étant écartée, M. King reçut de lord Hawkesbury une réponse satisfaisante touchant la cession. Il se hâta de la transmettre à son Gouvernement. Mais dans l'incertitude où Bonaparte était encore à ce sujet, Il prit le parti de faire faire l'échange des ratifications à Washington, au lieu de le faire à Paris. Il voulait surtout, en gagnant ainsi l'Angleterre de vitesse, accélérer l'expédition des valeurs stipulées.

Les traités envoyés à Washington aussi diligemment qu'il fut possible, y arrivèrent le 14 juillet 1803. Les actes originaux destinés pour la Louisiane, y étaient joints. M. Pichon, chargé d'affaires de France, avait ordre de les faire parvenir au préfet Laussat, aussitôt que les ratifications auraient été échangées.

La défense d'entreposer à la Nouvelle-Orléans, était enfin levée, et l'intendant, par une proclamation du mois de mai 1803, avait annulé celle du 16 octobre précédent, qui avait excité tant d'agitation.

Cet obstacle avait à peine cessé, lorsque le ministre d'Espagne à Washington informa le congrès « qu'il avait ordre d'avertir le gouver-« nement fédéral de suspendre la ratification et « l'exécution des traités de cession de la Louisiane, « attendu que le gouvernement français, en re-« cevant cette province, s'était engagé envers « l'Espagne à ne la rétrocéder à aucune autre « puissance; et qu'en outre, une des conditions « en vue desquelles le roi son maître avait remis « la colonie à la France, était que cette dernière « puissance obtiendrait de toutes les cours de « l'Europe la reconnaissance du roi d'Étrurie. « La France n'ayant pas exécuté cet engagement, « le traité de cession était nul. »

Le marquis de la Casa-Yrujo avait donné de la publicité à sa protestation, et cette complication de méfiances et d'intérêts opposés allait replonger l'affaire dans l'état de confusion d'où le traité de Paris l'avait tirée. Les uns prétendaient voir dans l'opposition du ministre du roi catholique un concert entre l'Espagne et l'Angleterre pour empêcher l'effet de la cession. D'autres, supposant de la part de la France la plus honteuse supercherie, avançaient que l'Espagne n'agissait que par son impulsion, et ils insistaient surtout pour que les valeurs convenues ne fussent délivrées qu'après la prise de possession.

M. Pichon avait ordre de combiner ses démarches et ses communications de sorte que les deux cessions, celle de l'Espagne à la France et celle de la France aux États-Unis, fussent faites sans laisser un intervalle de temps qui eût pu justifier une entreprise des Anglais. Il était informé des soupçons qu'on s'attachait à répandre sur la bonne foi du cabinet des Tuileries ; quelques mécontents élevaient des clameurs touchant l'énormité du prix accordé. Ces inquiétudes enchaînaient la bonne volonté du gouvernement américain, qui autrement eût été disposé à délivrer sans délai les valeurs et effets de crédit impatiemment attendus à Paris. M. Pichon prit donc, dès le 14 octobre, le parti d'envoyer par terre à M. Laussat les ordres qu'il était chargé de lui transmettre, et les protestations de M. Yrujo ne l'en détournèrent point. Les censeurs du traité s'obstinaient à dire que le dissentiment apparent entre les deux ministres, n'était qu'un artifice convenu entre les cabinets de Paris et de Madrid.

De son côté M. Jefferson, se mettant au-dessus des alarmes qu'on se plaisait à répandre et dédaignant les méfiances, convoqua une réunion du congrès, en devançant, à cause de la conjoncture, l'époque accoutumée. Il ouvrit la session le 17 octobre 1803, et il soumit les traités à l'examen et à la sanction constitutionnelle du

Sénat. La grandeur de la somme et la nature même du contrat donnèrent lieu à des débats. Les sénateurs opposants, hommes dignes d'estime, mais partisans des théories rigoureuses, invoquaient à l'appui de leur opposition ces maximes de justice universelle que la nécessité et même la convenance font taire si souvent. « Le congrès, « disaient-ils, n'avait pas la faculté d'annexer par « un traité, de nouveaux territoires à ceux de la « confédération. Ce droit ne pouvait appartenir « qu'au peuple entier des États-Unis. » Ces sénateurs exigeaient aussi l'acquiescement libre des Louisianais; « c'était leur droit naturel ; et le « consentement formel des deux peuples était, « suivant eux, indispensable : celui des uns pour « se donner, celui des autres pour s'agrandir. « Ni la constitution, ni aucun acte émané d'eux « n'avait autorisé le président à conclure un « semblable traité. »

Ces opposants alléguèrent même au sein d'une assemblée républicaine, l'exemple des souverains absolus en Europe. « On a vu, disaient-ils, « ces princes porter plus de respect au droit « originaire et primitif des peuples et ne pas « disposer d'un État et de ses habitants comme « s'il s'agissait de vendre une manufacture ou des « troupeaux. Marie-Thérèse, abandonnant au roi « de Prusse des fiefs qui dépendaient du royaume « de Bohême, reconnut que l'abandon ne serait « consommé qu'après que les États de ce royaume

« auraient fait une renonciation solennelle ; et
« c'est nous, citoyens d'un pays libre, qui allons
« donner l'exemple de la violation de ce droit
« naturel ! »

Jefferson lui-même, républicain zélé, aurait voulu réduire les pouvoirs du gouvernement au lieu de les étendre. La branche de la fédération qui exerce les pouvoirs généraux intérieurs et extérieurs, lui semblait menacer la République d'une concentration préjudiciable à l'autorité des états particuliers. Il trouvait sa propre autorité trop monarchique. Il aurait désiré qu'un assentiment universel précédât la ratification des traités. Mais il y avait un véritable danger dans le retard, et il fit, dans cette circonstance, violence à ses propres principes.

Il ne lui fut pas difficile de démontrer la grandeur des avantages qui résultaient du traité, tant pour les États-Unis que pour les Louisianais. La confédération n'avait aspiré qu'à jouir d'une libre navigation sur le Mississipi, et le traité lui donnait comme un autre monde.

Le Sénat approuva les traités au moment même où le marquis de Casa-Yrujo protestait avec le plus de véhémence. La constitution exige le concours de deux tiers des sénateurs présents, et il y eut une majorité de vingt-quatre voix, pour approuver, contre sept opposants. Le président ratifia dès le lendemain 21 octobre 1803, sans attendre le retour du messager qui portait à Laussat les ordres de son Gouvernement. Il n'y eut de réserve d'aucune part, et l'échange des deux instruments fut exécuté purement et simplement dans la forme ordinaire. M. Jefferson, en donnant sa ratification, déclara qu'aussitôt que les États-Unis seraient en possession de la colonie, légalement transférée par le commissaire français, le traité serait regardé comme ayant reçu son entière exécution.

Aussitôt après tous les documents relatifs à cette affaire furent communiqués à la chambre des représentants. Quelques membres élevèrent des objections, et la principale était tirée du prix exhorbitant que les plénipotentiaires avaient stipulé. On leur répliqua avec force, et un des délégués qui approuvaient les traités, fit à cette occasion entendre des paroles que cette histoire doit conserver. « Dans peu d'années, dit-il, nous
« serons au rang des plus puissants États du
« monde. L'acquisition même que nous faisons,
« éteindra promptement la dette que nous allons
« contracter. La possession de la Louisiane enri-
« chira tous les États de l'Est. Il s'en formera
« d'autres qui contribueront à notre revenu pu-
« blic. Observons religieusement les règles de
« la justice et remboursons jusqu'aux plus petites
« parcelles de nos engagements. Nous serons
« bientôt une puissance formidable pour tous
« les États qui succombent sous le poids de leurs
« dettes. »

Les trois pouvoirs furent d'accord de ratifier sans aucune modification. La nécessité de ce concours pour l'accomplissement d'un traité finirait par embarrasser la plus simple négociation si un seul y était contraire ; mais les opposants furent réduits au silence par une grande majorité. Les actes qui devaient émaner du congrès, n'éprouvèrent aucune difficulté. Ils donnèrent au président pouvoir de faire prendre possession ; d'autres actes créèrent les effets ou valeurs. Les ministres américains à Paris avaient déjà autorisé sous leur garantie, une anticipation de crédit de deux millions de dollars, et ce paiement fait d'avance au trésor de France, avait trouvé à Washington peu d'improbateurs. Quelques-uns même regardaient ce commencement d'exécution du marché comme un moyen de rendre la cession irrévocable. Cet empressement général, signe authentique de la bonne foi du congrès, était aussi un témoignage de l'opinion qu'il avait des grands avantages de l'acquisition qu'il venait de faire. Les lois et les ordonnances royales furent provisoirement maintenues à la Louisiane, mais pour un temps fort court. Le président et les deux chambres du congrès ordonnèrent que les lois de l'Union américaine y seraient proclamées et exécutées.

Les ordres envoyés à M. Laussat et aux officiers américains, avaient prévu le cas possible d'une résistance des officiers espagnols, et comme le concours de ceux-ci était indispensable, on n'était pas sans inquiétude sur l'issue finale de cette affaire. L'Espagne abdiquait la souveraineté du pays. La domination française ne devait y durer que peu de jours. Les États-Unis n'y avaient encore aucune autorité. Les articles du traité n'y étaient point connus. Le présent était pour plusieurs un motif de regretter le passé; l'avenir n'offrait à tous que des espérances incertaines. Les commandants et officiers espagnols redoutaient pour leurs anciens établissements le voisinage d'une colonie indépendante et libre. Le préfet et les officiers français voyaient avec douleur s'évanouir l'espoir qu'ils avaient eu de concourir à la fondation d'un grand établissement colonial, qu'on jugeait nécessaire aux prospérités du commerce français. Saint-Domingue semblait irréparablement perdu : des planteurs fugitifs arrivaient chaque jour, apportant des nouvelles accablantes; et la Louisiane, où ils avaient espéré retrouver la France, ne leur paraissait plus un asile.

M. Laussat habitait depuis neuf mois la Nouvelle-Orléans sans avoir déployé son caractère. M. Landais, l'officier français qui lui fut envoyé de Washington par terre, traversa les pays habités par les sauvages Creeks et Cherokees. Nous remarquons à dessein que ces tribus n'ont point encore évacué ces territoires, et nous ajoutons que la ville fédérale de Washington communique aujourd'hui avec la Nouvelle-Orléans par une route facile et sûre fréquentée par beaucoup de voyageurs qui traversent ces pays (1).

M. Landais arriva le 23 novembre 1803. Dès le 26 le préfet français entra en conférence avec MM. de Salcedo et Casa-Calvo, commissaires du roi catholique, et aussitôt après, des préparatifs de tout genre annoncèrent au public la cession qui allait être faite à la France.

Le 30 novembre, Laussat en sa qualité de commissaire du gouvernement français, fit connaître, par une proclamation adressée aux Louisianais, la mission dont il était chargé.

« Cette mission, disait-il, moins douce pour
« moi que celle que j'étais venu remplir, m'offre
« cependant une consolation, c'est qu'elle est
« encore plus avantageuse pour vous que la
« première n'aurait pu l'être. Le retour de la
« domination française ne sera que d'un instant.
« Les approches d'une guerre menaçante pour
« les quatre parties du monde, ont donné une
« direction nouvelle aux intentions bienfaisantes
« de la France sur la Louisiane. Elle l'a cédée
« aux États-Unis d'Amérique.

« Le traité vous assure tous les avantages et
« immunités des citoyens des États-Unis. Le
« gouvernement particulier que vous vous don-

---

(1) En 1828.

« nerez, sera adapté à vos mœurs, à vos usages,
« à votre climat, à vos croyances.

« Vous ne tarderez pas surtout à ressentir les
« avantages d'une justice intègre, impartiale, in-
« corruptible, où les formes invariables de la
« procédure et de sa publicité, où les bornes
« soigneusement posées à l'arbitraire de l'appli-
« cation des lois, concourront avec le caractère
« moral et national des juges et des jurés, à ré-
« pondre efficacement aux citoyens, de leur
« sûreté et de leurs propriétés.

« Ce Mississipi qui baigne, non des déserts
« d'un sable brûlant, mais les plaines les plus
« étendues, les plus fécondes, les plus heureuse-
« ment situées du Nouveau-Monde, se verra in-
« cessamment, sous les quais de cette autre
« Alexandrie, couvert de mille vaisseaux de toutes
« les nations.

« Je me suis plu, Louisianais, à opposer ce
« tableau aux reproches touchants d'abandon
« et aux tendres regrets, que l'attachement inef-
« façable d'une infinité d'entre vous à la patrie
« de leurs ancêtres leur a fait exhaler en cette
« circonstance : la France et son gouvernement
« en entendront le récit avec amour et re-
« connaissance ; mais vous vous convaincrez
« bientôt qu'ils se sont signalés envers vous
« par le plus éminent et le plus mémorable des
« bienfaits.

« Dans cet événement, la République française

« donne la première aux siècles modernes l'exem-
« ple d'une colonie qu'elle émancipe volontaire-
« ment ; l'exemple d'une de ces colonies dont
« nous retrouvons avec charme l'image dans les
« beaux âges de l'antiquité : puissent ainsi de nos
« jours et à l'avenir un Louisianais et un Fran-
« çais ne se rencontrer jamais sur aucun point
« de la terre, sans se sentir attendris et portés
« à se donner mutuellement le nom de frères. »

Le même jour au matin, les troupes espagnoles et les milices furent mises en bataille sur la place de l'hôtel de ville. Le commissaire français et ceux de l'Espagne arrivèrent suivis d'un cortège d'habitants et de commerçants de leurs nations. Trois fauteuils étaient disposés dans la salle du conseil, et, Salcedo occupant celui du milieu, Laussat lui présenta la cédule du 15 octobre 1802, par laquelle le roi d'Espagne ordonnait à son représentant de remettre la colonie au plénipotentiaire français. Cet ordre avait plus d'un an de date. M. Laussat produisit en même temps les pouvoirs du premier consul pour reprendre possession du pays au nom du peuple français. Après la lecture publique de ces actes, le gouverneur espagnol quittant son siège lui remit les clefs de la ville, et le marquis de Casa-Calvo annonça : « que les Louisianais qui ne déclare-
« raient pas vouloir se retirer sous la domination
« espagnole, étaient déliés de leur serment de
« fidélité envers le roi catholique. » A un signal

donné par des volées de canon, les pavillons espagnols descendirent des mâts qui les portaient, et les pavillons français furent hissés.

Les forces françaises ne consistaient qu'en un petit nombre d'officiers de l'artillerie et du génie. La garde des forts et des différents postes sur le Mississipi, fut remise aux milices locales. La souveraineté française dura du 30 novembre 1803 au 20 décembre. M. Laussat, en qualité d'administrateur intermédiaire, pourvut à la distribution de la justice en matière sommaire et urgente. Malgré sa sollicitude cependant, ce court espace de temps ne fut pas exempt de troubles.

Le quartier des Attakapas et celui des Oppelousas voisins de la Nouvelle-Orléans, mais sur l'autre bord du fleuve, étaient composés d'habitations dont les propriétaires, mal informés des circonstances du changement, l'expliquaient diversement suivant leurs intérêts particuliers ; les querelles allaient entraîner quelques actes violents si elles n'eussent été apaisées par les proclamations du préfet et des actes de possession qui, bien que passagers, furent suffisants pour faire connaître que la colonie n'était pas abandonnée à elle-même et sans gouvernement.

MM. de Salcedo, et de Casa-Calvo avaient exercé une autorité absolue : cependant, loin de leur reprocher aucun abus de pouvoir, on reconnaissait qu'ils avaient administré avec sagesse, modération et justice ; on attendit même, pour leur rendre un témoignage public d'affection et de reconnaissance, que la cession faite aux États-Unis fût accomplie et que leur autorité eût entièrement cessé. On n'espérait d'eux désormais aucune faveur, et ces témoignages avaient un caractère de sincérité bien plus certain que ceux qu'on ne manque jamais d'adresser aux administrateurs à leur avénement.

Les États-Unis avaient des garnisons dans les postes limitrophes. Le général Wilkinson, en ayant pris le commandement, s'avança à la rive gauche du Mississipi et mit son camp à une demi-lieue de la Nouvelle-Orléans (1). Aussitôt que cette division fut en vue, les troupes espagnoles s'embarquèrent et firent voile pour la Havane.

Le lendemain les salves d'artillerie des forts et des bâtiments en rade annoncèrent les adieux que les magistrats français étaient au moment de faire à la colonie. Ils devenaient pour toujours étrangers à une province tour à tour espagnole et française et qui portait le nom d'un de nos plus grands rois ; encore une fois, ils appelaient du nom de compatriotes ceux qu'ils ne devaient plus revoir. Ce pays, toujours exposé à des vicissitudes inévitables sous les lois d'une métropole éloignée de deux mille lieues,

---

(1) 17, 18 décembre 1803.

allait subir sa dernière crise. Elle faisait cesser
des incertitudes qui duraient depuis un siècle,
et le sort de ces belles contrées était fixé pour
toujours. La reconnaissance spontanée de l'indépendance de la Louisiane, sa réunion à la
confédération d'un peuple heureux, étaient l'acte
de la politique la plus sage; et ceux qui pourront en observer les conséquences, reconnaîtront
qu'on doit la mettre au rang des événements
importants de l'histoire de notre temps.

Le 20 décembre, jour fixé pour la remise de
la colonie aux États-Unis, Laussat se rendit à
l'hôtel de ville avec un cortège nombreux. Au
même instant et par son ordre, les troupes
américaines furent introduites dans la capitale.

Clayborne et Wilkinson reçus en cérémonie
dans la salle de l'hôtel de ville, se placèrent aux
deux côtés du préfet. Le traité de cession, les
pouvoirs respectifs et le procès-verbal d'échange
des ratifications furent lus. Alors Laussat prononça ces paroles : « En conformité du traité, je
« mets les États-Unis en possession des pays,
« contrées et dépendances de la Louisiane. Les
« citoyens et habitants qui voudront y rester et
« obéir à leurs lois, sont dès ce moment relevés
« du serment de fidélité envers la République
« française. » M. Clayborne, gouverneur du territoire du Mississipi, exerçant les pouvoirs de
gouverneur général et d'intendant de la province
de la Louisiane, prononça un discours de féli-

citation adressé aux Louisianais. « La cession, « disait-il, assure à vous-mêmes et à vos descen- « dants l'héritage certain de la liberté, des lois « perpétuelles et des magistrats que vous élirez « vous-mêmes. » Ces formalités remplies, les commissaires des deux puissances, en se retirant, purent être témoins d'un incident produit par les dernières impressions que causait ce changement.

A l'arrivée de M. Laussat, neuf mois avant son rappel, la colonie avait pu se croire de nouveau française, et peu de temps avait suffi pour ranimer dans les cœurs de quelques vieux habitants des sentiments qu'une aussi longue séparation n'avait pu entièrement éteindre. Ils les manifestèrent à l'occasion du changement de pavillon. Pendant les vingt jours que dura la domination française, celui de France avait flotté sur la maison de ville. Des soldats français, retirés depuis quelques années à la Louisiane, d'autres amenés de différents lieux au Mississipi par des destinées et des intérêts divers, s'étaient réunis à la vue des couleurs nationales. Au nombre de cinquante, ils s'étaient de leur propre mouvement constitués gardiens d'un drapeau illustré par tant de victoires, et ils veillaient à sa garde, comme si elle leur eût été consignée. Le changement des pavillons se fit par l'élévation de l'un et la descente de l'autre. Lorsqu'ils furent à demi-hauteur, on les y arrêta quelques instants, et l'artillerie et les fanfares célébrèrent cette union : quand on vit celui des États-Unis s'élever au haut du mât et se déployer dans les airs, les Américains exprimèrent leur joie par les cris accoutumés ; en même temps les couleurs de la République française descendaient et furent reçues dans les bras des Français qui les avaient gardées : leurs regrets éclatèrent ; et pour rendre un dernier hommage à ce signe, qui n'était plus celui de la souveraineté du pays, le sergent major s'en enveloppa comme d'une écharpe et après avoir parcouru la ville, il s'achemina vers la maison du commissaire français. La petite troupe l'accompagnait ; elle fut saluée en passant devant les lignes des Américains qui lui présentaient les armes, battant aux champs, drapeaux déployés. Les officiers des milices, la plupart français de naissance ou d'origine, suivaient en corps. Laussat les reçut, et ils lui dirent : « Nous « avons voulu rendre à la France un dernier té- « moignage de l'affection que nous lui conser- « verons toujours. C'est dans vos mains que nous « déposons ce symbole du lien qui nous avait « rattachés passagèrement à elle. » Laussat répondit : « Que la prospérité de la Louisiane soit « éternelle. »

Ce magistrat ne quitta la colonie que le 21 avril de l'année suivante y laissant d'honorables souvenirs. M. Clayborne, commissaire administrateur, déclara que le gouvernement des États-

Unis était établi et les officiers publics maintenus dans l'exercice de leurs fonctions. Sa proclamation garantissait aux habitants la conservation de leurs droits religieux, civils et privés. Les promesses qu'il leur faisait auraient semblé trop magnifiques, si elles n'eussent eu une sorte de garantie dans la prospérité des autres États de la confédération.

Les chefs espagnols, les français, les américains n'avaient rien négligé pour maintenir l'harmonie entre les trois nations. Les premiers jours cependant, divers accidents furent occasionnés par la diversité des langues, des usages et des habitudes, et aussi par ce regret que plusieurs éprouvaient de voir rompus sans retour les liens qui les avaient unis à un autre peuple. On eut à se plaindre de l'insolence de quelques patrouilles américaines envers les habitants (1). La sagesse et la fermeté des magistrats réprimèrent sans peine ces mouvements.

La révolution qui venait de se faire était, en effet, bien différente de celle qui, en 1763, avait causé de si violentes commotions, et fait verser le sang des colons mécontents d'une nouvelle domination. Les Américains et les Louisianais s'unissaient après avoir été près d'entrer en guerre, et quand déjà les hostilités commerciales avaient

---

(1) Ordre du général du 26 décembre 1803.

commencé. La veille on croyait l'agriculture, le commerce, la navigation ruinés. Quelques réflexions avaient suffi pour calmer cette agitation. Tous les habitants de couleur blanche, toutes les professions allaient prendre part au bienfait de la liberté.

Le traité n'avait fait que mettre ce pays dans la situation la plus favorable à sa prospérité, et si la France eût prétendu le conserver en y maintenant le régime exclusif, aucun effort humain n'aurait pu empêcher son incorporation à la confédération américaine.

Dès-lors on fut fondé à croire que les espérances conçues par les négociateurs du traité de cession étaient réalisées. On peut en juger encore mieux aujourd'hui. La Louisiane a-t-elle depuis vingt-six ans fait des progrès dans ses cultures et son commerce? Les lois ont-elles amélioré la condition des habitants? Est-il maintenant hors de doute qu'il existe une vaste partie du monde où l'agriculture, la navigation, les sciences si favorables au bonheur des hommes, vont se développer sans obstacle? Ces questions se présentent naturellement à la suite de l'histoire du traité. Nous y répondrons en exposant la situation de la colonie sous ces différents rapports.

Le 20 mars 1804, le congrès divisa la Louisiane en deux territoires. La section du sud reçut le nom d'Orléans, et celle du nord eut le nom de Louisiane; mais elles ne les gardèrent pas, et nous dirons dans la suite comment ils furent changés.

Les Louisianais du bas pays, gouvernés après la cession comme habitants d'un territoire non encore admis au rang d'état dans la confédération, aspiraient à cette admission. Ce ne fut que huit années après que le congrès les déclara habiles à former une constitution, pour être ensuite reconnus par l'Union sur le pied des états primitifs. Cette loi fondamentale fut rédigée par une convention réunie à la Nouvelle-Orléans. Elle a pour date le 22 janvier 1812. Elle fut ensuite soumise aux délibérations du congrès qui l'approuva, sous le titre de constitution de la Louisiane. Il suffit d'en indiquer les principales dispositions.

Les trois pouvoirs y sont séparés et distincts. « Le pouvoir législatif se compose d'une chambre « des représentants et d'un sénat. Il faut pour « être représentant avoir l'âge de 21 ans, être « citoyen libre de race blanche, posséder une « propriété foncière de 500 dollars, et avoir ré-« sidé deux ans. Tout citoyen blanc, libre, âgé « de 21 ans, payant une taxe, est électeur après « un an de résidence.

« Pour être sénateur, il faut avoir résidé pen-« dant quatre ans, être âgé de 27 ans, et possé-« der un bien fonds de la valeur de mille dollars.

« Nul ne pourra être élu membre de l'assem-« blée générale, ou posséder aucun emploi lu-« cratif ou de confiance, tant qu'il continuera à

« remplir les fonctions de prêtre, d'ecclésiastique
« ou de ministre de quelque secte ou société re-
« ligieuse que ce soit.

« Nul bill n'aura force de loi avant d'avoir été
« lu et discuté trois jours différents, excepté les
« cas où il sera décidé par les quatre cinquièmes
« de la chambre qu'il y a urgence.

« Le gouverneur est élu pour quatre ans : il
« doit être âgé de 35 ans au moins, avoir résidé
« pendant six, et posséder un bien de la valeur
« de cinq mille dollars.

« Nul membre du congrès, nul ministre d'au-
« cune société religieuse ne pourra être élu
« gouverneur.

« Tout bill passé dans les deux chambres est
« présenté au gouverneur. S'il l'approuve, il le
« signe ; s'il ne l'approuve pas, il le renvoie à la
« chambre où il a pris naissance, en motivant
« son refus. Après ce renvoi, le bill n'acquiert
« force de loi qu'à la majorité des deux tiers des
« voix dans chacune des deux chambres. »

La Louisiane avait été jusqu'alors régie par les lois civiles et criminelles du royaume de France, et ceux qui un siècle auparavant avaient préparé cette première législation, avaient si peu songé à l'accommoder au climat et aux circonstances locales, que pour abréger leur travail ils avaient soumis la province à la coutume de Paris. Elle régit toujours le bas Canada et d'autres colonies qui furent françaises, ou le sont encore.

Avant la cession, l'appel des jugements du tribunal était porté au conseil supérieur de la Havane, et en certains cas au conseil de Madrid. La justice n'était souvent rendue qu'après quelques années. Celle qui se fait attendre long-temps ou qui doit être cherchée au loin, n'est pas la véritable justice.

Les lois de l'Espagne, de la France et des États-Unis, ont cessé en 1825 d'être aux prises sur cette terre, où ces trois puissances se sont succédé; des hommes savants ont entrepris un grand travail pour les concilier. Un code civil a été adopté, et celui qui régit maintenant la France n'a pas peu servi à sa rédaction.

La constitution nouvelle donna aux Louisianais le droit important de *habeas corpus*, le jury dans les causes civiles, si une des parties le demande; la faculté de donner caution dans les délits qui ne sont pas capitaux, et enfin le jury dans toutes les affaires criminelles, et il fut adopté sans difficulté. Des Français retrouvèrent ainsi aux bords du Mississipi le jugement du pays et des pairs qui fut cher à leurs ancêtres, et ils purent le recevoir comme la restitution d'un droit.

M. Édouard Livingston, neveu du ministre qui signa le traité de cession, a depuis rédigé le projet d'un code criminel. Il y propose l'abolition de la peine de mort.

La convention qui rédigea cette constitution

était composée de quarante représentants, dont vingt-deux d'origine française, et dix-huit Américains des États-Unis.

Le nom de Louisiane fut d'abord celui de toute la province cédée. Il ne fut ensuite donné qu'aux pays baignés par le Missouri, depuis son embouchure jusqu'à une limite assignée à l'ouest. La Nouvelle-Orléans donna son nom aux contrées situées à la droite du bas Mississipi; mais ces dénominations ont été depuis changées. Le territoire de la Nouvelle-Orléans est devenu l'état de la Louisiane, et celui qui portait ce dernier nom s'appelle l'état du Missouri. Ce n'est que le 10 août 1821 que le Missouri a été admis dans l'Union.

L'assemblée générale de la Louisiane tint sa première session en 1812. Le congrès l'avait autorisée à comprendre dans les limites de l'état un territoire situé à l'est du Mississipi, et que l'Espagne persistait à revendiquer comme partie de la Floride occidentale. Les Louisianais eux-mêmes convenaient qu'il avait été considéré comme appartenant à la Floride, et néanmoins l'assemblée déclara, par un de ses premiers actes, que ce pays dépendait de la Louisiane. Il était certainement à la convenance de la Nouvelle-Orléans, qui en tirait une grande partie de ses approvisionnements en comestibles. Mais cet empressement à fortifier des prétentions douteuses par le possessoire, n'est pas conforme à l'esprit de justice qui caractérise les autres actes politiques des États-Unis.

Dix années plus tard l'état aurait obtenu le même agrandissement à un titre incontestable. Mais, à l'époque où les Louisianais s'en emparèrent, l'Espagne était loin de reconnaître leur droit. Dès l'année 1803, tandis que M. Monroe négociait à Paris le traité de cession, M. Pinkeney, ministre des États-Unis à Madrid, demandait à don Pedro Cevallos, que les Florides leur fussent cédées, et il proposait comme une sorte d'équivalent de garantir, au roi et à ses successeurs, des domaines de l'Espagne situés au-delà du Mississipi. Cette offre de garantie fut alors dédaignée par la cour de Madrid, et lorsqu'en 1818 elle se montra empressée à l'accepter, en y comprenant le Mexique et les colonies septentrionales, les circonstances avaient changé : la révolte avait éclaté de toutes parts. Les États-Unis étaient bien éloignés de s'immiscer dans cette querelle, qui non-seulement n'avait rien d'alarmant pour eux, mais dont ils ne désiraient la fin qu'autant qu'elle confirmerait les principes de liberté qui leur sont si chers. Leur envoyé G. V. Erwing, déclara que l'offre non acceptée quinze ans auparavant, était comme non avenue. Des griefs réciproques, des réclamations d'indemnités à l'occasion de prises illégalement faites en mer, avaient, dans ce long intervalle, compliqué la négociation. L'Espagne était engagée dans des difficultés qui ne lui permettaient plus de s'occuper de la conservation des Florides; elle en fit la cession, et les États-Unis accomplirent ainsi le grand dessein qu'ils avaient formé depuis quelques années de n'avoir que la mer pour limite au levant et au midi (1).

Pour prix de cette nouvelle cession, ils prenaient à leur charge les réclamations en indemnités de leurs propres navigateurs et commerçants, jusqu'à concurrence de cinq millions de dollars.

Ainsi, ils étaient indemnisés par l'Espagne, comme ils l'avaient été par la France, des vexations que des corsaires, munis des ordres d'une autorité douteuse et désavoués par le droit des gens, avaient pu exercer impunément sur leur commerce; et ces états, à peine admis au rang des nations, prouvèrent qu'ils ne souffriraient aucune agression injuste.

Cette acquisition ajoutait un nouveau prix à celle de la Louisiane. Des rivières navigables qui traversent les deux Florides jusqu'à leur embouchure dans la mer, ont une grande partie de leur cours supérieur dans les états anciens. Les États-Unis devenaient, dans le golfe du Mexique, maîtres de stations propres à recevoir des vaisseaux de guerre de premier rang. Enfin,

---

(1) Le 22 février 1819.

au moyen de tous ces agrandissements, ils formaient un des plus puissants empires du monde.

Les races malheureuses et chétives, qui depuis tant de siècles habitent des pays si divers et si vastes, n'y ont pas laissé un seul de ces monuments des arts et du génie qui attestent que des créatures humaines ont embelli leurs demeures et amélioré la terre où la Providence les fit naître. On y voit cependant quelques traces d'une civilisation naissante. On trouve dans beaucoup d'endroits des masses coniques ou pyramidales formées de terre, et si hautes qu'elles n'ont pu être élevées que par plusieurs milliers de travailleurs employés pendant beaucoup d'années. Quelques-unes ont à leur base plus de huit cents mètres de circonférence, et près de soixante en hauteur. La pyramide se termine par une plate-forme de quelques pieds de diamètre. Il y en a d'autres de petites dimensions; elles sont placées sans ordre et si rapprochées, que la voix est sans effort entendue de l'une à l'autre. Ces élévations ne peuvent avoir été un lieu d'asile ou de défense, et les sauvages eux-mêmes, interrogés sur la destination qu'elles avaient, ne leur en assignent aucune.

On remarque aussi des plateaux plus étendus et moins élevés. Ils sont formés sur un plan régulier, les uns ovales, les autres carrés. Les moyens employés pour en rendre l'accès difficile semblent indiquer une intention de défense.

Ailleurs ces constructions sont différentes, et même on a cru y reconnaître des assises en pierre. Vers les lieux où le Muskingum se jette dans l'Ohio, près de la rivière de Miamis, et dans les environs de Zanesville, on voit une multitude de ces mamelons. Quelques-uns sont entourés de remparts, et s'abaissent dans l'intérieur. Ces remparts ont jusqu'à soixante mètres de hauteur, et renferment un espace de vingt-cinq à trente arpents. Beaucoup d'ossements de corps humains y sont épars, et les feraient prendre pour des tombeaux si l'enclos n'était trop étendu pour n'avoir eu que cette destination. On compte près de trois mille de ces monticules dans les pays parcourus. Des voyageurs ont cru y reconnaître des lieux consacrés au culte des idoles.

Ces monuments, aussi anciens peut-être que ceux de l'Égypte, ne leur ressemblent d'ailleurs en aucune manière. Mais, quoique grossiers, ils n'ont pu être construits sans le concours de beaucoup d'hommes obéissants, disciplinés et conduits par des chefs à qui quelques pratiques de géométrie n'étaient pas étrangères. Les naturels d'aujourd'hui ne seraient ni assez dociles, ni assez nombreux pour que leurs chefs pussent entreprendre de semblables travaux. Ils attestent donc la présence de races moins ignorantes que celles que nous y voyons, quoiqu'elles ne fussent guères plus avancées dans la civilisation. Les premières n'existent plus depuis plusieurs siècles, les autres vont disparaître. Leurs traditions imparfaites remontent à peine à mille ans, et il est permis de croire que des essais tentés ont été arrêtés dans leur marche par quelque catastrophe politique ou naturelle.

L'histoire nous fait connaître l'homme habitant de la terre, depuis cinquante à soixante siècles et davantage. Mais pendant ce grand nombre d'années, les deux hémisphères sont restés inconnus l'un à l'autre, et une circonstance aussi extraordinaire ne s'explique que par les faibles progrès qu'avait faits la navigation jusqu'à l'époque de la découverte de l'Amérique.

On a recherché si les habitants de l'ancien et du nouveau monde avaient la même origine, si une race était plus vieille que l'autre; rien n'a conduit à la solution des doutes sur ces questions.

Un traité de paix et d'amitié a été conclu entre les Osages d'une part, et de l'autre, la nation Delaware et les tribus confédérées avec elle, les Shawnees, les Kickapous, les Piankashaws, les Weas, les Peorias et les Senecas. Ces peuplades ont leur résidence dans les pays cédés par la France sur le Missouri et aux Arkansas. C'est dans la ville de Saint-Louis, le 7 octobre 1826, que cette pacification a eu lieu. On ne peut se promettre qu'elle soit durable. Une circonstance malheureuse occasionne des hostilités fréquentes entre les nations indiennes qui occupent les pays situés entre le Mississipi et les Monts rocheux. Les chasseurs blancs, établis aux frontières, ruinent ces peuplades en détruisant leur gibier. Celles-ci, pressées par le besoin, se rejettent sur les autres Indiens du Nord et de l'Ouest; et quoiqu'inférieures en nombre, c'est presque toujours avec succès qu'elles les attaquent, parce que les blancs leurs voisins, leur fournissent des armes et se joignent quelquefois à elles. Les États-Unis ont pour principe que le domaine souverain sur ces pays leur appartient, mais qu'ils ne peuvent avoir la propriété du sol que par un équivalent en argent ou marchandises donné aux aborigènes. La distinction est abstraite.

On trouvait, il y a peu d'années, sur un des grands plateaux, des trapistes venus d'Europe. Brackenridge, qui les visita en 1812, dit que leur village était composé d'un enclos de cent acres, de cinq cabanes d'habitation et de tous les autres bâtiments nécessaires à l'agriculture. « Ils ont, » dit ce voyageur, « renoncé à l'usage « de la parole, un des plus beaux dons que Dieu « ait faits à l'homme, et ils prétendent vivre en « société, privés du principal agent de la société « même. » Ces pères étaient au nombre de quatre-vingts, presque tous Français ou Allemands. Ils semblaient chercher dans la solitude et le silence un repos, qui bientôt a cessé de les satisfaire. Le peuple qui commence à s'établir dans cette contrée, n'est pas disposé à encourager de telles exaltations. Les trapistes, las peut-être d'avoir si peu de témoins de leur silence, fatigués d'un genre de perfection que personne n'admirait, se sont dispersés depuis peu.

Le Mississipi, un des plus grands fleuves de l'univers, et qui depuis tant de siècles n'avait servi qu'à la navigation de quelques pirogues, est déjà égal en importance aux plus belles communications fluviales du globe. Depuis son embouchure jusqu'aux premières cataractes, il traverse, dans un cours de 1,400 à 1,500 milles, des terres d'une excellente qualité. Dans quelques endroits où ses bords sont plus rapprochés, il coule avec une rapidité de 4 ou 5 milles à l'heure. Il reçoit le Missouri et d'autres rivières qui lui apportent une quantité prodigieuse d'arbres arrachés dans leurs débordements, ou que les glaces ont déracinés. Ces eaux déposent dans les plaines un riche limon formé de végétaux décomposés dans l'espace des siècles. Le fleuve en entraîne la plus grande partie jusqu'au golfe du Mexique où elle est engloutie et perdue pour la reproduction. Les atterrissements embarrassent son cours et le déplacent quelquefois. Son lit s'élève successivement. Les rives qui le contiennent du côté du couchant, c'est-à-dire à la droite, deviennent supérieures aux plaines qu'elles doivent défendre contre les inondations, et on voit avec une admiration mêlée d'effroi ces volumes immenses d'eau se mouvoir, croître et surmonter les levées, franchir l'encaissement et inonder ces superbes vallées, dont le sol est inférieur au plein bord. Malheureusement ces mêmes digues qui n'ont pu arrêter le débordement des eaux, empêchent ensuite leur retour dans le lit du fleuve. L'évaporation qui survient pendant l'été, impuissante contre des dépôts profonds, augmente la calamité, et le desséchement ne s'opérant qu'à demi, il y a de toutes parts des stagnations vaseuses qui rendent l'air insalubre et le pays peu habitable. Quelques élévations, ouvrage de la nature ou de ces inondations mêmes, existent au-delà des berges qui s'étendent le long du fleuve. Mais les eaux arrivent jusqu'à ces îlets, et, si quelques cultivateurs ont osé s'y établir, il faut, qu'avec leurs familles et leurs bestiaux, ils se hâtent de gagner quelque sommet, d'où ils voyent leurs habitations et leurs champs submergés.

Cette calamité, trop générale sur le bas Mississipi, arrêtera long-temps des développements proportionnés à l'étendue du pays. Mais un jour ces inondations seront changées en un arrosement artificiel; des brèches seront ouvertes par le cultivateur lui-même, pour que les eaux s'écoulent après avoir déposé un limon fertile sur les terres. Ainsi une autre Basse-Égypte se forme lentement. Le climat de la Basse-Louisiane, le fleuve immense qui la parcourt et dont les sources ont été si long-temps inconnues, ses inondations, ses chutes, ses embouchures, le voisinage d'un vaste golfe, tout rendra complète la ressemblance avec le Delta et avec le Nil.

Cependant les atterrissements sous-marins qui se forment à l'embouchure commencent à l'obstruer par une barre qui rend de jour en jour l'entrée du fleuve plus difficile. Pour obvier à cet obstacle, on se propose d'ouvrir un canal de la Nouvelle-Orléans à la Mer-du-Golfe. De grands navires pourront y naviguer, et l'entreprise offre des avantages fort supérieurs à la dépense.

Le cours du Mississipi est de douze cents lieues; celui du Missouri de quinze cents : l'Arkansas en a mille, et la Rivière-Rouge sept à huit cents. Ces fleuves et leurs affluents arrosent deux cent mille lieues carrées dans cet espace appelé le bassin du Mississipi, et qui n'en occupe que la moindre partie. Cette navigation intérieure, préparée par la nature, a déjà reçu des développements extraordinaires par des canaux creusés de main d'homme, et les bateaux à vapeur descendent, remontent contre la marée et les vents, bravent les courants les plus rapides et avec une promptitude et des avantages plus grands que ceux des plus belles routes de l'Europe. Le bois et le charbon de terre, agents indispensables dans cette navigation, abondent sur les rivages, et cette machine a fait cesser la difficulté de communiquer, une des plus grandes qui fussent opposées aux progrès des colonies.

A la rencontre du Mississipi et du Missouri, les terres, en s'étendant au Nord-Ouest, sont d'une fertilité admirable; l'émigration s'y porte déjà, et ces contrées, fort éloignées de la mer, seront un jour aussi peuplées qu'aucun autre pays du monde.

Une vaste plaine et des prairies s'étendent au-delà du Missouri et de la Rivière-Rouge, en suivant la base de la grande chaine qui sépare les eaux tributaires du Mississipi de celles qui s'écoulent dans la Mer-Pacifique. Cette vallée n'est ni unie, ni montueuse, elle est doucement ondulée, elle se divise en plaines spacieuses où coulent seulement quelques ruisseaux, dont les eaux sont d'une limpidité remarquable. Les herbages les plus abondants y sont ornés d'une variété infinie de fleurs et d'arbustes fleuris. Ceux qui ont traversé ce pays, ont admiré la beauté des lieux, la douceur du climat, l'excellence et la pureté de l'air. On y voit très-peu de villages indiens ; mais il y a de nombreux troupeaux de Buffles ou de Bisons sauvages. Ces animaux se tiennent en troupe pour se garder et se défendre contre les chasseurs, et on ne parvient à tuer que ceux qui s'écartent des bandes. Elles sont quelquefois de cinq à six cents têtes.

Cette contrée n'est point sujette aux pluies soudaines qui, entre les tropiques, fondent sur les terres et en arrachent avec fureur les produits. Les rosées de la nuit et du matin suffisent pour rafraîchir la terre et abreuver une multitude de petites rigoles. Mais soit à la suite de plusieurs incendies, soit par quelqu'autre cause naturelle jusqu'à présent inconnue, il y a de grands territoires tellement dépourvus de bois, que l'homme ne pourrait y trouver les branches et l'écorce nécessaires pour construire et réparer sa cabane. Pendant plusieurs jours de marche on ne voit pas un arbre, et si les vents y ont porté quelques semences, si quelques unes ont commencé à germer, il n'en sort qu'un faible arbuste dégénéré. La bonté et la profondeur du sol rendent cette singularité inexplicable. Ce pays est à peine habité. Un peuple pasteur s'y établira ; des cultivateurs lui succéderont, et, sous la main de l'industrie, cette terre n'aura plus d'avantages à envier aux autres.

Déjà quelques européens y ont bâti des habitations rurales. Ils ne s'aident point encore de la charrue, il leur suffit de remuer légèrement un terreau dont la fertilité a dormi pendant tant de siècles. Ils lui confient des céréales, ils les abandonnent à la nature, et elle les récompense libéralement.

Aux deux côtés de la Rivière-Plate on trouve de vastes plaines de sable et nulle trace de créatures animées. On suppose qu'elles ont cent ou cent cinquante lieues d'étendue dans leurs diverses dimensions. Ces régions arides portent des indices de la présence de l'Océan dans des temps très-reculés. On croit que ses eaux ont baigné la base des monts rocheux au pied desquels le désert aboutit.

Au midi de cette contrée la végétation a repris toute sa vigueur. La Rivière-Rouge et celle des Arkansas, dans une partie de leurs cours, traversent ces beaux pays si long-temps inhabités ; Les cîmes d'où elles descendent sont couvertes de forêts. Tous les ans les débordements de la Rivière-Rouge déracinent et entraînent des arbres d'une grandeur extraordinaire. Ils se sont amoncelés aux roches, qui, dans plusieurs endroits, obstruent ou resserrent le cours des eaux, et ils ont formé au dessus du lit même de la rivière une voute naturelle qui, dans la direction du fleuve, a jusqu'à 20 et 25 lieues de longueur, mais sans continuité, et la rivière reparaît de distance en distance. Cet accident doit avoir commencé depuis plusieurs siècles ; car déjà une forêt nouvelle a couvert ces débris, et on peut traverser la rivière sur ces ponts et se croire en terre ferme. Le bas Mississipi présente le même accident.

De temps en temps des bruits souterrains semblables à celui d'un tonnerre éloigné, se font entendre dans les vallées et se propagent jusque sous le lit des fleuves. On rend diverses raisons de ce phénomène : mais toute explication serait prématurée avant qu'on ait rassemblé un plus grand nombre d'observations.

Les monts rocheux offrent un champ encore

plus vaste aux conjectures. Ces pics se touchent à leurs bases et forment une chaîne qui a plus de 300 milles de longueur. Le sommet des plus grands est aperçu à cent quarante milles de distance. Leur forme escarpée et leur entière nudité n'y laissent pas la moindre place à la végétation.

Les défrichements font découvrir fréquemment des amas considérables d'ossements. Ces débris ont appartenu à une espèce d'animaux qui, suivant les récits, durent être deux à trois fois plus grands que l'éléphant : l'espèce est inconnue aujourd'hui et semble avoir disparu de tout le globe.

Le sel gemme se trouve dans beaucoup de lieux à la surface de la terre et en grande abondance. Il est d'une excellente qualité. En remontant l'Arkansas, et à près de deux cents lieues du grand village de ce nom, sont les plaines salées. Une eau fortement saturée de sel, imbibe toutes les terres et les pénètre pendant les temps humides ou pluvieux. Elle se répand sur toute leur étendue. Dans les sécheresses de l'été, il se forme à la surface une couche solide et ferme de sel de deux à six pouces d'épaisseur. Sa qualité est égale à celle qui est obtenue par la cristallisation artificielle et l'évaporation. Ce trésor inépuisable est possédé par la tribu des Osages, qui fut long-temps une des plus féroces parmi toutes celles des sauvages. Ils pillaient les caravanes quand elles étaient trop peu nombreuses pour se défendre, et ils inquiétaient sans cesse les habitants de la frontière. Au milieu de 1825, les États-Unis conclurent avec eux un traité important. Aux termes de ce traité, la nation des grands et des petits Osages cède aux États-Unis tout le pays situé entre le territoire d'Arkansas et la limite ouest de l'état de Missouri, à l'est d'une ligne tirée depuis les sources de la rivière des Kansas, en se dirigeant au midi et en traversant le Rock-Salin. Ce traité, ainsi que plusieurs autres de même nature, contient des stipulations et concessions de terres en faveur d'une race mêlée issue de Français et d'Indiens.

Une partie de la saline est passée dans le domaine de la confédération. Un jour pourra venir où les produits en seront plus utiles et aussi recherchés que ceux des mines d'or et d'argent du Mexique.

Ces premiers phénomènes observés dans un pays dont on ne connaît que les rivières, et dont la population ne s'éloigne pas de leurs bords, n'offrent pas de très-grandes différences entre l'état physique du Nouveau-Monde et l'état de l'ancien. Elles ont paru suffisantes cependant pour faire douter si cet autre hémisphère n'est pas sorti plus tard que le nôtre du sein des eaux. Les désordres qui suivent un grand bouleversement apparaissent d'autant mieux à la surface de ce nouveau continent, que les hommes n'ont point encore travaillé à les faire disparaître. Quoi qu'il en soit, une carrière nouvelle a été ouverte à toutes les connaissances humaines, et on peut présager des découvertes extraordinaires à ceux qui parcoureront les contrées intérieures dans le dessein d'y rechercher les productions de notre globe et d'en étudier les catastrophes.

Des caravanes d'Américains traversant des déserts arides, ont été sur des chariots depuis le village des Arkansas jusqu'à Santafé au Mexique en douze jours. Ils ont été reçus hospitalièrement par les officiers mexicains. La population de Santafé avait passé sans le moindre trouble, du gouvernement royal à une constitution républicaine.

En 1724, Charlevoix, le meilleur historien de nos découvertes en Amérique, avait assuré qu'on ne trouverait pas à la Louisiane les richesses métalliques promises en 1721 aux partisans du système. Charlevoix s'est probablement trompé. On a quelques indications de mines d'or et d'argent, et, si la prédiction d'un autre voyageur se vérifie, ce pays, avant qu'un siècle se soit écoulé, aura rendu cent fois aux États-Unis le poids de l'or qu'il leur a coûté. Les autres métaux de toute espèce se trouvent en abondance dans tous les états anciens et nouveaux. Déjà ils facilitent à l'industrie des développemens égaux à ceux que l'Europe n'a obtenus que par des efforts prolongés durant des siècles.

Les richesses agricoles qu'on dédaignait il y a cent ans sont aujourd'hui estimées à leur valeur, et elles ont en peu d'années élevé les parties de ce pays qui sont habitées, à un haut degré de prospérité. Si les trésors métalliques eussent pu être réalisés, ils n'auraient jamais égalé ceux qu'on obtient par le travail, la culture, l'industrie et le commerce. Vingt années de bonne administration ont fait ce que des siècles du régime prohibitif n'auraient pu accomplir. Des intérêts communs et locaux ont germé et grandi rapidement. La population qui, sous un gouvernement absolu, était stationnaire, a triplé depuis la cession.

Les terres sont susceptibles de produire tout ce qui est utile à l'homme, depuis les denrées de première nécessité jusqu'à celles qui sont destinées à l'opulence et au luxe. La Louisiane s'est enrichie des désastres de Saint-Domingue, et cette industrie, qui jadis avait donné tant de valeur à cette île, féconde aujourd'hui la vallée du Mississipi.

Dès la fin du dernier siècle, les Louisianais avaient commencé à mieux connaître la richesse du sol qu'ils possédaient : la canne à sucre se cultivait dans les jardins. Les sucres fabriqués maintenant dans les territoires cédés suffisent à la consommation de près de la moitié des États-Unis. Les autres produits de la terre ont fait des progrès proportionnés.

La température est celle des pays les plus favorisés par la nature. Les incommodités inséparables des nouveaux établissements, les dangers du voisinage des Indiens diminuent à mesure de l'accroissement de la population nouvelle. Les sauvages sont même devenus les agents actifs et intéressés d'une branche importante de commerce. C'est par leur entremise qu'on voit aujourd'hui les fourrures de toute espèce amoncelées sur les quais de la Nouvelle-Orléans. L'hermine, la marthe, le castor, y sont apportés des hauteurs septentrionales du Mississipi, et les magasins où on les dépose reçoivent aussi les barriques de sucre, le tabac et le coton récoltés sur les bords méridionaux de ce fleuve. La Nouvelle-Orléans, fondée en 1707, languissante pendant près d'un siècle, est, après vingt-cinq années d'un régime libre, une des plus florissantes de l'Amérique. La facilité des communications avec l'Europe a diminué le prix de toutes les marchandises que le colon en reçoit; et il les paie avec ses propres récoltes. Ces produits sont le bled, le coton et le sucre. Parmi ces richesses, il y en a qui s'obtiennent sans effort : ce sont les chevaux, les bœufs, les vaches, les volatiles, et ils ne coûtent que le soin de les amener au marché.

Les terres du pays intérieur, qui se vendaient à vil prix au temps de la domination française et espagnole, ont eu tout-à-coup une valeur considérable. On a recherché des titres anciens, oubliés depuis près d'un siècle, et c'est dans les archives de la colonie française des Illinois que les descendants de Philippe Renaud ont retrouvé l'acte de la grande concession faite à leur auteur, par la compagnie du Mississipi. Elle comprend les mines de Sainte-Geneviève, si abondantes en plomb, qu'il suffit, pour le trouver en masses et en filons, de creuser la terre à quelques pieds de profondeur.

D'autres concessions furent faites pendant que la colonie était soumise à la France et à l'Espagne. Mais les concessionnaires, d'abord si avides, avaient ensuite négligé leurs droits; les terres ayant acquis promptement une haute valeur sous le gouvernement républicain, cette indifférence cessa, et les réclamations se multiplièrent.

Les petits planteurs, long-temps humiliés par leur pauvreté, se sont vus après la cession dans la situation qui accompagne une indépendance aisée, et peut-être les riches se sont crus abaissés par cette espèce d'élévation. Leur opulence et une éducation plus soignée leur avait donné une importance, qui a diminué quand la fortune et l'instruction ont été à la portée de tous. Les artisans, riches de leur industrie, les capitalistes et les marchands étrangers ont pris leur rang dans une classe auparavant exclusive, et c'est peut-être à ces causes qu'il faut attribuer le mécontentement de quelques grands propriétaires, dont l'influence s'est évanouie. Aussi, ceux qui sont d'origine française n'ont pu encore se confondre avec les Américains : les deux races gardent leurs habitudes, et portent cet esprit de jalousie jusque dans les affaires publiques.

La population se compose aussi d'Espagnols, d'Anglais, d'Allemands : le langage, les coutumes les tiennent séparés. Mais la paix est rarement troublée, et c'est la liberté, c'est l'égalité, qui de ces peuples, d'origines différentes, ne feront un jour qu'un même peuple. Une seule race persiste à se garder du mélange, ce sont les Indiens. Leurs familles se montrent de temps en temps dans la capitale; mais elles conservent leur indépendance et leur paresse; et, privées des jouissances de l'état social, elles n'ont plus comme autrefois l'avantage d'en ignorer l'existence.

Il suffit de passer de la rive gauche à la rive droite du Mississipi pour trouver d'autres mœurs, et des habitants qui sont comme d'une autre espèce. Les pasteurs et les planteurs d'Oppelousas et d'Attakapas sont presque tous d'origine française. Ils sont en général peu instruits; ils parlent encore le français du temps des Flibustiers; mais la rudesse du langage n'existe pas dans les mœurs; elles sont douces; l'hospitalité n'est exercée nulle part avec plus de cordialité, et la rusticité qui s'y mêle en prouve encore mieux la franchise. Ici le luxe de la ville a entièrement disparu, et le métier à faire la toile est souvent l'unique ornement du salon.

Ceux qui connaissent l'Europe et les jouissances sans nombre qu'elle offre à tous les âges, à tous les rangs, savent aussi de combien de misère ce luxe est environné. Aux Attakapas, point de magnificence et point de pauvreté. Tous sont heureux à peu de frais, et aux mêmes conditions. Les habitations de ce comté étant fort éparses, les églises y sont rares, et il y a peu de prêtres. On a observé cependant que le peuple est extrêmement religieux. Le chef de la famille en est comme le pasteur spirituel, et la morale divine de l'Évangile se transmet aux générations par la parole et par l'exemple d'hommes qui, pour la plupart, ne savent point lire.

Toutes les terres vagues, et non concédées par la France ou par l'Espagne, étaient devenues, par l'effet du traité, la propriété des États-Unis. A peine entrés en possession de la Louisiane, ils se hâtèrent d'envoyer de toutes parts à la découverte dans ces contrées de l'ouest, que les géographes désignent encore sous le nom de pays inconnus, ou déserts sauvages. Les connaître, les traverser, c'était, en quelque sorte, en acquérir le domaine.

Jefferson reconnut d'abord combien il était important pour les États-Unis d'atteindre par terre jusqu'aux rivages de l'Océan-Pacifique. Quelques côtes étaient encore inconnues aux navigateurs de l'Europe ou n'étaient pas occupées par d'autres puissances ; on sait qu'elles se croient toutes en possession de vastes contrées quand un de leurs officiers a érigé au lieu où il aborde, un poteau sur lequel il écrit le nom de l'état qu'il sert.

Deux hommes persévérants et courageux furent chargés de conduire la première expédition qui ait été vraiment utile; c'étaient MM. Lewis et Clarke. Le voyage, en y comprenant le retour, fut de près de quatre mille lieues, parce qu'ils suivirent le cours des rivières. Un monde nouveau fut en quelque sorte découvert, et les États-Unis connurent l'importance de leur acquisition.

D'autres explorateurs, conduits par le général Ashley, s'assurèrent qu'il était possible de traverser les monts rocheux, vers les sources de la rivière Platte. La barrière redoutable, formée par cette longue chaîne, s'abaisse en cet endroit, et la communication de la vallée du Missouri avec l'Océan-Pacifique n'oppose plus d'obstacles difficiles à surmonter.

Les conquérants étendent leurs états par la guerre; ils marquent leur domination viagère par le sang des hommes et la désolation des pays qu'ils soumettent. Ils ne laissent après eux que des souvenirs de désastres. La république des États-Unis s'agrandit en envoyant à 1500 lieues des géomètres, des savants; elle pose sans obstacle les bornes de ses paisibles conquêtes; et elle assure, par de bonnes lois, la félicité durable des sociétés qui s'y établissent et des générations innombrables qui doivent s'y succéder.

Des cédules des rois d'Espagne étaient le titre unique de ces monarques à des pays où leurs sujets n'avaient pas encore pénétré, et cinq à six fois plus étendus que tous leurs royaumes d'Europe. Ces contrées n'étaient habitées que par des tribus séparées par de grands déserts. La métropole avait l'intention de les traiter avec douceur. Cependant ses agents trop disposés à croire que le commerce des pelleteries et des autres marchandises, vendues ou échangées avec les Indiens, était leur propre patrimoine, en concédaient, en affermaient le droit : et les fermiers abusaient du contrat pour tromper les naturels. Ceux-ci, instruits à cette école, trompaient à leur tour. Les voies de fait, les vols, les assassinats, étaient la suite de cette mauvaise foi.

L'indépendance de la Louisiane a rétabli les communications qu'un si mauvais régime avait interrompues. On voit annuellement arriver à Saint-Louis de riches cargaisons de fourrures apportées des pays qui sont à l'est des monts rocheux par une navigation fluviale de douze cents lieues, et la bonne foi a rendu confiants ces mêmes sauvages que la fraude avait effarouchés.

La France, en fondant sa colonie, lui avait

imposé toutes les entraves que forge la jalousie du commerce. Elle y avait interdit jusqu'à la culture du blé. Les planteurs Louisianais peuvent aujourd'hui cultiver suivant leur intérêt et leur fantaisie. Ils ont proclamé eux-mêmes le bonheur dont ils jouissent : c'est après une expérience de plus de vingt ans que la chambre des représentants exprima dans une résolution unanime « sa vénération pour M. Monroe, et sa « reconnaissance pour la part qu'il eut aux actes « de l'union de la Louisiane à la confédération « américaine(1). » M. Jefferson recueillit les mêmes témoignages de son vivant. Cet illustre citoyen étant mort dans le dénuement, le sénat et les représentants de la Louisiane, animés d'une juste reconnaissance, vinrent au secours de sa famille (2).

Si quelques-uns prétendaient voir dans le détail de tant d'améliorations un tableau des pertes que la cession a fait éprouver à la France, nous nous bornerions à observer que notre commerce avec la Louisiane a décuplé depuis qu'elle est indépendante.

Ce n'est cependant qu'après avoir passé par diverses épreuves, même après la cession, que le pays a pu atteindre ce haut degré de prospérité.

---

(1) En février 1825.
(2) Pièces justificatives, n° 17.

La paix de l'Union, et plus particulièrement celle de la Louisiane, fut un moment en danger par l'entreprise hardie d'un de ces hommes que de grandes qualités semblent destiner à servir honorablement la patrie, mais que leur ambition égare, et qui, pour la satisfaire, ne s'inquiètent pas du bonheur de leur pays. Aaron Burr avait aspiré à la place de président des États-Unis, et cet homme actif, entreprenant, doué d'une grande énergie, avait balancé le parti qui portait Jefferson. Les voix avaient d'abord été également partagées entre eux. Son sage concurrent fut cependant préféré.

Burr était un des chefs les plus ardents du parti républicain. Hamilton, homme distingué dans le parti contraire, connaissait le désordre de ses affaires. Il lui arriva un jour de dire publiquement que c'était un homme sans principes ; et comme il ne voulut ni rétracter, ni expliquer ses paroles, Burr l'appela en duel. Hamilton détestait cet usage que nous avons reçu des barbares ; cependant il se rendit au lieu assigné, disant à ses témoins : « je recevrai son feu et je me propose de tirer en l'air. » Il tomba sous le coup de son adversaire.

Burr, meurtrier d'un des meilleurs citoyens de l'Amérique, revint présider le sénat. Mais ce malheur lui avait fait perdre son influence, même dans le parti républicain, et, après les quatre années révolues, il ne fut point réélu. Ses affaires devenant de jour en jour plus mauvaises, il donna une autre direction à ses efforts pour les rétablir. Il annonça en 1805, un grand projet de défrichement au Wachitta sur les bords du Mississipi. Il cachait, sous cette supposition, un projet qu'il avait confié à quelques aventuriers aussi peu sages que lui. Les États-Unis étaient en paix avec tous leurs voisins, et le colonel Burr tenta de les mettre en guerre avec le Mexique dont les forces étaient bien supérieures à celles que les États-Unis avaient alors dans ces contrées. Le bruit s'était répandu que les Espagnols avaient traversé la Sabine et s'étaient portés en armes sur le territoire des États-Unis. Sous ce prétexte, les gens qui étaient entrés dans le complot, disaient que l'honneur du pays commandait d'user de représailles contre Mexico, et ce dessein ne trouva que trop d'approbateurs dans le Kentucky et le Tenessee. C'est là que Burr faisait ses apprêts pour descendre le Mississipi jusqu'à la Nouvelle-Orléans, passer la Sabine et marcher contre la capitale du Mexique. Il avait trouvé des partisans dans la Nouvelle-Orléans même, et on nommait M. Daniel Clarke, ce même Louisianais qui était venu se montrer à Paris à l'époque de la cession faite à la France. On prétendait même qu'il y avait des conspirateurs jusque dans les deux chambres du Congrès. Les intérêts des états de l'ouest semblaient en effet avoir reçu du traité conclu une nouvelle direction. Un parti avait formé le projet d'une division des États-Unis, et prétendait que la ligne de séparation était marquée par les monts Alleghanis.

Ce complot, préparé depuis quelque temps, prit un caractère grave à la fin de 1806, et trop de personnages y étaient engagés pour qu'il pût demeurer secret. Dès le mois de novembre, Jefferson avertit l'Union qu'une expédition criminelle était préparée, que des armes, des navires, étaient rassemblés, des officiers brevetés. Ce magistrat vigilant trouva dans le Congrès et dans les États tout l'appui dont il avait besoin, et malgré les efforts des factieux, le projet de dissoudre le pacte sacré de l'Union fut repoussé par un sentiment presque général. On put juger cependant que le danger avait été imminent, quand, lors de l'accusation de Burr devant la cour fédérale du Kentucky, le grand juge lui-même n'osa poursuivre (1).

Loin d'être intimidé, Burr continuait ses préparatifs, et il s'embarqua à Nashville, le 22 décembre 1806; mais il fut arrêté et conduit à Richmond en Virginie. Accusé une seconde fois, il n'échappa à une condamnation capitale qu'à la faveur d'un cautionnement. Il ne se représenta point et il tomba dans une sorte d'oubli dont ses qualités naturelles auraient pu le tirer, s'il

---

(1) Douze novembre 1806.

eût été possible de ne pas se rappeler qu'il avait une fois compromis la paix publique. Peu d'années après, la Louisiane fut le théâtre d'événements d'une plus grande importance, et ils sont liés à cette histoire.

Les États-Unis venaient de faire connaître au monde que l'Angleterre avait d'autres rivaux et que le commerce du globe ne lui appartenait plus sans concurrents. Ses inquiétudes prirent encore plus de consistance après la cession de la Louisiane.

La crise violente que l'Europe éprouva bientôt après, se propagea de sorte, que vers 1808 il fut impossible aux États-Unis de n'en pas ressentir les effets. L'Angleterre avait proclamé sans déguisement dans les ordres du conseil ses maximes isolées et absolues (1). De tous côtés on lui avait répondu par des actes aussi hostiles : c'étaient des ukases, des cédules, des décrets, et la France invoquait, au nom de toute l'Europe, les principes établis dans le traité d'Utrecht comme règles du droit des gens relativement à ces matières. Les États-Unis se virent comme entraînés dans un mouvement aussi général, et publièrent leurs actes d'embargo et de non communication. Les ports de l'ancien et du nouveau monde furent fermés aux vaisseaux anglais, autant par repré-

---

(1) Ordre du conseil, de 1807.

sailles que par obéissance pour Bonaparte. L'Angleterre eut à souffrir de trois mauvaises récoltes qui mirent le comble à ses embarras. Le prix de toutes les choses de premier besoin y fut fort augmenté. Les travaux et la navigation y furent suspendus, et les agitations intérieures portées au comble. La coalition des puissances maritimes lui parut alors vraiment à redouter. Mais deux circonstances inattendues changèrent la face des affaires : ce fut la révolte des colonies espagnoles et la translation du trône de Portugal au Brésil. Une nouvelle carrière fut ainsi ouverte à la politique, à la navigation et à l'industrie des Anglais, et ils y entrèrent avec ardeur.

En recouvrant la liberté de leurs mouvements, leur attention se porta sur la conduite peu généreuse du gouvernement américain. Les profits du négoce obtenus par ce peuple nouveau sur tout le globe alors accessible à ses navigateurs, faisaient prévoir et redouter l'époque où la marine anglaise ne pourrait plus soutenir une lutte inégale, et la jalousie commerciale se réveilla plus active que jamais. Les efforts ne furent pas vains, et deux années suffirent à l'Angleterre, sinon pour lui rendre toute sa prépondérance, du moins pour lui faire reprendre un haut rang parmi les puissances.

Les forces françaises avaient évacué le Portugal ; les armes britanniques avaient obtenu des avantages signalés dans la Péninsule ; la Russie s'était affranchie d'un joug trop dur ; la Suède n'en avait pas subi la honte. D'autres puissances, il est vrai, paraissaient encore courbées sous le bras triomphant de Napoléon ; mais elles l'assistaient à regret, bien résolues de tourner leurs armes contre lui au premier moment favorable ; et, seul, il semblait ignorer leurs secrètes intelligences avec ses ennemis déclarés. C'est alors que le ministère anglais, tranquille du côté de l'Europe, crut que le moment était venu de recouvrer l'ascendant qu'il avait eu en Amérique.

Le Canada, conquis par l'Angleterre, il y avait cinquante ans dans l'intérêt de ses treize colonies continentales, était inutile à cet égard depuis leur indépendance. Fermé par les glaces à la navigation pendant une partie de l'année, et trop éloigné des colonies anglaises du golfe, il était loin de tenir lieu de ces treize provinces accessibles aux vaisseaux en toutes saisons, riches en grains, en bestiaux, en bois de construction. Le New-Brunswick se peuplait lentement ; la Nouvelle Écosse, notre ancienne Acadie, était sans doute d'une grande importance à cause du port de Halifax. Mais ces pays, faible contre-poids des États-Unis, ne montraient que trop de dispositions à se rendre indépendants eux-mêmes. Le moyen le plus propre à les lier d'intérêt avec leur métropole, était de détacher la Louisiane de la confédération, d'arrêter les États-Unis au Mississipi, et peutêtre de réaliser le grand projet formé par Louis XIV, d'unir le Canada à la Louisiane.

La conduite du gouvernement français n'avait pas peu contribué à fortifier le parti anglais dans les États. Le droit de prises et de confiscations que Napoléon prétendait exercer, ce droit jusqu'alors inconnu, n'était pas dirigé uniquement contre ses ennemis : il atteignait la navigation marchande de toutes les puissances qui ne résistaient pas efficacement aux règles arbitraires du code maritime anglais. Suivant ce code, les marchandises appartenant aux neutres, trouvées sur un bâtiment ennemi, n'étaient pas acquises aux capteurs de ce bâtiment. Mais si des marchandises appartenant à la nation ennemie étaient trouvées à bord d'un neutre, elles étaient de bonne prise. Cette jurisprudence, que ne reconnaissent pas les simples notions de la justice, n'avait cependant rien que de conforme aux intérêts d'un peuple qui s'arroge l'empire de la mer. On vit dans cette émulation d'injustice et de haine, se succéder les actes les plus étranges de la part des deux gouvernements. Ils ordonnaient des embargos, et déclaraient contrebande toutes les marchandises non garanties par des formalités d'une exécution difficile, quelquefois même impossible. On cherchait un remède dans les modifications; on changeait, on révoquait les premières mesures; mais ces révocations étaient accompagnées de conditions qui ne faisaient qu'empirer la situation des navigateurs.

Les communications paisibles et utiles par des mers qui devraient être ouvertes à tous les peuples, étaient remplacées par une piraterie universelle. Les navigateurs les plus innocents étaient victimes de ces excès. Les exceptions aggravaient le mal et augmentaient au profit de quelques-uns le dommage général. C'étaient les licences, les certificats d'origine, les permissions d'aller en fraude à l'ennemi pourvu qu'on exportât certaines denrées. L'ennemi à son tour en prohibait l'introduction ; mais le chargement avait été composé de marchandises sans valeur ; on les jetait à la mer dans la traversée, et de la sorte on obéissait aux ordres d'exportation et à la défense d'importer. Des lois nouvelles, au mépris de celles de la neutralité, avaient soumis à la confiscation tout navire neutre qui avait communiqué avec l'ennemi, et en même temps les navires des belligérants allaient, sous de faux pavillons, de chez l'un chez l'autre.

Pendant dix ans de guerre, il fut expédié par chaque année plus de vingt mille licences (1). Mais bientôt la cupidité tira un meilleur parti de ces inventions, et on a prétendu que les offices de Londres et de Paris avaient fini par s'entendre si

---

(1) Rapport du duc de Bassano, du 10 mars 1812.

parfaitement, que cette navigation, devenue en quelque sorte régulière au milieu même des hostilités, ne donnait que des profits qui se partageaient fidèlement entre les subalternes interposés.

Le gouvernement impérial imagina même de tirer de ces fraudes un profit pour le fisc; mais l'Angleterre se refusa à ce genre de perception, elle prohiba les simulations. Ce qui ne s'était jamais vu, elle empêcha le commerce de ses propres produits, et les licences, au lieu d'être une sauve-garde, étaient des pièces suffisantes pour faire prononcer la confiscation lorsqu'un vaisseau preneur les trouvait à bord de sa prise.

A la même époque, les Américains professaient et pratiquaient des règles dont la justice et la modération sont reconnues par tous ceux qui ont médité sur les droits des nations. Mais après avoir joui comme neutres des bénéfices d'une navigation commerciale pour ainsi dire universelle, ils devinrent les principales victimes de ces violences. On porte à 2,500 navires le nombre de ceux qu'ils perdirent en moins de huit ans, et les prises faites par les Français y entrent pour 513; celles que firent les Anglais pour 917. Le reste fut la proie des alliés des deux états en guerre.

Telle fut la déplorable condition du commerce des Américains dans un temps où ils prétendaient être en paix avec toutes les nations.

Les Anglais avaient provoqué ces peuples par des prétentions mises en avant avec une arrogance fondée sur la fausse opinion qu'un adversaire aussi timide et aussi faible n'oserait résister. Ils entendaient soumettre les navires américains à la visite en haute mer, et jusque dans les ports neutres. Ils avaient même inventé le droit nouveau d'un blocus imaginaire que toutes les marines du monde n'auraient pu réaliser. Ce droit inconnu dans les temps mêmes d'une extrême barbarie, n'était plus borné aux places réellement bloquées ou aux munitions de guerre portées à l'ennemi ; il embrassait, par une absurde fiction, d'immenses contrées (1), et il s'étendait aux plus innocentes communications avec les neutres. La France prétendait le repousser par un blocus aussi chimérique, mais accompagné de mesures plus efficaces pour exclure des marchés du continent toutes les marchandises anglaises. Napoléon déclarait qu'il ne permettait pas qu'aucun pavillon sortant des ports d'Angleterre entrât dans ceux de France, et d'après les ordres du conseil britannique, aucune communication ne pouvait avoir lieu avec la France sinon par les ports d'Angleterre (2). Ces

---

(1) En mai 1806. Le continent depuis l'Elbe jusqu'à Brest est déclaré en état de blocus.

(2) « Telle sera, » disait le secrétaire d'état Perceval, « notre loi

deux puissances redoublaient à l'envi les mauvais traitements envers les Américains pour les forcer à sortir de leur neutralité. L'envoyé français à Washington aurait voulu qu'un traité unît de nouveau les deux nations. Le ministre anglais faisait de semblables efforts pour une alliance avec son pays, et en même temps il augmentait l'irritation des esprits par la hauteur de son langage et par des actes insultants.

Cependant les Américains prévoyaient que l'Angleterre une fois débarrassée de la guerre d'Europe, viendrait tomber sur les États-Unis avec toutes ses forces. Ils savaient que si les maximes anglaises eussent pu prévaloir, leur commerce maritime, le plus florissant du monde après celui de la Grande Bretagne, eût été entièrement ruiné. On apprenait tous les jours de nouvelles avanies, elles allèrent jusqu'à presser des matelots sur les bâtiments de guerre américains et les contraindre à verser leur sang pour une cause qui leur était étrangère. L'indignation

---

« de représailles aussi long-temps que le système continental sera
« maintenu. »

Le principal secrétaire d'état du roi de la Grande-Bretagne était à Paris au mois de mai 1814. Ce plénipotentiaire parlant de la crise que l'Angleterre venait d'éprouver, disait : « Bonaparte « nous a mis à deux doigts de notre perte. » Il a pu dire la même chose à d'autres qu'à celui qui écrit cette Histoire.

publique croissait. Tant de violences excitaient les plus étranges soupçons; et on accusait de trahison les meilleurs citoyens. La vérité est que le gouvernement comptant sur la durée de la paix, n'avait ni armée de terre, ni forces navales; quelques forts ruinés n'offraient pas même un fantôme de défense. Déclarer soudainement la guerre aux Anglais semblait une résolution désespérée, et cependant on y fut conduit par des circonstances chaque jour plus graves.

Les Anglais du Canada, abusant du voisinage, avaient, à force de présents et de sollicitations, excité les tribus des sauvages à dévaster la frontière. On remarquait depuis quelques années dans les États du nord une agitation sourde, et cette séparation de la confédération, qui si long-temps n'avait été qu'un épouvantail, devenait de jour en jour plus à craindre.

Les états puissants n'ont pas de plus solide fondement de leur grandeur et de leur prospérité, que la justice et la modération. Ces règles qui, par leur sagesse même, sont devenues vulgaires, ces règles, si utiles et en même temps si faciles à suivre, convenaient surtout à l'Angleterre où tant d'hommes publics invoquent, de bonne foi, les lois de l'équité et le respect des droits d'autrui et des traités.

On s'étonnera donc d'apprendre les pratiques d'un gouverneur du Canada. Sous les semblants du bon voisinage, sir James Craig tenta d'allumer la guerre civile dans les États-Unis (1). Un intrigant habile et audacieux, appelé Henri, était parvenu à gagner la confiance de cet administrateur. Craig l'envoya à Boston et dans les états du Nord, pour engager dans un complot quelques personnages considérables parmi les fédéralistes.

Il lui donna pour instruction d'observer les partis de manière à porter un jugement, aussi certain qu'il pourrait, sur le résultat d'une lutte déclarée entre eux. Il devait ne rien négliger pour opérer une scission, et pour s'assurer si les fédéralistes, dans le cas où elle éclaterait, s'adresseraient à l'Angleterre, et seraient disposés à s'unir d'intérêts avec cette puissance. On l'avait muni d'un chiffre, et les précautions étaient prises pour assurer le secret de la correspondance. Craig signa même ces instructions et lui remit des espèces de lettres de créance, qu'il était autorisé à montrer à ceux qui se découvriraient assez pour mériter une telle confidence.

Elles étaient ainsi conçues :

« M. John Henry est employé par moi ; on
« peut lui confier toutes les communications re-
« latives à l'affaire que je lui ai commise. En foi
« de quoi j'ai signé et scellé ceci. A Québec, le
« 6 février 1809. J.-H. Craig. »

---

(1) Vingt-six janvier 1809.

Henri ainsi autorisé commença son importante mission. Dans moins d'un mois, il crut avoir fait assez de progrès pour donner au gouverneur l'assurance qu'en cas de guerre, les habitants de cette partie de l'état de Vermont, qui est limitrophe du Canada, refuseraient d'obéir au congrès, et qu'on pourrait les considérer comme des alliés de la Grande-Bretagne. Arrivé à Boston, ses espérances croissant avec les renseignements qu'il avait recueillis sur la route, il lui écrivit que le Massachusetts se prononcerait contre le gouvernement général, et que la résistance éclaterait par l'établissement d'un congrès des états de l'Est.

L'agent poursuivit son dessein avec quelqu'adresse. Persuadé que les États du Nord étant voués au commerce, et ceux du Midi étant principalement adonnés à l'agriculture, des intérêts si peu conformes ne tarderaient pas à les séparer, il en concluait, que soit ennemis de l'Angleterre, soit en bonne intelligence avec elle, une scission ne pourrait qu'être favorable à la politique du cabinet britannique. Il y voyait la garantie de la conservation du Canada et de la Nouvelle-Écosse; et la jalousie des deux partis devait finir par rendre l'influence de l'Angleterre si puissante, que les états libres de nom seraient de fait dans sa dépendance. « Il faut, disait-il « dans une de ses lettres au gouverneur du Ca- « nada, hâter une autre révolution dans ce pays;

« il faut renverser la seule république dont
« l'existence prouverait qu'un gouvernement
« fondé sur l'égalité politique pourra, au milieu
« des tumultes et des dissensions, assurer le
« bonheur des peuples, et sera en état de re-
« pousser les entreprises étrangères. L'objet de
« la Grande-Bretagne doit donc être de fomenter
« les divisions entre le Nord et le Sud et d'éteindre
« les restes de l'affection que les Français ont
« inspirée à ces peuples. Alors rien ne l'empêchera
« de poursuivre ses desseins en Europe, sans
« s'inquiéter des ressentiments des démocrates
« américains. Sa supériorité à la mer la mettra
« en état de dicter ses volontés aux navigateurs
« du Nord, et même aux agriculteurs du Midi,
« dont les produits seraient sans valeur si nos
« forces navales en empêchaient l'exportation. »

Une partie des prédictions de cet émissaire se vérifia plus tard ; et, quand la guerre fut déclarée, le Massachusetts refusa de mettre ses milices à la disposition des États-Unis. Cependant des sentiments patriotiques prévalurent parmi les fédéralistes mêmes, et Henri reconnut enfin que les menaces de séparation ne se réaliseraient jamais.

Après avoir séjourné cinq mois dans les États-Unis, il retourna à Québec, ne rapportant de son voyage qu'une vérité peu favorable au système anglais : c'est que l'amour du pays et de la liberté dominait la population tout entière,

Sa mission n'avait eu aucun résultat ; il avait compromis le gouverneur du Canada, et ses promesses étant demeurées sans effet, l'on parut peu disposé à tenir celles qui lui avaient été faites.

Henry évaluait ses services 32,000 livres sterling. Craig entendit ses réclamations ; mais forcé de manquer à ses promesses, il l'engagea à s'adresser au gouvernement anglais. A Londres on lui répondit que cette affaire regardait le gouverneur du Canada et qu'on le recommandait au successeur de sir James Craig.

Mais les bons offices de ce genre sont ceux pour lesquels on est presque toujours mal venu auprès d'un successeur. Henry comprit qu'on voulait se débarrasser de ses importunités, et, las de solliciter sans fruit, irrité des mépris qu'on lui marquait, il conçut le projet de tirer vengeance de ceux qui l'avaient trompé. Il vint en 1812 à Washington, et découvrit au gouvernement américain tout le secret de sa mission en lui remettant les actes originaux que les ministres anglais avaient en vain tenté de retirer de ses mains.

En faisant lui-même cette dénonciation au président du congrès, il se mettait à l'abri de toutes poursuites judiciaires ; mais elle était d'une si grande importance pour les États-Unis, que le président Madison ne balança pas à en informer le sénat. Il eut en même temps la sagesse d'éviter toutes les recherches et procédures qui auraient pu compromettre les Américains entrés dans des communications coupables avec Henry, et il se borna à prouver « que le gouvernement britan-« nique, au milieu de la paix et lorsqu'il faisait « profession de sentiments d'amitié pour les États-« Unis, avait, par des mesures perfides, tenté « de les diviser et d'engager les citoyens dans « des trames criminelles et dans les horreurs « d'une guerre civile. » Ces découvertes furent rendues publiques par la voie des journaux. Diviser les États en deux factions, exciter une guerre civile, était la plus grave offense qu'il fût possible de leur faire.

Le ministre d'Angleterre à Washington protesta solennellement qu'il n'avait pas eu la moindre connaissance de la mission de Henry, et il ajouta qu'il était convaincu, d'après ses propres communications *avec des branches de son gouvernement*, qu'elles n'avaient donné leur appui à aucun dessein qui pût troubler la tranquillité intérieure des États-Unis. Mais la forme de cette justification même déguisait mal des projets hostiles, et la main des Anglais apparaissait dans toutes les circonstances où ils pouvaient espérer de détacher de l'Union des contrées dont l'acquisition devait pour toujours affermir sa puissance. Cette découverte donna au parti républicain une force extraordinaire, et les partisans de l'ancienne métropole, rassurés par la sage résolution prise par le gouvernement de ne faire aucune recherche sur la participation qu'ils avaient eue aux manœuvres de Henry, se rallièrent eux-mêmes aux vrais amis de la patrie. Les communications officielles cessèrent le 6 juin.

La guerre fut déclarée peu de jours après (1), et cette déclaration fut moins l'œuvre du congrès, que le résultat du ressentiment des peuples.

Dès ce moment l'Union fit d'incroyables efforts pour réparer le mal causé par une longue négligence. Le congrès, à toutes les dispositions de vigueur et de prudence que les circonstances exigeaient, joignit des moyens que n'emploient pas toujours les gouvernements de l'Europe : c'était de ne rien dissimuler aux peuples touchant leurs dangers et leur situation; de leur démontrer, par une multitude de faits, que l'Angleterre, considérant les États-Unis comme ses rivaux dans le commerce, regardait aussi leur bonheur, leur agrandissement, leur indépendance, comme incompatibles avec sa prospérité ; c'était enfin de leur faire connaître les causes et la justice de la guerre, et d'en tenir les moindres citoyens aussi bien instruits que ceux mêmes qui dirigent les affaires de l'état. Les discours publics, les feuilles et journaux exposaient avec une parfaite sincé-

---

(1) Dix-huit juin 1812. Pièces justificatives, n° 18.

rité les motifs du recours aux armes et la nécessité d'une défense vigoureuse. On rendait publiques jusqu'aux instructions données aux envoyés et ministres. Depuis le simple laboureur jusqu'au premier magistrat; depuis l'amiral jusqu'au moindre matelot, tous surent qu'il y allait des plus chers intérêts de leur commerce et de leur navigation; et cette invocation à l'honneur du pavillon n'était pas pour eux une parole vaine et mensongère : elle exprimait un sentiment vraiment national.

Le gouvernement anglais porta d'abord son attention vers le Canada, et il fit sur les grands lacs des dispositions pour prendre l'offensive. Il les dirigea aussi contre les côtes orientales de l'Union. Les Américains de leur côté avaient compris qu'il leur serait impossible de résister aux efforts d'une puissance aussi formidable à moins d'un grand changement dans leur tactique navale, et ils avaient entièrement réformé leur système de construction. Ils augmentèrent la grandeur et la force de leurs frégates, le calibre des bouches à feu, et ils renforcèrent leurs équipages en proportion.

On sait avec quelle violence cette guerre fut conduite par les Anglais. Des esclaves furent armés contre leurs maîtres, ou enlevés et vendus aux colons des Antilles. Les sauvages massacrèrent tous les habitants de la frontière qui avaient tardé à s'enfuir; des villes et des lieux sans défense furent livrés au pillage et la proie des flammes. On sait aussi quels furent les résultats de cette lutte. L'Europe qui n'avait vu d'abord dans la résistance des Américains qu'un excès d'audace et d'imprudence, apprit avec étonnement qu'ils s'étaient montrés égaux et plus souvent vainqueurs que vaincus dans les combats de mer. Il n'en avait pas été de même sur le continent américain. La guerre ne fut conduite avec habileté ni par les armées fédérales, ni par les Anglais. Le Canada était resté sans défense.

Parmi un grand nombre de fautes que l'inexpérience même n'eût pas fait excuser, on a cité celle-ci. On envoya d'Angleterre à Québec sur plusieurs navires, tous les membres et pièces de deux grandes frégates. Ils furent transportés par le fleuve Saint-Laurent jusqu'au lac Ontario pour y être assemblés et mis en œuvre. On s'attendait que cette force supérieure détruirait aisément les flottilles des Américains. Mais ceux-ci construisirent de leur côté un vaisseau de plus grande force. Ils y employèrent les bois des belles forêts qui entourent le lac. Trois mois leur suffirent, et leur vaisseau voguait à pleines voiles quand ceux des Anglais étaient encore sur le chantier sans pont et sans bordages (1).

---

(1) On a avancé au Parlement, en juillet 1828, que le transport des matériaux d'une des deux frégates de Montréal à Kingston avait coûté 30,000 liv. sterl.

L'Angleterre eût infailliblement perdu le haut et le bas Canada, si les Américains n'eussent aussi commis de grandes fautes.

Les Anglais s'étonnaient eux-mêmes de n'avoir remporté aucun avantage sur leurs anciennes colonies, lorsque la face des affaires changea entièrement en Europe. Ils avaient dompté Napoléon, leur implacable ennemi. Les nombreuses armées que Wellington avait commandées étaient devenues oisives. Des forces considérables pouvaient enfin être dirigées contre les États-Unis, et des succès brillants devaient effacer des humiliations si peu prévues. Jusqu'alors la Louisiane avait été paisible. Admise dans la grande fédération long-temps après la guerre de l'indépendance, il manquait aux Louisianais cette consanguinité glorieuse, quoique triste, qui résulte des victoires obtenues par des efforts communs. On apprit inopinément que leur pays allait à son tour avoir part aux périls de la guerre.

Les précautions qu'exige la défense y avaient été encore plus négligées que dans toutes les autres parties des États-Unis. Après un siècle de paix on croit aisément qu'elle ne sera jamais troublée, et la Nouvelle-Orléans n'avait pour défenseurs que quelques hommes préposés à la police.

Les Anglais connaissaient cette situation; mais prévoyant que d'autres états de l'Union, plus peuplés et plus aguerris pourraient accourir à la défense du pays, ils se proposèrent de les contenir en combinant une attaque du côté du Canada avec celle qu'ils dirigeaient par mer contre la Nouvelle-Orléans.

L'Angleterre destina 14,000 hommes de troupes réglées, à l'expédition par le golfe. Ces forces sont réputées très-grandes dans ces contrées, et le sac de la Nouvelle-Orléans fut annoncé à l'armée comme une récompense magnifique de ses dangers et de ses travaux. En effet les récoltes en coton et d'autres riches produits de ces vastes contrées étaient emmagasinés dans cette ville, terme et entrepôt de la navigation du Mississipi et du Missouri. Les Anglais cependant, en se portant à la conquête de la Louisiane, n'annonçaient pas l'intention de la garder. Ils prétendaient même qu'ils ne voulaient l'enlever aux États-Unis que pour la remettre à l'Espagne, en stipulant quelques concessions avantageuses pour leurs îles. Il paraît plus certain qu'ils comptaient aussi sur l'inaction et peut-être sur le concours des états septentrionaux de l'Union où ils avaient encore des partisans.

On voudrait que l'histoire d'une nation illustre et grande ne rappelât jamais que des faits dignes de sa gloire. Mais ce qui est blâmable n'est pas moins que les faits glorieux du domaine de la vérité.

Une circonstance particulière fit connaître à quel point l'Angleterre se jugeait intéressée à arracher à la confédération les contrées qu'elle venait d'acquérir et à empêcher que sa domination s'étendît à la rive droite du Mississipi.

A la suite des traités conclus avec les sauvages pour les armer contre les États-Unis, on vit les officiers anglais rechercher une de ces alliances que réprouve le droit des gens, loi des peuples civilisés. Des commandants ne craignirent point de traiter avec un rassemblement de pirates fameux à cette époque et qu'ils crurent un obstacle de plus aux progrès de la navigation et du commerce des Américains.

Jusqu'alors le gouvernement louisianais avait négligé d'entrer en possession de quelques îles voisines du lac de Barataria et des bouches du Mississipi. Habitées long-temps par de simples pêcheurs, des pirates s'en étaient emparés, et elles étaient devenues leur repaire. Ces forbans avaient pour chef un homme appelé Lafitte : sa bravoure, son activité et ses brigandages ne rappelaient que trop les exploits des flibustiers qui, il y a un siècle, avaient impunément exercé leur infâme métier sur les mers du Golfe. Ils ne respectaient aucun pavillon, pas même celui des États-Unis. Dans le cours de deux années, plus de cent navires marchands étaient devenus leur proie. Après avoir pillé les cargaisons et égorgé les équipages, ils brûlaient les navires et tenaient le commerce de ces parages dans un effroi continuel.

William H. Percy, commandant les forces anglaises dans le Golfe, donna ordre à un des officiers de sa station de se rendre en diligence à Barataria pour entrer en négociation avec Lafitte (1). Si ce chef refusait de commettre des hostilités contre les États-Unis, l'officier devait se borner, tout en stipulant sa neutralité, à le requérir de se joindre aux armées anglaises. Percy écrivit même à Lafitte pour l'engager « à entrer « avec ses *forces navales ou militaires* au service « du roi d'Angleterre. » L'habileté de ces pirates à la manœuvre et au tir du canon en faisait des auxiliaires utiles.

Edward Nichols, un des principaux officiers anglais, dans une proclamation envoyée aux habitants de la rive gauche du Mississipi, leur promettait la libre navigation du fleuve. S'adressant ensuite aux natifs de la Louisiane il leur disait : « Abolissez l'usurpation américaine de ce « pays ; que le sol soit rendu à son propriétaire « légitime. Je suis à la tête d'une troupe nom- « breuse d'Indiens ; nous ferons rentrer les Amé- « ricains dans les limites prescrites par mon « souverain. » C'était dire en termes assez clairs : « La domination de l'Angleterre sur les mers

---

(1) Trente août 1814.

d'Amérique est finie si les États-Unis se maintiennent à la rive droite du Mississipi. »

Lafitte et sa bande, dans laquelle il y avait quelques Louisianais, rejetèrent ces ouvertures des Anglais avec indignation. Ces hommes qui ne voyaient point de déshonneur à s'enrichir de rapines eurent horreur d'une trahison.

Le gouvernement de l'état fut informé de ces pratiques, et, ne connaissant nullement les dispositions des Baratarians, il crut devoir les réduire par les armes. Une flottille assemblée avec grande diligence, fit voile de la Nouvelle-Orléans et fut bientôt en vue de Barataria. Les pirates se disposaient à la résistance; mais des démonstrations vigoureuses leur inspirèrent tant de craintes qu'ils abandonnèrent neuf navires dont leur marine était composée. Ils se dispersèrent; et leurs magasins, leurs vaisseaux et un butin considérable tombèrent au pouvoir des Américains (1).

Lafitte qui s'était échappé, écrivit de sa retraite au gouverneur Clayborne et lui envoya les originaux de sa correspondance avec les officiers anglais. Il lui proposa en même temps de se soumettre. Cette confiance parut mériter qu'on usât d'indulgence envers cet homme et son parti, et un pardon motivé sur les services qu'il avait

---

(1) Vingt septembre 1814.

rendus lui fut annoncé et fut quelques mois après accordé au nom des États-Unis.

Le congrès informé du danger de la Louisiane, y porta toute son attention. Il avait appris à connaître l'importance de cette province, et personne n'eût osé redire, comme quelques-uns l'avaient dit à l'époque de la cession, que les territoires au-delà du fleuve n'étaient qu'un fardeau embarrassant. Tous reconnaissaient que le but de l'Angleterre, quand elle entreprenait de faire cette conquête, était de limiter l'étendue des états, de balancer leur influence dans les affaires générales de l'Amérique et de les empêcher d'y être la puissance prépondérante.

Dans l'été de 1814, les Anglais débarquèrent quelques troupes sur le territoire espagnol des Florides, et tous leurs mouvements annonçaient l'attaque prochaine de la Louisiane. Il n'y avait dans cet état ni troupes, ni général; la Banque locale avait suspendu ses paiements. L'amour du pays semblait glacé aux approches d'une armée encore enflée des succès qu'elle avait eus en Europe. Il fallait pour le ranimer un de ces hommes dont l'apparition crée les ressources et relève les courages. Cet homme se trouva. C'était André Jackson, major-général américain. A son arrivée à la Nouvelle-Orléans, il ne fut alarmé ni d'y trouver une grande consternation, ni d'apprendre que des émissaires anglais portaient leurs intrigues jusque dans le sein de l'assemblée législative. A sa voix, des comités se formèrent, une ville peuplée de riches marchands et de planteurs changea dans un jour ses habitudes d'un siècle. Une activité extraordinaire remplaça une négligence inexcusable. Des exprès survenant des hauteurs du Mississipi, se succédaient et annonçaient qu'une population de deux millions d'habitants ne se laisserait pas subjuguer, et que des forces imposantes allaient descendre portées par le fleuve. Le moment décisif approchait. Dès les premiers jours de décembre, les Anglais avaient sur les côtes de la Louisiane cent quarante navires de toute grandeur, parmi lesquels on comptait des vaisseaux de ligne. Ils firent avancer une flottille nombreuse à très-peu de distance de la capitale, par les lacs qui l'avoisinent et par des passes difficiles.

Cependant les secours promis et attendus à la Nouvelle-Orléans n'arrivaient pas. Les Anglais informés que cette ville n'avait guères plus de deux mille combattants à leur opposer, s'en approchèrent, et le 23 décembre ils n'en étaient qu'à quatre lieues. Comptant sur un découragement qui n'existait plus quand on les en assurait encore, et sur leur nombre qui pouvait s'accroître de moment en moment, ils n'avaient pris aucune des précautions que la prudence exige en pays ennemi. Jackson profita de cette sécurité. Sa petite armée était formée de Louisianais résolus à se défendre courageusement quoiqu…

neufs à la guerre, de Tennesséens, excellents au tir, et d'un bataillon de gens de couleur libres, émigrés de Saint-Domingue. Ces milices, d'origines diverses, ne formaient plus qu'un seul peuple. Un bataillon, qui voulut toujours conserver le nom d'Orléans, était composé d'hommes des deux nations. Aucune rivalité ne troubla le bon accord. Une troupe sortie de la ville marcha de nuit et tomba à l'improviste sur le camp ennemi, lui tua quatre cents hommes et se retira avec peu de perte.

Cette sanglante leçon avertit les Anglais de la nécessité d'attendre la réunion de leurs forces. Ce délai donna le temps aux milices du Kentucky d'arriver, et le 4 janvier 1815, elles entrèrent dans la ville au nombre de 2250 hommes, mais à peine un tiers avait apporté des armes. Ils ne furent pas inutiles cependant. Un ancien canal, de 850 toises de longueur, partant d'un marais de cyprès, aboutissait à la rive gauche du Mississipi dans une direction perpendiculaire au fleuve. Ces hommes élevèrent un boulevard derrière ce canal, et le nommèrent les lignes de Jackson.

Un exprès envoyé de Québec au commandant de l'armée anglaise l'informa que la saison était trop rude pour que les garnisons du Canada pussent faire la diversion annoncée et que d'ailleurs il y aurait du danger à trop affaiblir l'armée canadienne.

Le 8 janvier 1815, les Anglais ayant réuni

toutes leurs forces, à l'exception de deux mille hommes passés à la rive droite du fleuve, se portèrent en colonne contre les lignes. Quelques braves y pénétrèrent après s'être fait un chemin en comblant le fossé avec des fascines de cannes à sucre : ils furent tous tués. Cette journée devait décider du sort de la Louisiane. Dix à onze mille combattants commencèrent l'attaque générale au point du jour avec intrépidité, mais avec une témérité et une imprévoyance inexcusables dans les chefs. Le feu des Américains fit un épouvantable carnage des colonnes. Elles plièrent un moment ; elles furent ramenées deux fois à l'assaut, mais sans succès, et le général en chef Packenham resta sur le champ de bataille, victime de son imprudente valeur. L'affaire ne dura qu'une heure. Dans ce court espace de temps les Anglais perdirent près de trois mille hommes. Les Américains n'éprouvèrent presque point de perte. La défaite d'une armée de quatorze mille braves, bien disciplinés, exercés dans une longue guerre en Europe, fut l'ouvrage de quatre mille soldats de milices levées à la hâte, armées de fusils de chasse qui jusqu'à ce jour n'avaient pu servir à faire la guerre. Leurs ennemis, instruits à leurs propres dépens de l'énergie et des ressources d'un peuple libre qui défend ses foyers, informés que la ville allait recevoir de nouveaux secours, craignirent d'avoir bientôt à résister à la population de l'Ouest qui de toutes parts accourait à la défense commune. La diversion faite sur la rive droite n'éprouva presque point de résistance de la part des Américains, et cependant elle ne put seconder la grande attaque faite à la gauche du fleuve. Les Anglais songèrent sérieusement à la retraite, et le 19 janvier Lambert, devenu général en chef, déclara qu'ils renonçaient à l'entreprise contre la Nouvelle-Orléans. La campagne n'avait pas duré un mois, et elle avait pour toujours assuré le sort de la Louisiane.

L'assemblée législative de l'état remercia solennellement les troupes de Tennessee, du Kentucky et du territoire du Mississipi. Le nom du général Jackson ne fut pas au nombre de ceux que l'assemblée rappelait avec éloge. Cette ingratitude était l'effet du ressentiment de quelques délégués. Au moment du péril, Jackson avait usé de violence envers plusieurs citoyens; mais cet oubli des lois avait conservé la province, et on ne pouvait lui faire un crime de ce qui en avait été le salut. Peut-être même fut-il excusable, tandis que les esprits étaient encore très-agités, d'avoir prolongé après la victoire la dictature qu'il s'était attribuée. Il avait aussi suspendu l'action de la législature, et cette violation des droits de tous est celle qui blesse et irrite plus vivement les peuples libres. Des témoignages honorables, émanés du congrès, réparèrent cette injustice; des remercîmens lui furent adressés ainsi qu'à son armée. Le gouvernement reconnut en termes exprès « que les difficultés avaient été sans exemple et qu'il serait contraire à la justice d'user de sévérité envers celui qui, par des actes même illégaux, avait assuré le triomphe de la liberté (1). Le congrès exprima aussi la haute estime qu'il faisait du patriotisme, de la fidélité et de la valeur avec lesquels le peuple de la Louisiane s'était porté à la défense de tous les droits sociaux et politiques. Il loua la bienveillance et l'humanité manifestées, non-seulement par les secours donnés aux blessés de l'armée américaine, mais aussi par les soins généreux qui avaient été prodigués aux ennemis prisonniers.

Treize ans après, Jackson revint à la Nouvelle-Orléans, invité par la législature même de l'état, et il y fut reçu avec des acclamations de joie et de reconnaissance. L'époque de l'élection d'un président des États-Unis étant arrivée, des Louisianais s'efforcèrent de lui assurer les votes de l'état. Mais un de ses meilleurs amis combattit ainsi la proposition : « Des services particuliers, « quelque signalés qu'ils soient, ne sont point « un titre à la confiance universelle. S'il nous « fallait encore une fois défendre notre pays l'é-

---

(1) Lettre de M. Dallas, secrétaire-d'état de la guerre, au général Jackson. 12 avril 1815. M. John Adams, aujourd'hui à la fin de sa présidence, s'empressa alors de lui rendre le même témoignage.

« pée à la main, toutes nos voix appelleraient
« Jackson au commandement. Mais nous jouis-
« sons d'une profonde paix. Les suffrages de la
« Louisiane, pour la présidence suprême, doi-
« vent être donnés à un citoyen doué de vertus
« pacifiques. »

Lors de cette importante élection, chaque parti proclame les droits qu'il attribue à son candidat et recherche sévèrement la vie du concurrent. A voir la violence des animosités, quelques-uns s'alarment et croyent qu'elles sont les avant-coureurs d'une scission prochaine entre les États du Nord et ceux du Sud. Mais chaque parti existe au sein même de ces États et les clameurs s'apaisent aussitôt que le nouveau président est nommé. Jusqu'au jour où nous écrivons, les votes sont divisés assez également entre M. John Adams, actuellement président, dont la réélection est puissamment appuyée, et André Jackson, illustré par de grands services. Nous saurons dans un temps fort court si les qualités guerrières et un courage supérieur à tous les obstacles, seront préférés aux vertus modestes, qui, avec moins d'éclat, ont assuré le bonheur des peuples. Mais quel que soit le résultat de cette lutte domestique, la sagesse du gouvernement répond, soit de la modération du général, soit de la fermeté du magistrat.

Les ministres anglais ignoraient encore le résultat de l'entreprise contre la Louisiane, quand ils ouvrirent à Gand les négociations pour la paix ; elles se terminèrent par un traité qui contient une renonciation implicite à cette conquête, même dans le cas où elle aurait été faite. Il fut signé le 24 décembre 1814, quinze jours avant la délivrance de la Nouvelle-Orléans. La précipitation avec laquelle il fut conclu laissa divers points importants indécis, et ce n'est qu'au mois de septembre 1828, que plusieurs articles nouveaux furent réglés par des commissaires.

La guerre avait coûté du sang aux deux pays. Elle augmenta d'un milliard et demi de francs la dette de l'Angleterre. On a estimé à six cent millions de francs les dommages et les dépenses des États-Unis ; mais la pacification les laissa tranquilles possesseurs et seuls souverains du Mississipi. Ils furent dès-lors fondés à compter que rien désormais ne pourrait les empêcher d'étendre leur domination jusqu'à l'Océan occidental. Déjà un établissement venait de s'y former sur les bords et à l'embouchure de la rivière Colombie dans la Mer-Pacifique. Le fondateur est M. Astor, qui appela ce poste Astoria. On ignorait que la paix eût été signée, lorsque les Anglais s'en emparèrent. Il fut repris au nom des Américains, et il leur est resté.

C'est surtout au voisinage du Mississipi, qu'on s'aperçoit de l'ancienne présence des Français. On voit encore, jusque sur le Missouri, les ruines des forts et des bastions qu'ils ont construits. Des familles indiennes, qui s'allièrent il y a cent ans, avec un Normand ou un Breton, sont glorieuses de cette origine, et elles en portent les noms avec orgueil. Ceux d'Yberville, de Pontchartrain, de Maurepas, de Jumonville, sont conservés par une sorte de reconnaissance. C'est un pareil sentiment qui, aux anciens États-Unis, a fait donner à des comtés et à des villes les noms de Bourbon, de Luzerne, Lafayette, Steuben, Louisville, Fulton. La ville où siège le congrès, et un grand nombre de districts, portent le nom de Washington.

Au sud des contrées que la rivière Rouge arrose, coule celle de la Trinité, qui traverse la province du Texas. Ce pays, long-temps considéré comme une partie de la Louisiane, était resté à l'Espagne en vertu des traités; et les États-Unis, aussi ambitieux que de vieilles monarchies, regrettent d'y avoir trop facilement renoncé.

C'est là que des Français exilés de leur patrie tentèrent, il y a peu d'années, de former un établissement. Le récit de leurs malheurs terminera celui que j'ai fait de la cession de la Louisiane.

Le retour imprévu et soudain de Bonaparte, de l'île d'Elbe en France, avait ramené autour de lui la moitié de cette jeunesse qui, sous ce grand capitaine, n'avait connu de gloire que celle des armes, et de bonheur que celui des triomphes et de la victoire. Son parti, formé à la hâte, rassemblé sans prévoyance, fut bientôt accablé. Plusieurs chefs, menacés par les tribunaux, avaient préféré l'exil aux dangers d'un jugement et s'étaient retirés aux États-Unis. Ils y furent accueillis avec hospitalité. En mars 1817, le congrès leur concéda des terres (1) sur les bords de l'Alabama, aux confins de la Floride et du pays des Indiens Creeks. Il avait fixé un prix fort modique, payable dans quatorze ans, et la concession du congrès était une libéralité déguisée sous la forme d'une vente. Les terres étaient bien choisies; le don était digne d'être offert, par un peuple libre, au courage même égaré. Mais les concessionnaires, habitués, les uns à l'activité militaire, les autres au désœuvrement des camps, novices en agriculture et dans l'art des défrichements, n'avaient pas tardé à abandonner leur entreprise: Plusieurs rétrocédèrent leurs lots, et se dispersèrent de nouveau. D'autres, en s'éloignant de l'Alabama, persistèrent dans le dessein de former un établissement agricole.

Ce fut vers le Texas qu'ils tournèrent leurs espérances. Les généraux Lallemand et Rigaud y conduisirent une petite troupe de soldats et de laboureurs. L'espoir de retrouver dans ce

---

(1) Acte du congrès du 3 mars 1817. 92,160 acres, à condition d'y introduire la vigne et l'olivier.

pays une autre France, avait pour eux un charme inconnu à ceux qui ne furent jamais bannis. Ils s'étaient avancés à dix milles dans les terres et reconnaissaient Lallemand pour leur commandant. Il croyait pouvoir soumettre aux travaux de l'agriculture des hommes qui ne connaissaient d'activité que celle des combats. Il y avait dans le pays beaucoup de taureaux, de vaches et de chevaux sauvages. Le gibier et le poisson abondaient; mais les défrichements sont pénibles; cette opération est longue, et ne peut être suivie d'une moisson dans l'année. Il faut même, sur le meilleur sol, s'attendre à être contrarié par le climat, et une sécheresse extraordinaire interrompit les travaux pendant quelque temps, et suspendit toute végétation. Ils ne se découragèrent pas cependant; et, en attendant que la saison fût devenue plus favorable, ils vécurent des provisions qu'ils avaient apportées, ainsi que de leur chasse et de leur pêche. Les naturels les avaient pris en affection, et un petit commerce s'était établi entre les uns et les autres. Lallemand avait donné le nom de Champ-d'Asile au poste qu'il avait choisi. Il commençait à le fortifier; il dictait des réglements à sa petite colonie, et il y appelait d'autres émigrés, quand ses faibles progrès furent arrêtés par des obstacles qu'il n'avait pas prévus.

Les Espagnols lui firent intimer l'ordre de

discontinuer les travaux et les défrichements, à moins de reconnaître la souveraineté du roi catholique. Ils marchèrent même en armes contre le Champ-d'Asile. La petite colonie n'était pas en état de défense, et elle n'entreprit pas de faire une résistance inutile. Ces infortunés, fugitifs de leur propre patrie, furent encore expulsés d'une terre où les indigènes leur avaient donné l'hospitalité, et qui n'aurait dû appartenir qu'aux premiers qui l'occuperaient utilement. La faible peuplade n'existe plus; ses chefs ont péri, ou leur sort est ignoré.

Le Texas est un des plus beaux pays du monde, et cependant les Européens, si empressés à faire des conquêtes en Amérique, semblaient, jusqu'à notre temps, en avoir à peine connu l'existence. Des habitants nouveaux tout faibles qu'ils sont, ont cru pouvoir profiter des troubles qui agitent le Mexique, et, en 1826, ils ont déclaré leur indépendance.

Les émigrants, qui, fuyant l'ancien monde, vont chercher le bonheur dans le nouveau, espèrent l'obtenir sans efforts. Ils y trouveront en effet la liberté, ils deviendront propriétaires à peu de frais. Mais à moins d'être laborieux, persévérants, économes, ils seront déçus dans leurs espérances de fortune. Ceux qui les ont précédés leur ont applani de grands obstacles. Le pays est connu, les sauvages sont dispersés ou peu à craindre. Des terres d'une excellente qualité y sont vendues au prix le plus modique. Le congrès ne serait pas même éloigné de les donner gratuitement à quiconque est en état de les cultiver, et cette libéralité contribuerait plus sûrement à rendre l'État puissant et riche, que le prix auquel elles sont concédées. La propriété donne de la diligence aux plus paresseux, et peut-être elle est le caractère qui distingue le mieux les sociétés en Amérique de celles d'Europe. Dans celles-ci, des familles sorties de la servitude, il y a six siècles, forment aujourd'hui la classe des journaliers, justement appelés de ce nom, parce qu'ils ne travaillent et n'existent pour ainsi dire qu'à la journée. Comme ils n'ont de propriété que leur pioche et leur houe, ils n'améliorent rien; ils éprouvent de fréquentes privations, et cependant ils songent si peu à l'avenir, qu'ils se livrent au repos et à la fainéantise aussitôt que les denrées de première nécessité sont à bas prix. En Amérique, au contraire, les nouveaux venus ne peuvent manquer ni de travail, ni de salaire. Ils ont l'exemple d'un peuple actif, entreprenant, instruit dans tous les arts utiles. L'émigrant est toujours accueilli avec bienveillance et ne doit craindre que ses propres fautes. Un bon charpentier, un maçon diligent, un artisan habile, ne voyent au-dessus d'eux que les lois. Nulle part on ne trouve autant d'aisance et de contentement, fruits du travail, d'une sage conduite et des bonnes mœurs. Dans tous les pays dont la prise de possession suivit le traité de cession, des établissements se forment : ils grandissent à vue d'œil. Le gouvernement fédéral les observe jusqu'à ce que le temps soit venu de les constituer en états de l'Union. La protection qu'ils reçoivent les met à l'abri de toute agression, et ils ajouteront à leur tour à la force de la confédération. C'est ainsi qu'elle n'a besoin ni de la guerre, ni des conquêtes pour être puissante et redoutée. Un moyen plus efficace que les batailles et les victoires garantira cette prospérité et fera la gloire des États confédérés; c'est de garder religieusement leurs sages institutions, d'observer constamment les lois qu'ils se sont données; c'est de ne jamais perdre de vue les règles de la justice et d'y subordonner tous leurs intérêts. Les États-Unis, respectés au-dehors, heureux au-dedans, ne redoutant rien comme nation, ayant peu à désirer comme peuple, jouiront alors de tous les biens qui furent l'objet de la révolution.

FIN DE LA TROISIÈME ET DERNIÈRE PARTIE.

PIÈCES JUSTIFICATIVES.

HISTOIRE DE LA LOUISIANE.

N. B. La carte qui est en tête de ce volume fait connaître les agrandissements que le traité de cession a procurés aux États-Unis.

PIÈCES JUSTIFICATIVES.

N° 1.

TRAITÉ ET CONVENTIONS ENTRE LA RÉPUBLIQUE FRANÇAISE ET LES ÉTATS-UNIS D'AMÉRIQUE. — 1803.

Traité entre la République française et les États-Unis d'Amérique, concernant la cession de la Louisiane, signé à Paris, le 30 avril 1803.

Le premier consul de la République française, au nom du peuple français, et le président des États-Unis d'Amérique désirant prévenir tout sujet de mésintelligence relativement aux objets de discussion mentionnés dans les articles II et V de la convention du 8 vendémiaire an IX (30 septembre 1800), et relativement aux droits réclamés par les États-Unis en vertu du traité conclu à Madrid, le 27 octobre 1795, entre Sa Majesté catholique et lesdits États-Unis; et voulant fortifier de plus en plus les rapports d'union et d'amitié, qui, à l'époque de ladite convention, ont été heureusement rétablis entre les deux États, ont respectivement nommé pour plénipotentiaires, savoir : le premier consul, au nom du peuple français; le citoyen François Barbé-Marbois, ministre du trésor public, et le président des Etats-Unis d'Amérique, par, et avec l'avis et le consentement du sénat desdits États, Robert R. Livingston, ministre plénipotentiaire des États-Unis, et James Monroe, ministre plénipotentiaire et envoyé extraordinaire desdits États auprès du gouvernement de la République française; lesquels après avoir fait l'échange de leurs pleins pouvoirs sont convenus des articles suivants :

Art. Ier.

Attendu que par l'article III du traité conclu à Saint-Ildephonse, le 9 vendémiaire an ix (1er octobre 1800), entre le premier consul de la République française et Sa Majesté catholique, il a été convenu ce qui suit :

« Sa Majesté catholique promet et s'engage de son côté, à rétrocéder à la République française, six mois après l'exécution pleine et entière des conditions et stipulations ci dessus, relatives à son altesse royale le duc de Parme, la colonie ou province de la Louisiane avec la même étendue qu'elle a actuellement entre les mains de l'Espagne, et qu'elle avait lorsque la France la possédait, et telle qu'elle doit être d'après les traités passés subséquemment entre l'Espagne et d'autres États. »

Et comme par suite dudit traité, et spécialement dudit article III, la République française a un titre incontestable au domaine et à la possession dudit territoire, le premier consul de la République désirant de donner un témoignage remarquable de son amitié auxdits États-Unis, il leur fait, au nom de la République française, cession, à toujours et en pleine souveraineté, dudit territoire, avec tous ses droits et appartenances. ainsi et de la manière qu'ils ont été acquis par la République française, en vertu du traité susdit, conclu avec Sa Majesté catholique.

Art. II.

Dans la cession faite par l'article précédent, sont compris les îles adjacentes dépendantes de la Louisiane, les emplacements et places publiques, les terrains vacants, tous les bâtiments publics, fortifications, casernes et autres édifices qui ne sont la propriété d'aucun individu. Les archives, papiers et documents directement relatifs au domaine et à la souveraineté de la Louisiane et dépendances, seront laissés en possession des commissaires des États-Unis, et il sera ensuite, remis des expéditions en bonne forme aux magistrats et administrateurs locaux, de ceux desdits papiers et documents qui leur seront nécessaires.

Art. III.

Les habitants des territoires cédés seront incorporés dans l'union des États-Unis, et admis, aussitôt qu'il sera possible, d'après les principes de la constitution fédérale à la jouissance de tous les droits, avantages et immunités des citoyens des États-Unis, et en attendant, ils seront maintenus et protégés dans la jouissance de leurs libertés, propriétés, et dans l'exercice des religions qu'ils professent.

Art. IV.

Il sera envoyé de la part du gouvernement français un commissaire à la Louisiane, à l'effet de faire tous les actes nécessaires, tant pour recevoir des officiers de Sa Majesté catholique, lesdits pays, contrées et dépendances au nom de la République française, si la chose n'est pas encore faite, que pour les transmettre, audit nom, aux commissaires ou agents des États-Unis.

Art. V.

Immédiatement après la ratification du présent traité par le président des États-Unis, et dans le cas où celle du premier consul aurait eu préalablement lieu, le commissaire de la République française remettra tous les postes militaires de la Nouvelle-Orléans, et autres parties du territoire cédé, au commissaire ou aux commissaires nommés par le président pour la prise de possession. Les troupes françaises ou espagnoles qui s'y trouveront, cesseront d'occuper les postes militaires du moment de la prise de possession, et seront embarquées aussitôt que faire se pourra, dans le courant des trois mois qui suivront la ratification du traité.

Art. VI.

Les États-Unis promettent d'exécuter les traités et articles qui pourraient avoir été convenus entre l'Espagne et les tribus et nations indigènes (Indiennes) jusqu'à ce que, du consentement mutuel des États-Unis, d'une part et des indigènes (Indiens) de l'autre, il y ait été substitué tels autres articles qui seront jugés convenables.

Art. VII.

Comme il est réciproquement avantageux au commerce de la France et des États-Unis, d'encourager la communication des deux peuples, pour un temps limité, dans les contrées dont il est fait cession, par le présent traité, jusqu'à ce que des arrangements généraux relatifs au commerce des deux nations puissent être convenus, il a été arrêté entre les parties contractantes, que les navires français venant directement de France ou d'aucune de ses colonies, uniquement chargés des produits des manufactures de la France et de ses colonies, et les navires espagnols venant directement des ports d'Espagne, ou de ceux de ses colonies uniquement chargés des produits des manufactures de l'Espagne et de ses colonies, seront admis, pendant l'espace de douze années, dans le port de la Nouvelle-Orléans et dans tous les autres ports légalement ouverts en quelque lieu que ce soit des territoires cédés ; ainsi et de la même manière que les navires des États-Unis venant de France et d'Espagne ou d'aucune de leurs colonies, sans être sujets à d'autres ou plus grands droits sur les marchandises, ou d'autres ou plus grands droits de tonnage, que ceux qui sont payés par les citoyens des États-Unis. Pendant l'espace de temps ci-dessus mentionné, aucune nation n'aura droit aux mêmes priviléges dans les ports du territoire cédé.

Les douze années commenceront trois mois après l'échange des ratifications, s'il a lieu en France, ou trois mois après qu'il aura été notifié à Paris, au gouvernement français, s'il a lieu dans les États-Unis.

Il est bien entendu que le but du présent article est de favoriser les manufactures, le commerce, le fret et la navigation de la France et de l'Espagne, en ce qui regarde les importations qui seront faites par les Français et par les Espagnols dans lesdits ports des États-Unis, sans qu'il soit rien innové aux réglements concernant l'exportation des produits et marchandises des États-Unis, et aux droits qu'ils ont de faire lesdits réglements.

Art. VIII.

A l'avenir, et pour toujours, après l'expiration des douze années susdites, les navires français seront traités sur le pied de la nation la plus favorisée dans les ports ci-dessus mentionnés.

Art. IX.

La convention particulière, signée aujourd'hui par les ministres respectifs, ayant pour objet de pourvoir au paiement des créances dues aux citoyens des États-Unis par la République française, antérieurement au 8 vendémiaire an IX (30 septembre 1800), est approuvée, pour avoir son exécution de la même manière que si elle était insérée au présent traité, et elle sera ratifiée en la même forme et en même temps; en sorte que l'une ne puisse l'être sans l'autre.

Un autre acte particulier, signé à la même date que le présent traité, relatif à un réglement définitif entre les puissances contractantes, est pareillement approuvé, et sera ratifié en la même forme en même-temps et conjointement.

Art. X.

Le présent traité sera ratifié en bonne et due forme, et les ratifications seront échangées dans l'espace de six mois, après la date de la signature des plénipotentiaires, ou plus tôt s'il est possible.

En foi de quoi, les plénipotentiaires respectifs ont signé les articles ci-dessus, tant en langue française qu'en langue anglaise, déclarant néanmoins que le présent traité a été originairement rédigé et arrêté en langue française, et ils y ont apposé leurs sceaux.

Fait à Paris, le dixième jour de floréal de l'an onze de la République française, et le trente avril 1803.

(L. S.) Barbé-Marbois.
(L. S.) Robert R. Livingston.
(L. S.) James Monroe.

N° 2.

CONVENTION ENTRE LES ÉTATS-UNIS D'AMÉRIQUE ET LA RÉPUBLIQUE FRANÇAISE, MÊME DATE QUE LE TRAITÉ.

Le premier consul de la République française, au nom du peuple français, et le président des États-Unis d'Amérique, par suite du traité de cession de la Louisiane, qui a été signé aujourd'hui, et voulant régler définitivement tout ce qui est relatif à cette affaire, ont autorisé, à cet effet, des plénipotentiaires, savoir, etc.

Art. Ier.

Le gouvernement des États-Unis s'engage à payer au gouvernement français, de la manière qui sera spécifiée en l'article suivant, la somme de soixante millions de francs, indépendamment de ce qui sera fixé par une autre convention, pour le paiement des sommes dues par la France à des citoyens des États-Unis.

Art. II.

Le paiement des soixante millions de francs mentionnés au précédent article, sera effectué par les États-Unis, au moyen de la création d'un fonds de onze millions deux cent cinquante mille piastres, portant un intérêt de six pour cent par an, payable tous les six mois à Londres, Amsterdam ou Paris, à raison de trois cent trente-sept mille cinq cents piastres pour six mois, dans les trois places ci-dessus dites, suivant la proportion qui sera déterminée par le gouvernement français. Le principal dudit fonds sera remboursé par le trésor des États-Unis, par des paiements annuels, qui ne pourront être d'une somme moindre de trois millions de piastres par année, et dont le premier commencera quinze ans après la date de l'échange des ratifications. Ce fonds sera transféré au gouvernement de France, ou à telle personne ou tel nombre de personnes qu'il chargera de le recevoir, dans les trois mois au plus tard après l'échange des ratifications de ce traité, et après la prise de possession de la Louisiane, au nom du gouvernement des États-Unis.

Il est en outre convenu que, si le gouvernement français était dans l'intention de disposer desdits fonds, et d'en toucher le capital en Europe, à des époques rapprochées, les opérations qui auront lieu seront conduites de la manière la plus favorable au crédit des États-Unis, et la plus propre à maintenir le prix avantageux du fonds qui doit être créé.

Art. III.

La piastre ayant cours de monnaie dans les États-Unis, il est convenu que dans les comptes auxquels la présente convention donnera lieu, le rapport de ladite monnaie, avec le franc, sera invariablement fixé à cinq francs $\frac{3333}{10,000}$, ou cinq livres huit sols tournois.

La présente convention sera ratifiée en bonne et

due forme, et les ratifications seront échangées dans l'espace de six mois, à dater de ce jour, ou plus tôt s'il est possible.

En foi de quoi les plénipotentiaires respectifs ont signé les articles ci-dessus, tant en langue française qu'en langue anglaise, déclarant néanmoins que le présent traité a été originairement rédigé et arrêté en langue française, et ils y ont apposé leurs sceaux.

Fait à Paris, le dixième jour de floréal de l'an onze de la République française, et le trente avril 1803.

(L. S.) BARBÉ-MARBOIS.
(L. S.) Robert R. LIVINGSTON.
(L. S.) James MONROE.

N° 3.

CONVENTION ENTRE LA RÉPUBLIQUE FRANÇAISE ET LES ÉTATS-UNIS D'AMÉRIQUE.

Le premier consul de la République française au nom du peuple français et le président des États-Unis de l'Amérique ayant par un traité en date de ce jour, fait cesser toutes les difficultés relatives à la Louisiane, et affermi sur des fondements solides l'amitié qui unit les deux nations, et voulant en exécution des articles II et V de la convention du 8 vendemiaire an ix (30 septembre 1800) assurer le paiement des sommes dues par la France aux citoyens des États-Unis, ont respectivement nommé pour plénipotentiaires, savoir, etc.

Art. Ier.

Les dettes dues par la France aux citoyens des États-Unis, contractées avant le 8 vendemiaire an ix (30 septembre 1800) seront payées conformément aux dispositions suivantes, avec les intérêts à six pour cent à compter de l'époque où la réclamation et les pièces à l'appui ont été remises au gouvernement français.

Art. II.

Les dettes qui font l'objet du présent article sont celles dont le résultat par aperçu est compris dans la note annexée à la présente convention, et qui ne pourront, y compris les intérêts, excéder la somme de vingt millions.

Les réclamations comprises dans la dite note ne pourront néanmoins être admises qu'autant qu'elles ne seront pas frappées des exceptions mentionnées aux articles suivants.

Art. III.

Le principal et les intérêts seront acquittés par les États-Unis d'Amérique sur des mandats tirés par le ministre plénipotentiaire desdits États-Unis sur leur trésor. Ces mandats seront payables soixante jours après l'échange des ratifications du traité et des conventions signées ce jour, et après la remise qui doit être faite de la Louisiane par le commissaire de France à ceux des États-Unis.

Art. IV.

Il est expressément convenu que les articles précédents ne comprennent que les créances des citoyens des États-Unis ou de leurs représentants qui ont été et sont encore créanciers de la France pour fournitures, embargos et prises faites à la mer, et réclamées dans le temps nécessaire et suivant les formes prescrites par la convention du 8 vendémiaire an IX (30 septembre 1800).

Art. V.

Les articles précédents ne seront appliqués 1° qu'aux captures dont le conseil des prises aurait ordonné la restitution ou main levée, bien entendu que le réclamant ne pourra avoir recours sur les États-Unis pour son paiement que de la même manière qu'il l'aurait eu envers le gouvernement français, et seulement en cas d'insuffisance de la part des capteurs. 2° Qu'aux dettes mentionnées dans ce même article V de la convention contractée avant le 8 vendemiaire an ix (30 septembre 1800) dont le paiement a été ci-devant réclamé auprès du gouvernement actuel de France, et pour lesquelles le créancier a droit à la protection des États-Unis. Le dit article V ne comprend point les prises dont la condamnation a été ou viendrait à être confirmée; l'intention expresse des parties contractantes est pareillement de ne point étendre le bénéfice de la présente convention aux réclamations des citoyens américains, qui auraient établi des maisons de commerce en France, en Angleterre ou dans des pays autres que les États-Unis, en société avec des étrangers, et qui, par cette raison et la nature de leur commerce, doivent être regardés comme domiciliés dans les lieux où existent lesdites maisons. Sont pareillement exceptés tous accords et pactes concernant des marchandises qui ne seraient pas la propriété des citoyens américains.

Il n'est d'ailleurs rien préjugé sur le fonds des réclamations ainsi exceptées.

Art. VI.

Afin que les différentes questions auxquelles l'article précédent pourra donner lieu, puissent être convenablement examinées, les ministres plénipotentiaires des États-Unis nommeront trois personnes qui, dès à présent et provisoirement, auront tout pouvoir d'examiner, sans déplacement de pièces, tous les comptes des différentes créances déjà liquidées par les bureaux établis à cet effet par la République française et de reconnaître si elles appartiennent aux classes désignées dans la présente convention, et aux principes qui y sont établis, ou si elles ne sont pas dans l'une des exceptions, et sur leur certificat portant que la créance est due à un citoyen américain, ou à son représentant, et qu'elle existait avant le 8 vendémiaire an ix (30 septembre 1800), le créancier aura droit à un mandat sur le trésor des États-Unis, expédié conformément à l'article III.

Art. VII.

Les mêmes agents pourront également, et dès à présent, prendre connaissance, sans déplacer, des pièces relatives aux réclamations dont le travail et la vérification sont préparés, et délivrer leurs certificats sur celles qui réuniront les caractères nécessaires pour l'admission, et qui ne seront pas comprises dans les exceptions exprimées par la présente convention.

Art. VIII.

A l'égard des autres réclamations dont les travaux n'ont pas encore été préparés, les mêmes agents en prendront aussi successivement connaissance, et déclareront par écrit celles qui leur paraîtront susceptibles d'être admises en liquidation.

Art. IX.

A mesure que les créances mentionnées dans lesdits articles auront été admises, elles seront acquittées avec les intérêts à six pour cent par le trésor des États-Unis.

Art. X.

Et afin qu'aucune dette qui n'aura pas les caractères ci-dessus mentionnés, et qu'aucunes demandes injustes ou exhorbitantes ne puissent être admises, l'agent commercial des États-Unis à Paris, ou tel autre agent que le ministre plénipotentiaire des États-Unis jugera à propos de nommer, pourra assister aux opérations desdits bureaux, et concourir à l'examen de ces créances; et si cet agent n'est pas d'avis que la dette est complètement prouvée, ou s'il juge qu'elle n'est pas comprise dans les dispositions du Ve article ci dessus mentionné, et que nonobstant son avis les bureaux établis par le gouvernement français estiment que la liquidation doit avoir lieu, il transmettra les observations au bureau établi de la part des États-Unis, qui fera, sans déplacer, l'examen complet de la créance et des pièces au soutien, et fera son rapport au ministre des États-Unis.

Le ministre transmettra ses observations à celui du trésor de la République française, et sur son rapport le gouvernement français prononcera définitivement.

Le rejet qui pourra avoir lieu n'ayant d'autre effet que de constater que le paiement demandé ne doit pas être fait par les États-Unis, le gouvernement français se réserve de statuer définitivement sur la réclamation en ce qui pourra le concerner.

Art. XI.

Toutes les décisions nécessaires seront rendues

dans le cours d'une année, à dater de l'échange des ratifications, et aucune réclamation ne sera admise ultérieurement.

Art. XII.

Dans le cas où il y aurait des réclamations des citoyens des États-Unis à la charge du gouvernement français, pour des dettes contractées après le 8 vendemiaire an ix (30 septembre 1800) elles pourront être suivies et le paiement pourra être demandé, comme n'étant point compris en cette convention.

Art. XIII.

La présente convention sera ratifiée en bonne et due forme, et les ratifications seront échangées dans l'espace de six mois après la date de la signature des ministres plénipotentiaires, ou plus tôt s'il est possible.

En foi de quoi les plénipotentiaires respectifs ont signé les articles ci-dessus, tant en langue française qu'en langue anglaise, déclarant néanmoins que le présent traité a été originairement rédigé et arrêté en langue française, et ils y ont apposé leurs sceaux.

Fait à Paris, le dixième jour de floréal de l'an onze de la République française, et le trente avril 1803.

(L. S.) Barbé-Marbois.
(L. S.) Robert R. Livingston.
(L. S.) James Monroe.

N° 4.

COMPAGNIE DES INDES.

Ordre au correspondant de la Compagnie, au Cap-Français, au sujet des deux chefs des sauvages Natchez qui y ont esté transférez de la Louisiane avec leurs familles.

Du 23 avril 1732.

Sur ce qui a esté représenté que dans le nombre des sauvages Natchez, pris en guerre, au mois de janvier 1731, il se seroit trouvé deux chefs avec leurs familles, au nombre de huit personnes, ce qui, quoyque le Soleil, un des deux chefs, fut mort dez le 28 septembre précédent, auroit constitué la Compagnie en dix huit cent quatre-vingt-huit livres sept sous de différens frais, et que la Compagnie ayant supplié M. le comte de Maurepas de donner sur le fait ci-dessus, une décision qui fasse cesser ladite dépense, M. le comte de Maurepas auroit écrit qu'il ne croyoit pas qu'il y eust aucune chose à faire que d'ordonner la vente de ce qui restoit de ces deux familles sauvages, ou de les renvoyer à la Louisiane; il a esté délibéré d'ordonner incessamment la vente de ce qui reste desdites deux familles sauvages Natchez.

N° 5.

EXTRAIT DU DROIT PUBLIC DE L'EUROPE.

« Je prie de comparer le mal qui résulte des dé-
« penses énormes que la guerre a rendues nécessaires
« pour la France, et celui que lui fait la perte de
« plusieurs provinces qu'elle possédait dans le con-
« tinent de l'Amérique septentrionale. Il n'est pas
« douteux que ce royaume ne puisse être heureux et
« très-puissant sans colonies; mais il est certain que
« les dettes dont il est surchargé l'affaiblissent, etc. »
Droit public de l'Europe, par l'abbé de Mably,
tom. III. Paix de 1763.

N° 6.

NOTE RELATIVE A LA SUCCESSION DE BAVIÈRE A L'ÉPOQUE DE LA CESSION.

L'électeur de Bavière fut atteint de la petite-vérole un an après la demande des renseignements, et il mourut de cette maladie. Les Autrichiens entrèrent soudainement en Bavière, mais on était trop engagé envers les Américains pour rétrograder. C'est à cette époque même que le traité d'alliance entre la France et les États-Unis fut signé, et on crut en Angleterre que la France ne pourrait éviter une guerre continentale. Elle en fut préservée par la prudence du ministère et à la faveur de quelques complaisances. Il faut convenir aussi que ce fut principalement à la fermeté et à la décision du roi de Prusse, que la branche palatine de la maison de Bavière dut la conservation de l'ancien patrimoine de la commune souche de Wittelspach. Ce monarque tira la France de la position fâcheuse où un événement aussi inattendu l'avait engagée; et pour cette fois l'Autriche ne fut point encore rapprochée des deux landgraviats d'Alsace, ancien héritage de cette puissante maison. Peut-être qu'en 1815 elle laissa trop voir que 167 ans n'ont pas suffi pour lui ôter toute espérance.

N° 7.

LETTRE ÉCRITE DE LA NOUVELLE-ORLÉANS LE 14 AVRIL 1803, PEU DE JOURS APRÈS QUE LE TRAITÉ EUT ÉTÉ SIGNÉ A PARIS.

Le préfet français est arrivé. Ses protestations envers les Américains sont, pour le présent, très-amicales. Mais je pense qu'à l'établissement du gouvernement français son ton changera. Il attend le général Victor et les troupes françaises, avant de commencer son administration. On épuisera tous les expédients pour nous endormir dans une fausse sécurité. Tous les Habitants ici, à l'exception de quelques Créoles, désirent ardemment voir les gens de l'Ouest se porter à des mesures énergiques.

On nous refuse toujours un lieu de dépôt : nous avons la plus belle occasion de nous procurer une satisfaction pour le passé et une sécurité pour l'avenir. Si nous la laissons passer, je crains qu'elle ne se retrouve jamais. Une poignée d'hommes prendrait cette place ; ils n'éprouveraient que peu, ou point de résistance. Vous seriez surpris de voir le vif intérêt que les gens du pays prennent à la prospérité future de notre nation, et avec quel enthousiasme ils lisent et répètent les discours des sénateurs qui voulaient qu'on s'emparât sur le champ de cette place.

Je demande instamment, que l'on équipe et arme sur le champ notre milice de l'Ouest, de manière à ne pas perdre un moment pour nous mettre en état de pourvoir à notre sûreté. Nos ennemis nous accusent de manquer d'esprit public. Les Espagnols établis ici voient leur gouvernement sur le bord du précipice où le poussent les intrigues de la politique française: et, comme des gens dans le désespoir, ils n'osent plus envisager l'avenir. Ils sont impatients de nos délais ; ils expriment souvent leur surprise de notre modération et de notre pusillanimité.

Je crains que notre plan de négociation ne produise que des délais. Si elle ne réussit pas, je gémirai sur les destinées malheureuses de notre patrie dégradée.

N° 8.

EXTRAIT D'UNE LETTRE DU MINISTRE PLÉNIPOTENTIAIRE DES ÉTATS-UNIS, AU MINISTRE DES RELATIONS EXTÉRIEURES DE FRANCE.

A Paris, le 11 décembre 1802.

Monsieur,

Je viens d'apprendre que le gouvernement de la Nouvelle-Orléans a refusé aux Américains le droit d'entrepôt dans ce port, sous prétexte que le terme stipulé par le traité était expiré.

Vous n'ignorez pas, Monsieur, quel prix les habitants de l'ouest des États-Unis attachent à ce droit, ni avec quelle énergie ils le défendraient; elle serait telle que le gouvernement, fût-il indifférent sur ce point, serait obligé d'y céder.

Il est, Monsieur, particulièrement malheureux que cela se rencontre au moment précis où la France va entrer en possession de ce pays. Je crains très-fort que cette circonstance, jointe au silence que garde le gouvernement français sur ses intentions, ne donne lieu aux personnes soupçonneuses de supposer que la cour d'Espagne n'a rien fait en cela que de concert avec la France : quoique je rende trop de justice à la droiture de son gouvernement pour croire qu'elle voulût approuver l'infraction d'un traité, et marquer par un acte d'hostilité son arrivée dans notre voisinage; la chose est néanmoins de nature à exiger de sa part la plus prompte attention sur tous les objets dont l'oubli a excité les plus vives sensations dans les États-Unis. Je profite de cette occasion pour vous présenter l'esquisse d'un traité qui, je l'espère, procurera à la France les plus grands avantages et resserrera les nœuds que tous les Américains éclairés désirent voir subsister entre elle et les États-Unis.

En prenant possession de la Louisiane, la France ne peut avoir que trois objets en vue; 1° le commandement du Golfe; 2° l'approvisionnement des îles; 3° un établissement pour ses habitants dans le cas d'un excès de population dans ses possessions d'Europe.

Elle s'assurera efficacement du premier objet par la possession de la Floride orientale. Il n'y a aucun port de la moindre importance à l'ouest du Mississipi.

Le second objet sera bien mieux rempli en renfermant l'établissement dans des bornes raisonnables, sur les bords ou à une distance modérée de la mer, qu'en dispersant les hommes et les capitaux sur un immense territoire : opération qui conduirait les habitants à la vie errante et à l'indépendance, et forcerait la France à multiplier des établissements militaires très-dispendieux pour les protéger contre les incursions des sauvages.

Ce pays doit se peupler ou d'étrangers ou d'émigrants de France. Dans le premier cas, il n'y a pas en Europe de nation qui puisse les maintenir dans un état de dépendance; car aussitôt qu'ils seront établis à quelques centaines de milles des bords de la mer, ils deviendront inaccessibles à sa puissance.

Dans le second cas, il sortira de France une telle quantité d'hommes et d'argent, que ce sera pour son agriculture et ses manufactures un coup funeste. Et, après tout, ils seront indépendants de la mère-patrie, du jour où ils se trouveront assez riches et assez forts pour se passer de ses secours.

Je vais proposer ce que je crois qu'il est de la véritable politique de la France d'adopter comme remplissant toutes ses vues, et en même temps comme un moyen de se concilier l'affection des États-Unis en assurant la durée de cet établissement.

Il faudrait d'abord que la France cédât aux États-Unis la partie de la Louisiane qui est au-dessus de l'embouchure de la rivière des Arkansas; par ce moyen, il y aura entre la partie française et le Canada une barrière sans laquelle elle pourrait aisément être attaquée et perdue pour la France avant l'arrivée des secours. Il faut qu'elle garde la partie qui est à l'ouest du Mississipi et au-dessous de la rivière des Arkansas; ce territoire comporte une population de quinze millions d'hommes, cela formera une barrière entre les États-Unis et le Mexique, dans le cas où les Américains auraient conçu l'extravagant projet de porter la guerre dans ce pays, ce qui, je l'espère, n'arrivera jamais. La France cédera aux États-Unis la Floride occidentale, la Nouvelle-Orléans et le territoire qui se trouve sur la rive gauche du Mississipi. Cette cession n'a de valeur que pour les Américains, parce qu'elle leur donne l'embouchure de la Mobile et d'autres petites rivières qui passent dans leur territoire, et parce qu'elle calme leurs inquiétudes à l'égard du Mississipi. Si l'on en excepte une langue de terre étroite sur les bords de la rivière, toute cette portion de territoire consiste en sables stériles et en marais, tandis que celle que conservera la France à l'ouest du Mississipi renferme une contrée riche et fertile. On pourrait croire que la Nouvelle-Orléans est une place de quelque importance, elle est telle sans doute pour les États-Unis, mais non pour la France. Et, comme la très-majeure partie des établissemens est sur l'autre rive du fleuve, il faudra de nécessité y porter la capitale, lors même que la France resterait en possession de la Nouvelle-Orléans, ville bâtie en bois, et pour laquelle la France aura fait des dépenses inutiles en bâtimens publics lorsqu'elle changera la capitale.

Le droit d'entrepôt réclamé par les États-Unis, droit qu'ils ne céderont jamais, sera entre les deux nations une source perpétuelle de disputes et d'animosités qui forceront à la fois les États-Unis à aider quelque puissance étrangère à expulser les Français de cette colonie. Indépendamment de tout ceci les capitaux de la Nouvelle-Orléans étant presque tous entre les mains des Américains, ils seront envoyés à l'instant aux Natchez, poste auquel les États-Unis peuvent donner des avantages tels que la Nouvelle-Orléans sera peu de chose.

Dans tout autre système, Monsieur, *tout cet établissement tombe dans les mains des Anglais*, qui, en même temps qu'ils commandent la mer, ont à leur portée une colonie guerrière qui a tous les moyens d'attaque; et tandis que leur flotte bloquera les ports, ils peuvent sans la moindre peine faire attaquer la

Nouvelle-Orléans par le Canada avec 15 ou 20,000 hommes et des hordes sauvages.

La France, en s'emparant d'un désert et d'une ville insignifiante, en jetant par ce moyen les États-Unis dans *la balance en faveur de l'Angleterre, va rendre cette puissance maîtresse du Nouveau-Monde :* la possession de la Louisiane et de la Trinité mettra les colonies espagnoles à sa merci, et en enlevant à la France les Florides et se mettant en possession du golfe du Mexique elle commande aux Antilles ; les deux Indes verseront leurs richesses dans ses ports ; les métaux précieux du Mexique, unis aux trésors de l'Indostan, lui fourniront les moyens d'acheter des nations dont elle emploiera les forces à assurer sa puissance.

Le congrès est actuellement en séance ; si avant la fin des sessions il n'y a point de traité conclu, ou si l'on envoyait un ministre seulement avec des pouvoirs pour traiter, sans rien apporter de décisif, il faudra qu'il ait à passer à travers mille soupçons, mille jalousies ; et la négociation une fois entamée, il aura à lutter contre toutes les intrigues de la cour de Londres la plus intéressée à arrêter le succès d'une affaire si opposée à ses vues.

Agréez etc.

Signé, Livingston.

N° 9.

LÉGISLATURE DU MISSISSIPI.

Mémoire du Conseil législatif et de la chambre des représentants du territoire du Mississipi.

5 janvier 1803.

AU PRÉSIDENT, AU SÉNAT ET A LA CHAMBRE DES REPRÉSENTANTS DES ÉTATS-UNIS.

Vos *pétitionnaires* (1) prennent la liberté d'exprimer leurs sentiments par rapport à un événement par lequel les intérêts de l'Amérique occidentale en général, et de ce territoire en particulier, sont matériellement affectés. Le traité de San-Lorenzo assurait la libre navigation du Mississipi, et un lieu commode au dépôt des marchandises et effets des négociants américains. Il incorporait politiquement cette contrée au reste des États-Unis. Nous voyions notre commerce fleurir, notre prospérité augmenter rapidement de valeur et nous nous félicitons d'être les citoyens libres et heureux d'une république indépendante. Nous reposant sur la foi nationale pour

---

(1) Ce terme n'est employé que parce que cette législature n'est encore que celle d'un territoire placé sous un gouvernement colonial. (5 janvier 1803.)

la continuation de ces privilèges acquis par des stipulations expresses, nous nous étions flattés de l'espoir que cet état de prospérité serait durable.

Les motifs qui peuvent avoir porté le gouvernement espagnol à nous refuser un lieu de dépôt, sont une matière à conjecture. Mais il ne peut être mis en doute que l'acte en lui-même ne soit une violation du traité qui nous lie à cette nation.

Il a paru un ordre récent du gouvernement de la Louisiane, qui prohibe toute communication entre les citoyens des États-Unis et les sujets de l'Espagne ; cet ordre a mis de nouveaux embarras dans notre commerce, et respire des sentiments encore plus ennemis que le précédent contre les États-Unis.

Vos pétitionnaires pleins de confiance dans l'énergie, la sagesse et la justice du gouvernement général, demeurent persuadés qu'il ne se refusera à aucune espèce de secours demandés par la circonstance. Quant à ce qui dépend de nous, nous offrons à notre pays nos vies et nos fortunes à l'appui des mesures que le congrès croira nécessaires pour soutenir l'honneur et défendre les intérêts des États-Unis.

Signé William G. Torman, président de la chambre des représentants.

John Ellis, président du conseil (1).

---

(1) Cette lettre et d'autres pièces qui suivent sont traduites de l'anglais. Les collections et journaux de ce temps sont remplis d'actes publics où l'occupation de la Louisiane est instamment demandée et même sollicitée avec menace d'y employer des voies de fait.

N° 10.

ADRESSE AU PRÉSIDENT, AU SÉNAT ET A LA CHAMBRE
DES REPRÉSENTANTS DES ÉTATS-UNIS.

Janvier 1803.

Nous soussignés, habitants des contrées occidentales, représentons très-respectueusement, que le port de la Nouvelle-Orléans nous est fermé par un décret de l'intendant espagnol : que nous devons aux États-Unis des arrérages de taxes, et des taxes courantes, et que nous n'avons d'autres moyens pour les payer que le produit de nos fermes. Qu'exclus, comme nous le sommes, d'un marché dans l'Est pour nos produits, il faut qu'ils pourrissent dans nos greniers, à moins que le gouvernement ne consente à les recevoir de nous à un prix raisonnable, ou ne nous protège dans la jouissance d'un commerce légitime; que nous pensons humblement que des mesures promptes et décisives sont nécessaires, cette maxime étant particulièrement applicable à notre situation, qu'*allégeance et protection sont réciproques*. En énonçant notre confiance dans le gouvernement de l'Union et en donnant des assurances de notre coopération à toutes les mesures qui seront prises pour faire respecter les justes droits de quelque partie que ce soit des États-Unis, nous devons déclarer que nous avons droit de demander, et nous demandons que le gouvernement, ou prenne des mesures qui nous garantissent l'exercice d'un commerce légitime ; ou autrement qu'il nous affranchisse de toute contribution quelconque. Sans nous immiscer dans les mesures qui auront été prises pour amener l'arrangement amical d'un différent qui est né de la violation gratuite d'un traité solennel, nous désirons faire comprendre explicitement aux États-Unis *que notre situation est critique : qu'un délai d'une saison seulement serait ruineux pour notre pays, et en conséquence qu'une nécessité impérieuse peut nous forcer, si l'on ne nous secourt pas, à prendre nous-mêmes les mesures qui nous paraîtront propres à garantir notre commerce, dussent ces mesures produire des conséquences défavorables à l'harmonie de la fédération.*

N° 11.

ACCUSATION PRÉSENTÉE PAR LE GRAND JURY DU KENTUCKY.

Francfort Kentucky, mars 1803.

Le grand jury ayant été installé, a présenté l'accusation suivante :

Nous jurés du grand jury des États-Unis pour le district du Kentucky, bien convaincus de l'importance qu'il y a de conserver intacte l'union desdits états, et de soutenir et maintenir dans toute leur force et énergie les liens qui les unissent, déclarons que nous détestons et que nous abhorrons tous discours, écrits et insinuations tendantes à exciter parmi nos concitoyens un esprit de discorde et de mécontentement envers le gouvernement de l'Union, et que nous en regardons les auteurs comme des ennemis de la prospérité, du bien-être et de la paix de ce pays, voulant méchamment attirer sur nos têtes le fléau de la discorde. En conséquence, sous notre serment, nous dénonçons François Flournoy, pour avoir commencé illégalement une correspondance indirecte avec le gouvernement de la nation française, et dans l'intention d'influer sur les mesures de ce dernier relatives au différent qui s'est élevé entr'eux au sujet du territoire de la Floride occidentale, de la Nouvelle-Orléans et de la navigation du Mississipi; laquelle correspondance écrite indirectement et illégalement, a été commencée par le susdit François Flournoy, contre les lois et sans la permission ou l'autorité du gouvernement des États-Unis, au moyen d'un certain écrit illégal que ledit François a fait imprimer et publier le 2 mars 1803, dans un journal intitulé le Gardien de la liberté, lequel écrit est en teneur et en réalité comme il suit : (suit la publication) contrairement aux lois des États-Unis, et dirigé contre la tranquillité et la dignité de ce pays.

Signé ROBERT-ALEXANDRE, chef du jury.

N° 12.

EXTRAIT D'UNE LETTRE ÉCRITE DE NATCHEZ LE 13 AVRIL 1803.

L'opinion publique est ici dans la plus grande anxiété. Les Espagnols nous ont insultés et fait tort et nous l'avons souffert ; c'était nous pousser à saisir, sans coup-férir, la Nouvelle-Orléans, le *Palladium* de l'Ouest. Ils ont provoqué notre orgueil : ils ont vu que ni l'intérêt, ni l'honneur national ne peuvent déterminer le cabinet américain à agir avec énergie. Nous avons en vérité montré à l'univers que nous sommes bien disposés à mettre notre existence à la merci des nations étrangères.

Les Français sont à présent en possession de la Nouvelle-Orléans. J'ai vu la proclamation ou plutôt le manifeste du préfet. Il est comme tous les autres manifestes français. Il n'y a pas dans ce territoire un homme instruit qui ne sente que notre pays est ruiné. Le président seul au surplus est à blâmer. C'est lui qui par sa pusillanimité a laissé croupir et se corrompre le sang des contrées occidentales ; et pour mieux assurer notre perte, il a laissé, sans la moindre opposition, notre plus cruel ennemi mettre sa main inexorable sur l'embouchure de l'artère par laquelle seule le sang peut circuler.

En un mot, mon ami, nous sommes convaincus ici qu'il faut nous familiariser au despotisme colonial et militaire de Bonaparte. Les habitants des eaux occidentales seront gouvernés nécessairement par ceux qui disposeront de leurs produits. Ceux qui peuvent le faire se préparent à se placer sous les gouvernements sages et solides de la nouvelle Angleterre.

N° 13.

COPIE D'UNE LETTRE DE M. DE TALLEYRAND, MINISTRE DES RELATIONS EXTÉRIEURES DE LA RÉPUBLIQUE FRANÇAISE A M. LIVINGSTON, MINISTRE PLÉNIPOTENTIAIRE DES ÉTATS-UNIS A PARIS, TRADUITE DU FRANÇAIS EN ANGLAIS ET DE L'ANGLAIS EN FRANÇAIS.

Paris, le 24 de mars 1803 (1er germinal an IV).

Monsieur, je vois avec plaisir par la dernière lettre de la légation française aux États-Unis que l'espèce de fermentation qui s'y était élevée par rapport à la Louisiane a été ramenée par la sagesse de votre gouvernement et la juste confiance qu'il inspire, à cet état de tranquillité qui seul convient aux discussions et qui dans les rapports de sentiments et d'intérêts qui existent entre les deux nations, ne peut que les conduire à s'entendre sur de simples difficultés de circonstances et à resserrer les liens de leur union. Je dois vous avouer, monsieur, que dans l'éclat qu'on a si récemment donné dans les États-Unis aux affaires relatives à la Louisiane, il a été difficile de reconnaître les anciens sentiments d'attachement et de confiance que la France a toujours cherché à leur inspirer; ces états, du premier moment de leur existence comme nation indépendante, ont toujours mis leurs relations avec la France au-dessus de toutes les autres.

Comment le voisinage de la France pourrait-il affecter défavorablement le peuple américain dans son commerce ou dans ses relations politiques? La République française a-t-elle jamais montré le désir de nuire à la prospérité des États-Unis, ou de diminuer leur influence, ou d'affaiblir leurs moyens de sécurité, ou enfin d'apporter quelque obstacle aux progrès de leur commerce? Votre gouvernement, monsieur, doit être bien persuadé que le premier consul porte à la nation américaine cette même affection dont la France a été de tous temps animée, et qu'il place les nouveaux moyens que la possession de la Louisiane lui donne de convaincre le gouvernement et le peuple des États-Unis de sa disposition amicale envers eux, au nombre des avantages qui doivent résulter de cette acquisition.

Je me bornerai, quant à présent, à cette déclaration, qui doit écarter les inquiétudes que vous avez exprimées dans vos dernières lettres. Les informations transmises ne sont pas assez étendues pour autoriser une explication détaillée. En m'annonçant d'ailleurs le prochain départ de M. Monroe nommé ministre extraordinaire pour discuter cet objet, vous me donnez lieu de conclure que votre gouvernement désire que ce ministre soit attendu et entendu afin qu'on puisse discuter complètement et définitivement tout ce qui serait susceptible de contradiction. En même temps, monsieur, le premier consul me charge d'assurer votre gouvernement que loin de penser que notre nouvelle position dans la Louisiane puisse être un objet de sollicitude ou causer le moindre dommage aux États-Unis; il recevra avec le plus grand plaisir le ministre extraordinaire que le président lui envoie, et il espère que cette mission se terminera au contentement des deux nations.

N° 14.

Extrait d'une lettre de M. Robert, R. Livingston, à M. Monroe.

Paris, 10 avril 1803.

Mon cher monsieur, nous vous avons attendu impatiemment. Dieu fasse que votre mission réponde à votre attente et à celle du public. La guerre fera quelque chose pour nous, n'attendons rien que de là. Je vous ai applani la voie, et si à l'appui de mes mémoires vous pouvez ajouter l'assurance que nous sommes dès à présent en possession de la Nouvelle-Orléans, nous réussirons.

R. R. LIVINGSTON.

N° 15.

ARTICLE III DU TRAITÉ CONCLU A SAINT-ILDEPHONSE LE 1ᵉʳ OCTOBRE 1800.

« Sa Majesté catholique promet et s'engage de son
« côté, à rétrocéder à la République française, six
« mois après l'exécution pleine et entière des con-
« ditions et stipulations ci-dessus, relatives à son
« altesse royale le duc de Parme, la colonie ou pro-
« vince de la Louisiane avec la même étendue qu'elle
« a actuellement entre les mains de l'Espagne, et
« qu'elle avait lorsque la France la possédait, et telle
« qu'elle doit être d'après les traités passés subsé-
« quemment entre l'Espagne et d'autres états. »

N° 16.

EXTRAIT D'UN MÉMOIRE DE M. JAMES MONROE, PUBLIÉ APRÈS SA PRÉSIDENCE DES ÉTATS-UNIS.

Virginie, 1828.

La mission dont j'étais chargé avait pour objet de prévenir la guerre et de nous assurer, par un traité avec le gouvernement français, la libre navigation du Mississipi. La négociation nous donna toute la Louisiane.

M. de Talleyrand avait fait connaître à M. Livingston, « que l'intention du premier consul était « qu'on attendît pour commencer la négociation l'ar- « rivée de M. Monroe, ministre extraordinaire dé- « signé par le président. » Ce ministre ajouta que le premier consul l'avait chargé de nous assurer, que loin de penser que l'occupation de la Louisiane par la République française pût être un motif de sollicitude pour les États-Unis, il recevrait avec le plus grand plaisir le ministre extraordinaire que le président lui envoyait, et espérait que sa mission se terminerait à la satisfaction des deux états. M. Livingston exprima un ardent désir que ma mission répondît à mon attente et à celle du public. Il m'avait, ajoutait-il, ouvert la route par ses mémoires. Il apprit avec regret cependant que la motion faite dans le sénat de prendre de force la Nouvelle-Orléans, avait été rejetée. Il pensait qu'il n'y avait que la force qui pût nous la donner. Il est juste d'observer qu'en énonçant cette opinion, M. Livingston paraissait ne parler que d'après une ferme conviction de ce qu'il croyait être la politique certaine du gouvernement français, et il se fondait sur ses communications avec les ministres et sur ce qu'il connaissait du caractère et de la politique du premier consul sous d'autres rapports. J'ai du plaisir à ajouter que dans la négociation qui commença immédiatement après, ainsi que dans le résultat obtenu par les traités qui la terminèrent, il y eut une grande harmonie entre M. Livingston et moi.

Je sus de bonne source que le premier consul, étant à Saint-Cloud et se promenant dans le jardin avec les membres du cabinet, informé de l'arrivée du ministre extraordinaire au Havre, leur communiqua cette nouvelle et observa que la négociation serait aussitôt consommée, et s'adressant à M. de Marbois, ajouta : « C'est une affaire du Trésor, je vous la remettrai. »

La somme mentionnée dans la première entrevue avec M. de Marbois fut cent vingt millions de livres, valeur à laquelle la Toscane était estimée et qui avait été donnée pour ce pays; mais on n'y insista pas et la proposition n'en fut point faite explicitement.

La première proposition faite par M. de Marbois fut de 80,000,000, dont il fut convenu que 20,000,000 seraient payés à ceux de nos citoyens qui avaient souffert des spoliations. J'ai du plaisir à dire, que la conduite de M. de Marbois dans toute la marche de cette négociation, fut libérale, candide et belle, indiquant un sentiment très-amical pour les États-

Unis et un vif désir de maintenir entre les deux pays les relations les plus bienveillantes.

La conduite franche des deux grandes maisons de banque, Hope d'Amsterdam et Baring de Londres, en nous offrant, à l'intérêt ordinaire, le prêt de toute somme dont nous pourrions avoir besoin, rendit aux États-Unis un service essentiel dans la négociation.

Quelque temps après, M. Monroe rectifiant ce premier mémoire, s'exprime ainsi dans une lettre qu'il écrivait à M. de Marbois.

Oack-Hill, en Virginie, 4 avril 1828.

« J'avais dit dans mon mémoire que dans notre
« première entrevue, 120,000,000 fr. avaient été
« demandés pour la cession du territoire de la Loui-
« siane. J'ai revu depuis des documents authentiques
« et j'ai reconnu que je m'étais trompé, et que quoi-
« que vous ayez mentionné cette somme comme l'es-
« timation de la valeur du territoire, vous ne l'avez
« jamais demandée. Vous n'avez demandé que les
« 80,000,000 qui ont été stipulés au traité. J'ai eu
« un vrai plaisir, en découvrant cette erreur, de la
« corriger sans aucune observation de votre part,
« car jamais transaction de cette importance ne fut
« conduite avec plus de candeur et d'honneur, etc.

« J'ai rapporté ces événements si importants pour
« la France et le monde. J'en ai été un des témoins
« qui ont dû y prendre le plus d'intérêt.

« *Signé* James MONROE. »

N° 17.

DON FAIT A LA FAMILLE DE FEU M. JEFFERSON PAR L'ÉTAT DE LA LOUISIANE, EN TÉMOIGNAGE DE SA RECONNAISSANCE ENVERS CELUI QUI, D'UNE COLONIE DÉPENDANTE EN A FAIT UN ÉTAT LIBRE, ETC.

Lorsque Thomas Jefferson eut cessé de vivre, des témoignages de l'affection publique arrivèrent de toutes parts à sa famille, avec des dons adressés par les assemblées législatives et par des comités formés dans les principales villes. Les actes d'une reconnaissance universelle envers un homme qui n'était plus, vinrent démentir de nouveau cette ingratitude dont on a souvent accusé les républiques.

M. Johnson, gouverneur de la Louisiane, adressa un message à ce sujet à la chambre des représentants de l'état. Un comité fit son rapport, on y lisait : « Thomas Jefferson, un des principaux auteurs de « ces institutions libérales qui sont l'envie de tant « d'autres nations, est mort dans la pauvreté ; celui « qui a tant contribué à consolider notre édifice social, « a des droits à la reconnaissance de tous les états « de l'Union. Mais la Louisiane lui doit encore plus « que les autres : c'est lui qui d'une colonie dépen- « dante en a fait un état libre, etc. »

A la suite de ce rapport, le 16 mars 1827, la législature passa l'acte suivant :

« Thomas Jefferson, après une vie dévouée au
« service de son pays et du genre humain, est mort,
« laissant à ses enfants pour tout héritage l'exemple
« de ses vertus et de la reconnaissance du peuple
« dont il a proclamé l'indépendance à l'univers. La
« législature de la Louisiane, état acquis à l'Union
« par sa sagesse et sa prévoyance, lui doit sa liberté
« politique et civile, et pour perpétuer le souvenir
« de son profond respect pour les talents et les ver-
« tus de cet illustre bienfaiteur, une loi est faite par
« le sénat, et la chambre des représentants de la
« Louisiane réunie en assemblée générale, pour qu'il
« soit envoyé dix mille dollars à Thomas Jefferson
« Randolff, à l'effet de faire jouir la veuve de la
« rente dudit fonds, et pour que par elle il soit
« transmis à ses héritiers. »

N° 18.

EXTRAIT DE LA DÉCLARATION DE GUERRE DU CONGRÈS, DU 18 JUIN 1812.

Les griefs que le congrès publia n'étaient pas comme ces manifestes où la plume docile d'un secrétaire trace sous la dictée d'un ministre, des motifs de guerre souvent désavoués par la justice et la raison.

« Des milliers de citoyens, disait-il, enlevés à leurs
« familles et à tout ce qu'ils ont de cher, ont été em-
« barqués sur des navires de la nation anglaise, ont
« été soumis à sa discipline, exilés, transportés dans
« des climats insalubres, employés au péril de leur
« vie à combattre leurs propres frères. Ce gouverne-
« ment étranger a imaginé un blocus d'une nature
« désavouée par le droit des gens, et sous ce faux
« prétexte les corsaires anglais ont violé nos droits
« et en pleine paix porté la guerre dans nos parages.
« Le gouverneur du Canada a voulu nous désunir à
« force d'intrigues, et c'est au milieu d'une paix
« profonde qu'il a armé des tribus sauvages pour
« désoler nos frontières. L'Angleterre fait la guerre
« pour établir et pour s'assurer le monopole du com-
« merce universel, etc. etc.

« Nous tenons pour fiction injuste un blocus qui
« n'est point appuyé d'une force stationnaire suffi-
« sante pour empêcher l'entrée des navires dans un
« port anglais.

« Nous reconnaissons et nous maintiendrons les
« droits de neutralité établis en 1780 par Catherine,
« lorsque se mettant à la tête des nations elle les a
« proclamés le droit des gens, etc. etc. »

FIN DES PIÈCES JUSTIFICATIVES.

TABLE

DES MATIÈRES.

	Pages.
Note préliminaire,	1
Discours sur les États-Unis de l'Amérique septentrionale,	7
Tableau de la population des États-Unis, d'après le dénombrement fait en 1820,	101
HISTOIRE DE LA LOUISIANE et des traités par lesquels la France l'a cédée aux États-Unis de l'Amérique septentrionale,	103
Sommaire de la première partie,	105
PREMIÈRE PARTIE. — La Louisiane sous la domination de la France et sous celle de l'Espagne.	
— Ses rapports avec Saint-Domingue,	109
Anciens habitants de la Louisiane,	109
Découverte du Mississipi, 1672,	111
La colonie de la Louisiane est fondée, 1684,	113
Projets du gouvernement français, 1699,	114
Conduite du gouvernement français, 1712,	115
Crozat, 1713, 1717,	116
Compagnie des Indes; Jean Law, 1718,	117
Fautes du gouvernement, 1720,	118
Chute du système,	118
On dissimule l'État de la Louisiane, 1721,	119

	Pages.
Récits du P. Charlevoix, 1722,	120
Envoi dans la colonie des condamnés, 1723,	122
Nouvelle Compagnie des Indes, 1723,	123
Querelles entre la Compagnie et les Colons, 1726,	125
Conduite envers les indigènes, 1729,	126
Garnisons à la Louisiane, 1731,	128
La Compagnie est dissoute, 1731,	128
Essai d'un meilleur régime, 1740,	129
Les Colons indociles à la métropole, 1750,	130
Les missionnaires apaisent les sauvages, 1750,	131
Administrateurs peu capables, 1750,	132
Papier-monnaie, 1744, 1750,	132
La France perd ses colonies continentales,	133
Baie d'Hudson; Terre-Neuve; Acadie,	133
Acadiens soulagés par le congrès,	137
Canada; Cap-Breton,	137
Commerçants anglais jaloux des Français, 1755,	138
Guerre de sept ans, 1756,	139
Paix de 1763,	141
Louisiane mal gouvernée,	143
Pacte de famille, 5 août 1761,	143
Suites de la paix de 1763,	144
Cession de la Louisiane à l'Espagne, 1764,	146
Ulloa, 1768; O'Reilly, 1769,	147
Carondelet; Gayoso de Lémos,	149
Gouvernement des Espagnols,	149
Soulèvement des colonies anglaises, 1774,	150
Erreur concernant le duc de Choiseul,	151
Agens du congrès, à Paris, 1775,	152
Défaite de Burgoyne, 1777,	154
Comte de Vergennes, sa prévoyance, 1776,	154

Union de la France et des États-Unis, 1778,	155
État de la Louisiane, 1788,	157
Liberté de commerce proposée à Louis XIV,	159
Troubles dans les colonies espagnoles, 1783,	161
Comte de Montmorin, 1788,	164
Directoire de France,	165
Genet, plénipotentiaire de France, 1793,	166
Il projette de s'emparer de la Nouvelle-Orléans, 1793,	168
Troubles au Mississipi, 1793,	169
Rappel de Genet, 1794,	170
Plaintes des États de l'Ouest, 1794,	171
Troubles dans les États de l'Ouest, 1794,	172
Négociations de Bâle, 1795,	173
Intrigues de M. Blount, 1797,	176
Les projets de Blount sont découverts, 1797,	177
Rupture entre la France et les États-Unis, 1798,	179
État tranquille de la Louisiane, 1798,	180
Napoléon Bonaparte, 1800,	181
Négociations; pacifications, 1800,	182
Gouvernement des États-Unis, 1798,	186
Jefferson, 1799, 1800,	188
Bonaparte traite avec l'Angleterre, 1801,	189
Paix d'Amiens faite sans y mentionner la Louisiane, 1802,	191
L'ordre rétabli en France, 1802,	191
Méfiances et jalousies, 1802,	193
Opinions diverses en Angleterre, 1802, 1803,	194
Rupture entre la France et l'Angleterre près d'éclater, 1803,	197

	Pages.
Événements à Saint-Domingue,	201
Gouvernement français à la Louisiane, 1803,	222
Bernadotte destiné à ce gouvernement, 1802,	222
Le général Victor nommé gouverneur, 1802,	223
Bernadotte destiné à la mission aux États-Unis,	223
M. Laussat, préfet à la Louisiane,	224
Administrateurs espagnols,	225
Régime exclusif à la Louisiane,	227
Progrès des États-Unis, 1802,	228
Navigation sur le Mississipi réclamée par les Américains, 1802,	233
Agitation dans les États de l'Est, 1802,	234
Des agitateurs fomentent les mécontentements, 1802,	236
Inquiétudes que cause dans les États-Unis la cession faite à la France, 1802,	238
Continuation des troubles, 1803,	239
Intrigues des Anglais, 1803,	240
Fédéralistes; républicains, 1803,	241
L'esprit de parti affaibli, 1803,	243
Sommaire de la deuxième partie,	245
Deuxième partie. — La France cède la Louisiane aux États-Unis,	247
Politique du congrès, 1802, 1803,	247
Lettres de M. Jefferson à M. Monroe, 1803,	249
Le congrès borne ses demandes à l'acquisition de la Nouvelle-Orléans, 1803,	253
Infractions aux droits des gens sur les mers, 1798, 1799,	254
Bassesse et cupidité du Directoire, 1797,	256

DES MATIÈRES.

	Pages.
Rupture du traité d'alliance de 1778, en 1799,	257
Réconciliation de la France et des États-Unis, 1800,	258
La République française et celle des États-Unis, réconciliées mais méfiantes, 1801, 1802, 1803,	258
Animosité contre la France, dans le congrès, 1803,	260
Violence des opinions, 1803,	260
M. Jefferson temporise, 1803,	263
Intrigues des mécontents américains, 1803,	264
Départ de M. Monroe, 1803,	266
État des partis en Angleterre, 1803,	267
Dispositions du premier consul relativement à la paix et la guerre, 1803,	269
Inquiétudes des Anglais sur les desseins de Bonaparte relativement aux colonies, 1803,	271
Négociations, 1803,	271
Angleterre; France; méfiances réciproques, 1803,	273
Explications peu mesurées; présages d'une rupture, 1803,	274
Bonaparte et l'ambassadeur d'Angleterre, 1803,	276
Explications hautaines, 1803,	278
Vains efforts des cabinets pour se tromper réciproquement, 1803,	278
Droit des gens professé par le ministère anglais, 1803,	279
Sentiments du premier consul à l'égard de l'Angleterre, 1803,	280
Provocations réciproques, 1803,	283
Conférences de Bonaparte avec deux ministres,	

I. 31

	Pages.
avant de se résoudre à céder la Louisiane, 1803,	285
Bonaparte développe sa politique à l'égard de l'Angleterre, 1803,	285
Discours tenus dans le conseil secret, 1803,	285
Motifs pour la cession, 1803,	287
Motifs contre la cession, 1803,	293
Le premier consul se résout à la cession, 1803,	297
Une négociation définitive est entamée, 1803,	301
Conférences des plénipotentiaires relatives à la cession, 1803,	303
Limites discutées, 1803,	308
Limites indéterminées, 1803,	309
Limites effectives, 1803,	312
Limites après la cession de 1803,	315
Suite de la négociation, 1803,	316
Stipulations relatives aux droits des aborigènes, 1803,	318
Article relatif au commerce, 1803,	319
Acquiescement de l'Espagne, 1803, 1804,	321
Explication relative aux Antilles, 1803,	322
Conventions; prix de la cession, 1803,	324
Conférences sur le prix de la cession, 1803,	326
Indemnité pour les captures indûment faites de navires et cargaisons des Américains, 1803,	328
Exécution des stipulations pécuniaires, 1803,	331
Suites et issue de la négociation, 1803,	334
La guerre avec l'Angleterre éclate immédiatement après la signature du traité de cession, 1803,	336

DES MATIÈRES. 483

Pages.

Sommaire de la troisième partie, 341
TROISIÈME PARTIE. — Exécution du traité de cession de la Louisiane. — Événements auxquels cette cession donne lieu, 343
Les Anglais proposent au ministre des États-Unis d'envahir la Louisiane, 1803, 343
Obstacles à l'exécution du traité de la part des Espagnols, 1803, 345
Difficultés d'exécution; M. Jefferson les écarte, 1803, 346
Débats à ce sujet dans le congrès, 1803, 347
Situation des partis à la Louisiane, 1803, 350
La remise de la Louisiane est faite par l'Espagne à la France, 30 novembre 1803, 352
Possession passagère au nom de la France, 1803, 355
Remise faite par la France aux États-Unis, 19, 20 décembre 1803, 356
Formalités de la remise aux États-Unis, 1803, 357
Derniers adieux des Français à leur métropole, 1803, 358
État de la Louisiane après la cession, 1803, 1804, 360
Constitution de la Louisiane, 1812, 362
Noms; limites, 1812, 365
Limites nouvelles; Florides, 1812, 366
Sauvages; monuments, 368
Trapistes venus d'Europe, 1812, 371
Choses naturelles, 372
Exploration, 379
Population, 380
Culture, 381
Produits, 382

Améliorations rapides,	383
Habitudes,	384
Mœurs; religion,	384
Voyages; découvertes,	385
Progrès à la Louisiane,	387
Aaron Burr compromet la paix à la Louisiane, 1805,	389
Embarras de l'Angleterre, 1808,	392
L'Angleterre veut regagner son ascendant en Amérique, 1809,	393
Injustices et violences réciproques des Anglais et des Français sur les mers, 1810,	395
Troubles dans les opérations du commerce maritime, 1810,	396
Les États-Unis mal préparés pour la guerre, 1809,	399
Intrigues d'un gouverneur du Canada pour mettre la division dans les États-Unis, 1809,	400
Henry découvre ces intrigues au président du congrès, 1812,	404
La modération du président calme les mécontents, 1812,	404
Le congrès déclare la guerre à l'Angleterre, 1812,	406
Événements de la guerre, 1812,	407
La Louisiane est menacée, 1813,	409
La Nouvelle-Orléans est sans défense, 1814,	410
Pirates de Barataria, 1811, 1812, 1813,	410
Les commandants anglais recherchent leur alliance, 31 août, 1er septembre 1814,	412
Les pirates sont détruits par les Américains, 11, 19 septembre 1814,	413
Jackson ranime le courage des Louisianais, 1814,	414

	Pages.
Forces de terre et de mer dirigées par les Anglais contre la Nouvelle-Orléans, 1814,	415
Bon accord et courage des défenseurs de la Nouvelle-Orléans, 1815,	415
Dispositions de défense, 1815,	416
Le siége est levé; le pays évacué, 1815,	417
Jackson remercié solennellement, 1815,	418
Suites de la paix de Gand, 1815,	420
La Louisiane après la paix de Gand, 1815,	421
Races françaises chez les Indiens,	421
Texas, 1817, 1818,	422
Des officiers français se réfugient et sont accueillis au voisinage de la Louisiane,	423
La colonie du Champ-d'Asile est dispersée, 1819,	424
Sort des émigrants d'Europe,	425
PIÈCES JUSTIFICATIVES,	429

FIN DE LA TABLE DES MATIÈRES.

www.ingramcontent.com/pod-product-compliance
Lightning Source LLC
Chambersburg PA
CBHW050242230426
43664CB00012B/1797